JN431040

EASY MARKETING

세상에서 가장 쉬운 마케팅

마케팅 기초부터 디지털 마케팅까지

강미선 지음

한 경 사

강미선 (mysunkang@naver.com)

고려대학교 신문방송학과에서 학사, 석사, 박사 학위를 받았다. 한국방송광고진흥공사 광고연구소와 한국언론진흥재단 책임연구원으로 근무하였고, 2002년부터 선문대학교 미디어커뮤니케이션학부에서 교수로 재직하고 있다.

주요 저서로는 「사례 중심의 광고기획론」, 「4차 산업혁명과 마케팅」, 「커뮤니케이션 능력」, 「신문광고론」 등이 있고, 한국광고학회, 한국광고홍보학회, 한국광고PR실학회, 한국소통학회, 디지털콘텐츠학회, 학습자중심교과교육학회 등에서 광고와 디지털 마케팅, 대인적 소통 능력을 주제로 한 논문을 다수 게재하였다.

연구 관심 분야는 광고 기획, 디지털 마케팅, 커뮤니케이션 능력이다.

세상에서 가장 쉬운 마케팅

저자 강미선
발행일 2022년 10월 4일
발행처 **한경사**
발행인 이계남
등록사항 제10-1951호 2000년 4월 14일
주소 서울시 마포구 신수로 59-1 (3층)
전화 02_717_7264~5
팩스 02_717_7226
홈페이지 hankyungsa.co.kr
이메일 hankyungsa@hanmail.net
ISBN 978-89-6844-431-9 93320
가격 25,000원

이 책의 일부 혹은 전체 내용을 한경사의 허락 없이 복사, 복제 및 전재하는 것은 저작권법에 저촉됩니다.

세 상 에 서

가 장 쉬 운

마케팅

E A S Y
MARKETING

|머리말|

저자는 미디어학과에서 마케팅 수업을 오랫동안 해 왔다. 비전공 학생들에게 마케팅 기초 과목을 강의하면서 늘 교재에 대한 고민이 많았다. 시중에 판매되는 마케팅 서적은 대개 400~500쪽에 달하는 방대한 분량 외에도, 전문적이고 심층적인 내용이 많아서 비전공 학생들에게는 어렵고 부담스러운 교재라고 판단했다. 그래서 마케팅 서적 중 비교적 쉬운 책을 찾아서 교재로 사용해 보기도 하고, 어느 해는 여러 교재의 내용을 섞어서 사용해 보기도 했지만, 고민이 해소되지는 못했다. 강의 이력이 쌓이면서 최근에는 저자가 자체적으로 강의용 자료를 만들게 되었다. 이 과정에서 좀 더 쉬운 설명과 적절한 사례를 찾고 정리해 나갔다. 이런 노력을 알아주듯 학생들의 평가도 좋아서, 교재를 만드는 작업이 수고스럽지만, 보람과 재미도 컸다. 연구년 동안 원고를 다듬고 정리하면서 출간에 이르게 되었다.

언급했듯이 이 책은 비전공 학생들이 쉽게 공부할 수 있는 마케팅 교재로 출간되었다. 그렇기 때문에 가능한 쉬운 용어로 간결하게 서술하려고 노력했다. 개념은 풀어서 쓰고, 어려운 용어나 한자어는 쉬운 단어로 바꾸어 썼다. 시각적으로도 보기 편하도록 박스나 표를 많이 넣었다. 전체적으로 '읽는 책'보다는 '보는 책'의 느낌이 날 수 있도록 편집에도 주의를 기울였다.

코로나 시대에 비대면 수업이 길어지면서 학생들의 집중도나 학습 능력이 떨어졌음을 걱정하는 의견이 많았다. 어려운 교육 여건을 감안하여 이번에 출간하는 마케팅 서적은 쉽고 간편한 교재로 내는 데 중점을 두었다. 결과적으로 이 책은 마케팅을 처음 공부하는 학생들이나 경영학과가 아닌 비전공 학생들에게 적합하다고 볼 수 있다. 특히 미디어나 커뮤니케이션학과나 소비자 심리학과에서 마케팅 교재로 활용하는 데 적합하다. 분량은 간소하지만, 내용은 알차고 쉬운 책을 내는 데 일차적인 출간 목적을 두었다.

마케팅은 이론이라기보다는 전략에 가깝다. 마케팅은 고정불변한 진리나 명제가 아닌, 시대와 환경에 따라 변화하고 유연하게 대응하는 학문이다. 이 책에서는 마케팅의 핵심적인 이론과 지식만 소개하는 데 그치지 않고, 최근의 마케팅 흐름과 변화하는 모습까지 담고자 노력했다. 마케팅의 범위가 어디에서 어디까지인지, 혹은 광고란 무엇인가에 대한 대답도 새로운 환경에 비추어 수정해서 정리했다. 디지털 시대가 본격화되면서 마케팅 전략도 변화무쌍하여 이를 온전히 다 담지는 못했으나, 마케팅이 어떤 방향으로 발전하고 있는지, 학생들은 앞으로 무엇을 더 공부해야 하는지에 대한 가이드라인을 제시하는 정도는 가능할 것이다.

책의 1장부터 6장까지는 마케팅에 대한 기초를 다지는 장이다. 말하자면 마케팅 개론에 해당하는 장이다. 각 장에서 전통적인 마케팅의 핵심적인 내용을 설명한 후, 디지털 환경에서 새롭게 부상하는 개념이나 전략을 소개하는 식으로 정리했다. 부족한 점이 많지만, 저자 나름으로는 전통적인 마케팅 원칙과 최근 진화, 발전하는 마케팅 흐름을 종합적으로 살펴볼 수 있도록 최선을 다했다.

허나 디지털 마케팅은 일반적, 포괄적 개념이어서 사람에 따라, 관점에 따라 다른 의미로 사용되는 경우가 있다. 시중에 나와 있는 디지털 마케팅 서적을 보면, 모바일 마케팅, 온라인 마케팅, 빅 데이터 마케팅, VR/AR 마케팅, SNS/소셜 마케팅, 인플루언서 마케팅 등 다 열거하기 어려울 정도로 많은 유형을 디지털 마케팅으로 소개하고 있다. 그러다 보니 출간된 디지털 마케팅 서적은 디지털 마케팅이 무엇인가라는 거시적 개념에만 집중하거나, 아니면 특정한 디지털 마케팅의 한 유형에만 초점을 맞춘 책이 많았다. 디지털 마케팅을 거시적으로 조망한 책은 구체성이 떨어지는 한계가 있었고, 반대로 선별적인 디지털 마케팅을 서술한 책은 나무만 보고 숲을 보지 못하는 듯했다.

마케팅 공부를 막 시작한 학생들에게 디지털 마케팅 책을 여러 권 사서 학습하도록 권하는 것은 교수에게나, 학생들에게 모두 부담이 클 수밖에 없다. 이러한 문제의식을 가지고 저자는 기존 책에서 소개된 것 중 디지털 환경에서 주류가 될 마케팅 유형을 선별했다. 선별 기준은 '디지털 사회', '소셜 미디어 대세', '4차 산업혁명' 핵심 기술과 부합하는 키워드를 찾아서 7장에 담았다. 구체적으로는 모바일 마케팅, 블로그 마케팅, 온라인 동영상 마케팅, 버즈 마케팅, 콘텐츠 마케팅, 인플루언서 마케팅, 옴니채널 마케팅, AR/VR 마케팅, 빅 데이터 마케팅, 인공지능 마케팅 각각에 대해 현상과 특징, 사례 등을 정리했다. 디지털 마케팅의 대표적인 유형을 일목요연하게 살펴본 후, 독자의 필요에 따라 세세한 마케팅 유형을 찾아서 학습하면 좋을 것이다.

여러 해 공들여 준비한 저자의 노력과 취지가 결실을 보길 바라는 마음이다. 너무 두껍고 방대한 분량의 마케팅 서적을 보고 공부를 망설이는 사람들, 경영학을 전공하지는 않았지만 마케팅을 공부해서 취업을 희망하는 예비 마케터, 광고나 PR 등 마케팅 관련 공모전을 준비하는 학생들, 그리고 비전공 학생들에게 마케팅을 쉽게 강의하고자 하는 교수님들께 이 책이 도움이 있길 바란다.

2022. 7.
저자 강미선

세 상 에 서
가 장 쉬 운
마 케 팅

1장
마케팅의 개념

E A S Y
MARKETING

1. 마케팅이란 무엇인가

마케팅(Marketing)이란 'market' + 'ing'로 구성된 단어이다. 단어 그대로 해석하면 시장 활동인 셈이다. 여기서 시장이란 지리적 시장이 아닌, 소비자 내지 구매자를 의미한다. 소비자를 대상으로 한 시장은 '현재 고객'과 가까운 미래에 구매 가능성이 높은 '잠재 고객'을 포함한다. 대학생 집단은 노트북의 현재 고객이고, 혼수용 가구에 대해서는 잠재 고객이라고 볼 수 있다. 마케팅이란 소비자를 위한 시장 활동이다.

소비자를 위한 시장 활동에는 판매/영업, 유통, 판매 촉진, 신제품 기획, 시장조사(소비자 조사), 광고와 PR, 고객 관리, 사후 서비스(AS), 기업 이미지 관리 등을 포괄한다. 마케팅을 다루는 서적이 대부분 500쪽 내외의 방대한 분량인 것은 마케팅의 범위가 그만큼 넓기 때문이다. 마케팅은 단지 판매를 잘하는 활동이 아니라, 신규 고객을 모으고, 기존 고객을 관리하고, 고객과 장기적 관계를 도모하기 위한 노력과 결실이다.

기업의 경영 활동을 업무별로 크게 구분하면 기획, 인사, 재무/회계, 마케팅 영역으로 구분된다. 마케팅을 제외한 업무는 기업 내부 자원을 관리하는 것이지만, 마케팅은 기업 외부에 있는 소비자를 다룬다는 점에서 차이가 두드러진다. 기업의 내부 조직을 관리하는 것보다 기업 밖에 있는 고객을 만족시키는 것이 더 어렵고 복잡하다. 고객을 만족시키지 못하면 마케팅 성과를 낼 수 없고, 기업도 경영난에 처하게 된다.

미국 마케팅협회(1985)에서 정의한 마케팅 개념은 다음과 같다. '개인이나 조직의 목표를 달성하기 위한 교환(거래)을 창출하기 위해서 상품, 서비스, 아이디어의 설계, 가격 결정, 유통, 촉진을 계획하고 실행하는 활동'이다. 결국 마케팅이란 소비자의 욕구를 이해하고, 좋은 제품을 개발하고, 그 제품에 대한 가격을 정하고, 제품을 유통시키고, 판매를 촉진시키는 일체의 활동을 의미한다.

마케팅의 핵심적 특징

① 마케팅은 이론이 아니라 전략이다. 이론은 고정불변한 진리를 다루는 것이지만, 전략은 기업이 처한 환경과 조건, 기업의 목표에 따라 변할 수 있는 것이다. 시장 상황, 소비자의 심리와 행동은 시간에 따라 변할 수 있기 때문에 마케팅 활동은 그만큼 유연해야 한다.

② 마케팅 전략의 핵심은 4P 전략이다. 4P란 제품(Product), 가격(Price), 유통(Place), 촉진(Promotion)이다. 마케팅은 좋은 상품을 개발하고(제품 전략), 합리적 가격을 책정하고(가격 전략), 판매 경로를 결정하고(유통 전략), 판매를 높일 수 있는 여러 촉진 활동을 펼치는 것이다(촉진 전략).

③ 마케팅은 소비자의 '충족되지 않은 욕구'가 무엇인가를 규명하는 데서 출발한다. 충족되지 않은 욕구를 해소시켜 줄 수 있는

소비자의 욕구 파악과 마케팅 성공 사례

소비자의 충족되지 않은 욕구, 즉 내면의 결핍, 불편, 고통, 불안을 섬세하게 파악하여 성공적인 제품 개발 및 마케팅으로 이어진 사례를 소개하면 다음과 같다.

에디슨 젓가락

아이들이 젓가락질을 제대로 하지 못해 불편을 겪기도 하는데, 이러한 불편을 해소한 것이 '에디슨 젓가락'이다. 젓가락질이 어려운 이유 중 하나는 젓가락 두 개가 따로 움직이기 때문이다. 이 문제를 해결하기 위해 젓가락 끝을 나사로 잇고 다시 손가락이 들어갈 수 있는 링 3개를 만들어 붙였다.

소화가 잘되는 우유(락토프리 우유)

우유를 제대로 소화하지 못하는 사람이 많다. 유당 분해 효소가 부족하기 때문이다. 이런 사람은 우유를 먹으면 복통, 설사 등의 고통을 겪게 된다. 이런 소비자의 니즈를 파악하여 출시된 락토프리 우유는 장이 좋지 않은 사람들에게 호응을 얻었다.

실직자 판매보상 서비스

현대차는 미국에서 2009년부터 2년간 실직자 판매보상 제도를 실시했다. 당시는 경기 침체로 실업자가 급증하던 시기여서 할부로 차를 산 후 실직하면 어쩌나 하는 불안감이 컸다. 실직할 경우 차를 되사주는 제도로 소비자의 불안이 해소되면서 매출이 급증했다(신병철, 2019).

제품을 만들어야 소비자의 구매 가능성도 높아진다. 충족되지 않은 욕구란 소비자 내면의 결핍, 고통, 불안, 불편을 의미한다. 월마트의 최고경영자는 소비자의 욕구를 파악하기 위해 직접 매장을 방문하고, 고객과 많은 시간 보냈다. 디즈니 월드의 간부 역시 매년 정기적으로 놀이공원을 방문하여 입장권과 팝콘을 판매해 보면서 소비자를 관찰하고 접촉하는 기회를 가졌다.

제품 생산과 마케팅 개념

마케팅 개념에서 논란이 되는 부분은 '제품 생산'을 마케팅 영역에 포함시킬 것인가 여부이다. 마케팅 개념에 '제품 생산'을 포함해야 한다는 주장과 '상품 콘셉트 개발'만 마케팅에 포함된다는 주장이 팽팽하다. 과거에는 신제품의 콘셉트를 기획한 후 생산에 들어가는 시간적 순서에 따라 생산이 진행되었지만, 현재는 다양한 정보와 기술의 발달로 인해 제품 콘셉트 개발 – 시제품 생산과 테스트 – 모델의 생산과 수정이 동시적, 순환적 과정으로 이뤄지는 경우가 많아서 상품 개발과 생산의 경계가 모호해졌다. 앞으로 본격화될 4차 산업혁명 시대에는 기업과 소비자가 함께 제품의 기획과 개발, 생산과 수정이 이뤄지는 '실시간 공동 창조'가 더욱 확대될 전망이다.

결과적으로 마케팅을 상품 개념의 개발로 국한해야 한다는 주장이 과거 시점에서는 설득력을 얻었지만, 현재의 마케팅 환경을 고려하면 상품 기획과 생산을 굳이 구분하는 것이 무의미해졌다. 따라서 현재와 같은 다품종 소량 생산 체제에서 이뤄지는 상품 기획과 빈번한 모델의 수정/변경은 마케팅에 포함시켜서 이해해도 무방하다.

고객과 기업의 공동 창조

디자이너가 없는 의류 회사의 공동 창조

의류 회사인데 조직 내 디자인팀이 존재하지 않는, 언뜻 보기에 이해가 가지 않는 회사가 있다. 미국 시카고 출신의 20대 청년 제이크 니켈(Jake Nickell)이 단돈 1천$를 출자해서 온라인 기반으로 만든 의류 회사 스레들리스(Threadless)가 그것이다. 디자인팀이 없음에도 매년 폭발적 성장을 지속하는 데에는 '공동 창조'라는 혁신적 사업 모델이 자리하고 있다. 한마디로 이야기하면 하나부터 열까지 모두 고객에 의해 제품 아이디어가 만들어진다.

이 회사의 홈페이지에 들어가면 매주 티셔츠 디자인 경연대회가 열린다. 디자인 전공자부터 일반인, 학생 등 누구나 참여 가능하고, 참여자가 올린 티셔츠 디자인은 회사의 수백만 회원에 의해 평가를 받는다. 최고 점수를 받은 디자인 시안 중 내부 심사를 거쳐 선택된 디자인은 티셔츠로 생산된다. 티셔츠야말로 다양한 디자인으로 만들어지는 옷이기 때문에 매주 1천 개 이상, 연간 5만 개 이상의 티셔츠 디자인이 웹 사이트에 올라온다. 회사 내에 아무리 전문적인 디자이너를 둔다고 해도 이렇게 어마한 디자인을 만들기는 불가능하다. 당선자에게는 상당한 금액의 상금과 상품권을 주어 물질적 보상을 하는 동시에 고객의 아이디어로 만든 티셔츠의 라벨 뒷면에는 고객의 이름을 새겨서 사회적 인정이라는 비물질적 보상도 주어진다. 실력 있는 무명 디자이너들은 자신의 이름을 알릴 기회를 갖게 되기 때문에 스레들리스 제품 개발에 적극적으로 참여하게 되면서 공동 창조의 진정한 의미를 보여 주었다(이승윤, 2020).

'마이 스타벅스 아이디어' 프로젝트

2007~2008년의 경기 침체로 맞물려 스타벅스는 급격한 매출 악화에 직면하게 되는데, 이때 나온 것이 '마이 스타벅스 아이디어'라는 공동 창조

고객과 기업의 공동 창조

플랫폼이다. 소비자들은 스타벅스의 제품과 매장 내 서비스, 기업의 사회참여와 관련한 다양한 아이디어를 내고, 투표와 평가, 토론, 내부 검토 과정을 거쳐 아이디어를 채택하게 된다. 참신하고 실용적인 아이디어들이 채택되어 스타벅스의 매출 반등을 견인했다. 채택된 것으로는 상대적으로 까다로운 메뉴 주문자를 위한 라인과 아메리카노처럼 간단한 주문을 위한 패스트 트랙 라인을 만들어 달라는 아이디어, 큰 성공을 거둔 모카 코코넛 프라프치노, 복잡한 절차 없이 클릭 한 번으로 공짜 와이파이를 쓸 수 있도록 한 것, 테이크아웃 할 때 커피가 옷에 튀는 것을 방지하기 위한 스플래쉬 스틱(Splash stick) 등이 있다(이승윤, 2020).

마케팅의 주요 용어

시장 제품에 대한 현재적, 잠재적 구매자의 집합. 경제학에서는 제품 교환이 이뤄지는 장소를 의미하지만, 마케팅에서는 구매자를 의미한다.

교환 제품을 판매, 구매하는 거래 행위이다. 마케팅의 핵심적 기능에 해당한다.

필요(need) 인간이 무엇인가 부족하여 필요로 하는 상태로 인간의 기본적 욕구를 지칭한다(1차적 욕구). 물질적 욕구(의, 식, 주), 사회적 욕구(소속감, 유대감, 자아존중, 존경 등), 개인적 욕구(자기표현, 성취, 학습 등) 등이 있다.

요구(want) 2차적 욕구를 의미한다. 즉 기본적 욕구를 충족시키기 위한 구체적 형태의 욕구이다. 배가 고프다면 1차적 욕구이고, 그래서 햄버거, 라면, 김밥을 먹고 싶다면 이것은 2차적 욕구, 즉 요구에 해당한다. 통상 1차적 욕구(Needs)와 2차적 욕구(Wants)를 합하여 소비자 욕구라고 표현한다.

수요 욕구가 구매력을 가질 때 수요(Demand)가 된다. 어떤 소비자가 가방을 필요로 하고, 비용을 지불할 돈을 갖고 있을 때 수요가 있다고 말한다. 사람은 자신의 2차적 욕구를 충족시켜 줄 수 있고, 자신이 가진 경제력 범위 내에서 최대의 만족 내지 가치를 줄 수 있는 상품을 구매하게 된다.

2. 마케팅 개념의 변화

마케팅 등장 배경

마케팅 활동이 강조되기 전까지는 판매가 가장 중요했다. 기업에서 생산한 제품을 어떻게 하면 많이 팔아서 재고가 없도록 할 것인가를 주로 고민했다. 이것을 '판매 개념'이라고 한다. 이때는 제품 판매를 잘하는 것이 기업의 궁극적 목표였다. 그러나 시간이 흐르면서 기업에서 생산하는 제품 수가 늘어났고, 소비자의 수요는 정체되는 상황에 이르렀다. 수요와 공급이 균형을 이룰 때는 판매만 잘하면 만사형통이었지만, 공급이 수요를 초과하는 상황에서는 판매만 잘하는 것으로는 매출을 끌어올리는 데 부족함이 따랐다. 더욱이 많은 브랜드가 경쟁하는 시장 상황에서는 소비자의 주목과 선택을 받는 것이 더욱 어렵게 되었다. 소비자의 욕구와 취향, 가치에 부합하도록 신제품 개발부터 가격 전략, 유통 경로, 촉진 전략을 수립

〈표 1-1〉 판매 개념과 마케팅 개념의 구분

구분	시작	핵심/초점	방법	목표
판매 개념	기업/공장	기존 제품	촉진 수단	매출 극대화
마케팅 개념	소비자	소비자 욕구	4P	고객 만족

출처: Kotler & Armstrong, 2003, p.20.

해야 하는 상황에 이르렀다. 결국 공급이 수요를 초과하면서 소비가가 주도권을 갖는 '구매자 시장(Buyer's market)'이 되었고, 마케팅 개념이 등장하게 되었다.

관계 마케팅

마케팅이 본격화된 이후에도 기업이 추구하는 마케팅 목표와 가치, 성과를 보는 관점에 있어서 크고 작은 변화가 있어 왔다. 초기에는 거래를 활성화하여 판매를 높이는 '거래 마케팅'에 중점을 두었지만, 이후에는 고객에게 장기적 가치를 제공해서 현재 고객을 평생 고객으로 가져간다는 '관계 마케팅'을 추구하게 되었다. 관계 마케팅을 위해서는 기업이 소비자에게 친근한 존재가 되거나, 기업 시민으로서 소비자의 사회적 가치 만족을 위해 노력하는 모습을 보여야 한다. 그러자면 공공 서비스를 제공하거나 사회 문제 해결을 위해 적극적으로 나서는 활동을 전개하는 등 기업 PR 활동과도 연계할 필요가 있다. 분유 회사에서 우량아 선발 대회를 개최하거나, 학생 교복을 만드는 회사에서 청소년 대상 장학퀴즈 프로그램을 후원하는 것도 관계 마케팅의 일환이라고 볼 수 있다.

전통적인 거래 마케팅은 단기적인 판매 실적을 높이는 것이 마케팅 목표이지만, 관계 마케팅은 우리 제품에 충성스런 고객을 만드는 것이 목표가 된다. 충성스런 고객이란 경쟁 브랜드에 눈길을 돌리지 않고 우리 브랜드를 꾸준히 사랑하고 재구매하는 사람들이

〈표 1-2〉 거래 마케팅과 관계 마케팅

거래 마케팅	관계 마케팅
• 제품 판매 목표 • 단기적 관점 • 불특정 다수 고객 • 고객 서비스 무시 • 사회적 문제에는 무관심	• 고객의 충성도 목표 • 장기적 관점 • 단골 고객 • 고객 서비스 강조 • 사회적 책임/공공 서비스에 관심

다. 관계 마케팅이 성공을 거두기 위해서는 고객의 만족도를 높여서 고객의 이탈을 막아야 한다. 그러자면 재방문 고객, 재구매 고객에게 적절한 보상과 혜택을 주는 것이 좋다. 가격을 할인해 주거나, 마일리지나 포인트를 제공하는 방법 등이 있다.

소셜 마케팅

전 세계 10억 명이 넘는 사람이 유튜브를 사용하고 있고, 국내 이용자도 국민의 80% 수준에 이를 정도로 소셜 미디어 이용은 일상화되었다. 자연히 기업도 소셜 미디어를 이용한 마케팅이 활발하다. 코틀러와 그의 동료(Kolter, Kartajaya & Setiawan, 2017)들은 저서 「마켓 4.0」에서 소셜 마케팅이 대세임을 강조했다.

소셜 마케팅의 특징은 다음과 같다.

- 소비자의 역할 변화 — 제품 생산자(Prosumer)인 동시에 판매

자(Salesumer)

기업과 소비자가 늘 열린 플랫폼 위에서 대화와 의견 교류가 자유로워지면서 소비자는 제품 생산에 참여하기도 하고, 스스로 제품 판매원으로 활동하기도 한다. 많은 기업이 소비자의 의견을 적극 반영하여 제품을 개발하게 되었고, 제품 개발에 참여한 소비자는 더 큰 충성심으로 제품을 애용하면서 주변 사람들에게 제품을 알리고 추천한다. 소비자의 역할이 변하면서 '크라우드 소싱(Crowd sourcing)'도 생겨났다. 대중이 제품 생산에 참여하고 그 수익을 공유하는 방식으로 제품의 생산 방식도 바뀌어 가고 있다.

- 마케팅 목표의 변화 — 소비자의 참여와 협력

기업은 소셜 미디어를 통해 어떻게 하면 소비자를 기업의 마케팅 활동에 참여시키고, 기업과 협력할 수 있도록 할 것인가를 고민하게 되었다. 소비자는 미처 기업이 생각하지 못한 새로운 문화를 만들기도 하고, 기업에 열성적인 팬층도 나타났다. 기업과 소비자의 관계가 이전보다 더 끈끈하고 지속적이며 충성스럽게 변하고 있다. 샤오미의 '팬덤 마케팅'이 대표적 사례이다.

- 시장 권력의 변화 — 기업에서 소비자에게로

'마케팅 2.0'의 패러다임은 기업이 중심이 되어 매체와 메시지를 통제했다. 기업이 일방적으로 만든 광고를 가지고 소비자를 설득하고자 했다. 그러나 '마케팅 3.0' 시대에서는 시장의 권력이 소비자에게 있다. 정보의 주도권도 소비자가 가진다. 소비자는 정보의 창조자이자 정보의 확대 재생산자이다. 소비자는 기

샤오미의 팬덤 마케팅

팬덤이라는 단어를 들으면 연예인을 좋아하는 열광적인 팬들이 연상된다. 팬덤이란 특정 인물이나 분야를 열성적으로 좋아하는 사람들, 혹은 그러한 문화 현상을 일컫는다. 기업들도 연예인처럼 팬덤 문화를 만들고자 노력하는데, 대표적으로 샤오미는 1억 명이 넘는 팬덤으로 급성장한 기업이다. 샤오미는 10명도 안 되는 직원을 데리고, 좁쌀죽을 먹으며 사업을 의논했다고 해서 회사명을 좁쌀(샤오미, 小米)이라고 지었다. 2010년에 설립했으나 불과 2년 7개월만에 중국 스마트폰 판매 1위, 세계 판매량 3위에 올랐다.

샤오미의 팬덤 마케팅 방식은 다음과 같다.

- 샤오미는 대중광고를 전혀 하지 않고 소셜 네트워크에서 입소문을 만들어 마케팅 활동을 전개했다. 사업 초기에는 소셜 미디어에서 활동하는 파워 유저를 모아서 이들이 팬덤 문화를 확산시키도록 하면서 점차 팬층을 키워 나갔다.
- 제품 설계, 소프트웨어 업데이트, 판매에 이르는 전 과정에서 소비자를 참여시켰다. 제품을 만들 때 직원뿐 아니라 소비자가 아이디어를 내면 더 좋은 제품, 더 나은 사용자 경험을 줄 수 있다고 판단했던 것이다. 제품의 제작 단계부터 고객의 의견을 반영했기 때문에 고객의 의견에 따라 제품의 완성도가 결정되는 구조이다. 고객은 자신의 의견이 반영된 제품에 특별한 애정을 가지고 적극적 마케터가 된다. 이러한 샤오미의 전략을 '샤오미제이션(Xiaomization)'이라고 하는데, 이후 여러 기업의 전략적 기준이 되었다(이혜령, 2017).
- 샤오미는 팬들이 기업의 SNS 채널을 자주 방문하도록 하고, 팬들에게 실질적 혜택을 주는 것으로 팬층을 확대했다. 샤오미의 공식 웨이보에는 샤오미 관련 정보를 리트윗한 팬에게 휴대폰, 이어폰, 보조 배터리,

샤오미의 팬덤 마케팅

샤오미 신제품 우선 구매 자격인 F코드 등 다양한 사은품을 지급했다.

• 최근에는 오드라인 매장을 열었지만, 사업 초기에는 소셜 커머스와 온라인 직거래로만 제품을 판매했다. 샤오미의 웹 사이트(xiaomi.com)를 만들어서 주문을 받고 택배로 배송을 한 덕분에 유통비를 30%나 절감했다. 또한 소셜 커머스의 '공동 구매' 방식을 사용하여 재고를 한 번에 소진할 수 있었다(KT경영경제연구소, 2014).

업광고보다는 자신과 네트워크로 연결된 다른 사람의 의견을 더 믿고 의존한다.

외견상 대다수 기업이 소셜 마케팅을 외치긴 하지만, 소비자 간 연결의 힘을 최대한 끌어 올려야 하는 진정한 의미의 소셜 마케팅을 전개한다고 보기는 어렵다. 인터피디아(Interpedia)는 위키피디아와 비슷한 시기에 탄생했다. 둘 다 인터넷 프로젝트 사업이고, 소비자와의 협업으로 백과사전을 제작하는 닮은 꼴 기업이다. 한 가지 다른 점이 있다면 인터피디아는 백과사전을 만들기 위해 사람들이 함께 일하도록 구조를 설계했다. 개인이 각자의 콘텐츠를 생산하도록 했다. 반면에 위키피디아는 사람들이 다른 사람의 글을 편집하도록 만들었다. 사람들에게 콘텐츠를 생성하라고 요구하는 것(인터피디아)과 사람들이 하는 일을 연결시킬 필요성을 인식하는 것(위키

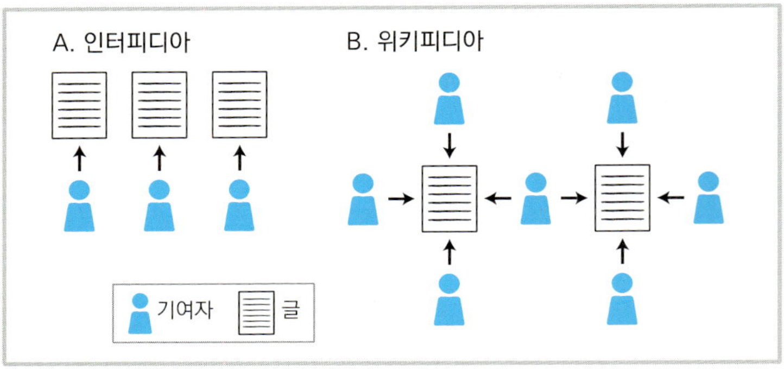

〈그림 1-1〉 위키피디아와 인터피디아의 비교

출처: 바라트 아난드, 2018, p.168.

피디아)은 작지만 중요한 차이였다. 연결의 힘을 극대화하지 못한 인터피디아는 기업이 사라지기 전까지 끌어들인 참여자 수는 500명, 생산한 글은 50개도 되지 않았다. 위키피디아가 힘을 발휘하는 이유는 단지 누구나 백과사전 제작에 참여할 수 있었기 때문만은 아니다. 사람들이 다른 사람의 기여/성과를 향상시킬 수 있기 때문이고, 그러면서 콘텐츠의 왜곡을 막고 완성도를 높일 수 있기 때문이다. 결국 소셜 마케팅의 진정한 힘은 참여자 간의 연결 관계를 최적화하는 데서 온다(바라트 아난드, 2018, pp.167-168).

애자일 마케팅

패션브랜드 자라(Zara)는 최근 10년 동안 큰 성공을 거둔 패스트 패션(Fast fashion) 브랜드 중 하나다. 패스트 패션이란 최신 트렌드를 즉각적으로 반영하여 신속하게 제품을 생산하고 유통시키는 의류를 의미한다. 장기간의 계절적 트렌드에 의존하는 전통적 의류 업체와 달리 자라는 연간 1만 개 이상의 다양한 디자인 제품을 출시하는 식으로 제품 교체 주기를 빠르게 앞당기는 전략을 구사한다. 덕분에 불과 2주면 상품 기획부터 판매까지 가능하다(Kotler, Kartajaya & Setiawan, 2021, p.335).

자라의 이러한 전략은 애자일 마케팅(Agile marketing)의 대표적 사례이다. 영문 agile의 사전적 의미는 '신속한', '민첩한'이라는 뜻을 가진다. 단순하게 정의하면, 애자일 마케팅이란 마케팅의 전체 과정을 유연하고 신속하게 진행하는 것이다.

애자일 마케팅의 등장 배경은 이렇다. 혁신적인 신기술이 일상에 전파되고 있고, 제품의 수명 주기는 점점 짧아지고 있으며, 소비자의 취향도 빠르게 바뀌고 있다. 신기술을 무기로 하는 하이테크 기업은 물론이고 의류, 소비재, 가전제품, 자동차 등 많은 산업이 정도의 차이는 있지만 제품 수명 주기가 점점 단축되는 공통된 경향을 보인다. 고객의 취향이나 선호도도 함께 바뀌고 있다. 온종일 인터넷에 접속해 있는 모바일 디지털 환경에서 소비자의 구매 경험은 실시간으로 친구나 타인에게 전달된다. 이런 환경에서 '민첩함'은 기업의 성패를 좌우하는 열쇠가 될 것이다. 마케팅 이론을 집대성한 필립 코틀러(Philip Kotler)는 디지털 시대의 다양한 마케팅(예: 소셜 마케팅, 빅 데이터 마케팅, 인공지능 마케팅 등)이 지향하는 궁극적 지점을 애자일 마케팅으로 제시했다.

애자일 마케팅을 실행하기 위해서는 몇 가지 조건이 필요하다. 첫째, 소비자의 의견과 행동에 대한 실시간 분석, 둘째, 기업 내 부서 간 장벽을 허물고, 대신 전문성을 갖춘 다양한 교차 기능적 팀 운영, 셋째, 유연하고 민첩한 제품 개발, 넷째, 오랜 시간이 걸리고 순차적으로 진행되던 제품 구상부터 제품 출시에 이르는 전체 과정의 동시적 프로세스 개발, 넷째, 시제품에 대한 신속한 테스트가 그것이다(Kotler, Kartajaya & Setiawan, 2021, pp.341-349).

1장

참고 문헌

바라트 아난드 저, 김인수 역(2018). 「콘텐츠의 미래」. 리더스북.

신병철(2019). 성공적인 마케팅을 위해서는 다섯가지에 집중하라, DBR 동아비즈니스리뷰, 145호.

이승윤(2020). 「구글처럼 생각하라」. 넥서스BIZ.

KT경영경제연구소 (2014). 샤오미의 5가지 성공 요인.

https://blog.naver.com/gooday2drive/220061810290).

Kotler, P.(2003) 「Marketing Management」, 11th ed. NJ: Prentice-Hall.

Kotler, P., Kartajaya, H. & Setiawan, I. 저. 이진원 역 (2017). 「마켓 4.0」. 더퀘스트.

Kotler, P., Kartajaya, H. & Setiawan, I. 저. 이진원 역(2021). 「마켓 5.0」. 더퀘스트.

세 상 에 서

가 장 쉬 운

마케팅

2장

환경 분석 및 마케팅 목표

E A S Y
MARKETING

1. 마케팅 전략의 개요

마케팅 전략을 수립한다고 할 때, 큰 틀에서 보면 다음과 같은 순서로 구성된다.

〈표 2-1〉 마케팅 전략의 순서

단계	목표	내용
1단계	마케팅 환경 분석	기업 내부와 외부의 강점, 약점 분석
2단계	마케팅 목표 설정	매출, 수익률, 시장점유율 증가 목표
3단계	STP 전략	Segmentation: 시장세분화 Targeting: 표적시장 선정 Positioning: 포지셔닝 선정
4단계	마케팅 믹스(4P 전략)	Product: 제품 Price: 가격 Place: 유통 Promotions: 촉진 전략

이상의 내용을 담아서 보고서로 만든 것이 '마케팅 기획서'이다. 마케팅 기획서는 기업에서 앞으로 진행할 마케팅 전략의 전반적 방향과 내용을 정리한 계획서이다. 주로 파워포인트 형태로 만든다. 위의 〈표 2-1〉은 마케팅 기획서를 작성할 때 주요 골격이자 일반적인 목차에 해당한다.

① 1단계: 환경 분석

기업 활동에 영향을 미치는 외부 요인 모두가 환경에 해당한다. 정치, 경제, 사회, 문화, 법률, 기후 환경을 비롯하여, 시장 상황, 경쟁사, 소비자 등이 환경에 속한다. 기업의 마케팅 활동에 영향을 미칠 수 있는 외부 요인을 분석하는 것이 환경 분석이다.

② 2단계: 마케팅 목표

한 해 동안 우리 제품을 얼마나 팔 것인가와 관련해서 마케팅 목표를 수립한다. 대표적으로 매출액, 이익률, 시장점유율, 신규 소비자 유입 등과 관련해서 목표를 설정한다.

③ 3단계: STP 전략

Segmentation(시장세분화), Targeting(표적시장 선정), Positioning(포지셔닝)의 앞 자를 따서 통상 STP 전략이라고 부른다. 전체 소비자 시장을 어떻게 나눌 것인가(시장세분화), 세분화된 시장 중 어떤 시장을 공략할 것인가(표적시장 선정), 표적시장에게 우리 제품을 어떤 이미지로 인식시킬 것인가(포지셔닝)에 대한 내용이다.

④ 4단계: 마케팅 믹스

마케팅 믹스란 한마디로 4P 전략을 일컫는다. 제품 전략(Product), 가격 전략(Price), 유통 전략(Place), 촉진 전략(Promotion)을 합한 개념이다. 제품 전략에서는 신제품 전략, 제품 계열과 품목에 대한 결정, 상표 전략 등을 포함한다. 가격은 신제품을 출시할 때 가격을 어떻게 책정할것인지, 기존 제품의 경우 가격 조정(주로 가격 할인)을 어떻게 할 것인지에 대한 내용이다. 유통 전략은 소비자가 원하는 시간에, 원하는 장소에서 제품을 구입할 수 있도록 하는 전략이다. 소비자에게 제품을 판매하는 '상적 유통'과 제품의 운송에 대한 '물적 유통'을 포함한다. 촉진 전략이란 광고, PR, 판매 촉진, 인적 판매에 대한 내용을 다룬다. 4P 전략은 마케팅 전략을 수립할 때 가장 핵심이 되는 부분이다. 단순하게 보면 마케팅 = 마케팅 전략 = 4P 전략이다.

4P 전략과 4C 전략

최근에는 소비자 지향적 마케팅을 강조하면서 4P 전략을 4C 전략으로 바꿔서 설명하기도 한다. 4P 전략이 기업 관점에서 마케팅의 주요 내용을 열거한 것이라면, 4C는 고객 관점에서 마케팅을 설명한 것이다. 따라서 서로 다른 내용이라기보다는 관점의 차이로 이해하면 된다.

〈표 2-2〉 4P 전략과 4C 전략 비교

4P	4C
제품(Product) 가격(Price) 유통(Place) 촉진(Promotion)	고객의 문제 해결(Customer solution) 고객이 지불하는 비용(Customer cost) 편리성(Convenience) 커뮤니케이션(Communication)

출처: 김봉현·김태용·박현수·신강균, 2013, p.125.

- 고객의 문제 해결: 어떤 제품을 만들 것인가 고민하기보다는 제품과 관련해서 고객이 가진 문제점을 해결해 주는 것이 중요하다. 문제점이란 고객이 기존 제품에서 충족되지 않은 욕구를 의미한다. 마케팅이란 뭔가 부족한 욕구(문제점)를 해결해 주는 제품을 구상하는 것이다. 고객의 문제 해결은 제품 전략이 새롭게 바뀐 것이 아니라, 소비자에게 주는 혜택을 더 분명히 해서 신제품을 개발해야 한다는 취지로 이해하면 될 것이다.
- 비용: 가격이 얼마인가보다 고객이 어떤 금전적, 시간적, 정신적 비용을 지불할 것인가에 초점을 둔 개념이다. 소비자가 제품을 구매할 때 절차가 복잡하여 심리적으로 불편하거나 시간이 많이 든다면 이 모든 것이 비용에 포함된다.
- 편리성: 도/소매상 등 어떤 유통 경로로 제품을 판매할 것인가보다는 고객이 얼마나 편리하게 제품을 구입할 수 있도록 하는가가 더욱 중요하다. 오프라인으로 판매할 것인가, 온라인으로 판매할 것인가, 대형마트에서 판매할 것인가 등을 선정하는 것보다는 소비자가 최대한 편리하게 구매할 수 있도록 판매 경로와 방식을 선정하자는 취지이다.
- 커뮤니케이션: 광고나 PR, 인적 판매 등 여러 방식 중 어떤 방식으로 소비자를 설득할 것인가를 강구하기보다는 고객과 어떻게 소통할 것인가를 고민해야 한다. 촉진 전략은 기업 입장에서 일방적인 메시지 전달을 의미하는 반면, 커뮤니케이션은 소비자와 쌍방적인 의견을 교류하는 것이다.

2. 환경 분석

마케팅 전략을 수립하기 위해서는 가장 먼저 기업(또는 제품)이 처한 환경을 분석해야 한다. 환경 분석은 거시 환경 분석과 미시 환경 분석으로 구분된다.

거시 환경 분석

거시 환경은 기업의 마케팅 활동에 직, 간접적 영향을 미치는 포괄적 환경으로서 정치, 경제, 법률, 기술, 자연, 문화 환경 등이 속한다. 거시 환경을 모두 분석한다는 것은 매우 어렵기도 하고 시간도 많이 걸리기 때문에 꼭 필요한 것은 아니다. 거시 환경 중 기업 환경에 직접적인 영향을 미친다고 판단되는 일부 요인만 선별해서 분석하면 된다.

거시 환경 분석에 포함되는 요인과 주요 특징은 다음과 같다.

- 인구통계적 환경: 출산률 급감, 노령화 사회, 미혼 가구 및 1인 가구의 증가, MZ세대(1980년 초~2000년대 출생 세대)의 부상
  - 뉴시니어층: 단순 노인 계층이 아니라, 자식에게 의탁하지 않고 독립적이며, 축적된 부를 누리면서 편안한 노후를 보내는 세대이다.
  - 의료관광 산업 성장: 인구 고령화와 부유한 뉴시니어층

대상.

- 1인 가구 급증: 싱글 가구를 위한 소포장 제품(예: 한 입에 쏙 들어가는 간식, 소용량 화장품 등), 가정 간편식/반조리 식품, 소형 가전, 애완동물 시장, 혼술족을 위한 미니 주류(예: 처음처럼 미니, 미니 위스키와 미니 와인)

- 경제 환경: 소득 양극화와 소비 양극화로 인한 고가 럭셔리 제품 성장
- 자연환경: 미세먼지 심화로 공기청정기 시장 성장, 친환경 자동차(전기차, 수소차) 출시
- 기술 환경: 4차 산업혁명, 인공지능, 사물 인터넷, 자율 주행차, 빅 데이터를 이용한 마케팅
- 법률 환경: 기업의 비즈니스에 영향을 주는 법률에 대한 분석
- 사회/문화 환경: 성 평등, 일과 생활의 균형 추구(워라밸)
  - 올빼미족의 증가: 젊은 사람들은 야근이 잦아서 밤에 활동하는 인구 많아졌다. 라이프스타일이 변하면서, 기존 시간대 영업만으로 한계 느낀 기업들이 심야 영업 내지 24시간 영업을 시작했다.
  - 웰니스(Wellness): 웰빙과 해피니스의 합성어. 건강한 생활과 여가가 있는 삶을 추구하는 사회 문화 현상. 이와 관련하여 천연 원료로 만든 화장품, 건강 기능 식품, 친환경 건축 자재, 가전 업계의 공기청정기 등에 대한 수요가 증가했다.

장으로 보는 게 좋다. 피자와 패밀리 레스토랑 역시 분석의 범위와 관점에 따라 하나의 시장으로 볼 수 있다.

경쟁 관계인지 아닌지는 소비자 관점, 혹은 소비자의 평가로 파악할 수 있다. 가령 A제품 구매자에게 그 제품 없을 때 어떤 제품을 살 것인지 물어보거나, 또는 A제품 가격이 오르면 어떤 제품으로 교체할 것인지를 물어서 대안으로 제시되면 경쟁 관계라고 볼 수 있다. 시장의 영역이 파악되면, 그 시장에서 다년간 매출 추이와 시장 점유율, 수익률 등을 분석해서 해당 산업이 성장하는 추세인지, 정체되어 있는지를 분석한다.

경쟁사 분석

경쟁사를 누구로 할지는 경쟁의 범위를 어떻게 정의하는가에 따라 달라진다. 시장을 좁게 보는가, 넓게 보는가에 따라 경쟁사가 달라진다. 소비자의 구매 행동을 분석하여 경쟁사 내지 경쟁의 범위를 파악하는 것이 필요하다. 새로 스마트폰을 출시한다고 할 때 기존의 스마트폰 제품만 경쟁사로 볼 수도 있고, 태블릿까지 포함해서 경쟁사를 분석할 수도 있을 것이다.

경쟁사 분석은 상황에 따라 생략하기도 한다. 시장에서 1위 브랜드일 때는 굳이 2위, 3위 브랜드를 경쟁사로 놓고 분석할 필요가 없다. 또한 '혁신적 신제품'을 출시하는 경우라면, 시장에는 유사 제품이 없는 상황이므로 경쟁사 분석이 필요하지 않을 것이다. 반면 시장에서 후발 주자라면 선발 기업이나, 유사 제품을 경쟁사로 놓고 분석해야 한다.

[2] 소비자 분석

1장에서 마케팅이란 소비자를 위한 시장 활동이라고 정의했다. 그렇듯 마케팅 전략을 수립하기 위해서는 소비자에 대한 분석과 이해가 무엇보다 중요하다. 더욱이 마케팅의 목적이 일회성, 단발성 판매가 아닌, 고객과 장기적 관계를 맺어서 평생 고객화하는 것이라면 소비자의 심리와 행동에 대한 분석은 더욱 중요해진다.

고객 관계 관리

마케팅은 소비자를 다루는 학문이다. 마케팅 전략은 현재, 잠재, 미래 소비자를 분석하여 신규 고객을 확보하고, 기존 고객을 평생 고객으로 이끄는 활동이자 전략이다. 그런 점에서 소비자 분석은 궁극적으로 고객 관계를 관리하는 활동(Customer Relationship Management: CRM)과 맞닿아 있다.

고객 관계 관리(CRM)란 고객의 정보를 수집, 활용해서 기존 고객을 평생 고객화하는 마케팅 활동이다. 이를 위해서는 데이터베이스를 이용하여 고객 개인의 특성에 맞게 마케팅 활동을 수행해야 한다. 예를 들면 데이터를 분석해서 고객이 관심을 가질만한 여러 상품을 패키지로 구성하여 판매한다거나, 기존 제품이 오래 되어 교체가 필요한 시기에 맞춰 업그레이드 제품을 추천하는 활동이 모두 CRM이다.

대부분의 기업은 고객에 대한 정보가 풍부하다. 고객과 접촉 가능한 매체와 수단이 많기 때문이다. 고객의 구매 내역, 판매원과의 접촉, 구매 후 서비스와 지원 방문, 홈페이지/웹 사이트 방문 내역, 고객 만족도 조사, 시장조사 자료 등을 통해 고객 정보를 수집하게 된다. 최근에는 모바일을 활용한 고객 관계 관리(M-CRM)가 활발하다. 모바일 상거래 내역, 모바일 쿠폰 거래 내역 등을 통합하여 고객을 분석한 후, 고객의 성향에 맞게 마케팅 활동을 전개하게 된다.

고객 관리가 왜 중요한지는 다음과 같은 통계를 보면 확연해진다.

- 신규 고객의 획득은 기존 고객을 유지하는 것보다 10배나 더 많은 비용이 든다.
- 우량 고객 10%가 전체 매출의 80%를 차지한다.
- 이탈 고객의 5%만 줄여도 수익이 두 배로 늘어난다.

소비자의 욕구 분석

소비자가 제품을 구매한다는 것은 그 제품에 대한 욕구와 필요가 있기 때문이다. 그런 점에서 소비자 행동을 이해하기 위해서는 소비자 욕구에 대한 파악이 무엇보다 중요하다. 소비자 욕구는 수직적 욕구와 수평적 욕구로 구분해서 볼 수 있다(대홍기획 마케팅컨설팅그룹, 1992).

① 수직적 욕구

미국의 심리학자 에이브러햄 매슬로(Abraham Maslow)의 주장에 따르면 사람은 좀 더 기본적인 욕구가 만족되고 나면 다른 니즈를 충족시키려는 경향이 있다. 가장 기본적인 욕구가 욕구의 계층구조에서 가장 아랫부분을 차지하고, 점차 위쪽으로 욕구는 발전하게 된다. 욕구는 범주는 크게 5개 영역을 갖는다. 생리적 욕구 → 안전에 대한 욕구 → 사회적 욕구 → 위신, 자존, 지위에 대한 욕구 → 자아실현 욕구.

- 생리적 욕구: 생리적 욕구란 의식주에 대한 욕구와 직결된다. 선진국에서는 의식주의 어려움을 겪지 않기 때문에 생리적 욕구와 관련된 상품을 구매하는 경우라고 해도 보다 상위의 욕구를 충족시킬 수 있는 상품을 고르곤 한다. 예를 들면 우유를 잘 마시지 못하는 사람은 유당에 대한 소화력이 약해서 유당이 없는 우유를 찾게 된다. 이러한 잠재 시장이 있다는 것을 알아낸 락트에이드 회사(Lactaid, Inc)는 소화효소를 첨가한 우유를 개발하게 되었다.
- 안전에 대한 욕구: 생리적 욕구를 충족시키고 나면 소비자는 자신이 위험으로부터 안전한지에 관심을 가지게 된다. 보험, 화재경보기, 가정의 방법 시스템 등이 안전과 관련한 제품이다. 만약 스포츠카가 멋진 디자인과 고속의 승차감을 가진다고 해도, 안전에 대한 보장이 약하다고 느끼면 소비자는 이 제품을 사지 않을 것이다. 욕구는 항시 계단 구조를 가지게 된다. 사람들은 보다 근본적인 욕구를 먼저 떠올리므로 자위나 자존감을 위해 제품을 구매한다고 해서, 신체적 안전을 희생하려는 사람은 많지 않다. 따라서 어떤 제품이 욕구의 상위 단계에 초점을 둔다고 해도, 그 제품이 아래 단계의 욕구에 어떤 영향을 미치는가를 주의 깊게 살펴봐야 한다. 상위 단계의 욕구를 충족시킨다고 해도 하위 단계의 욕구에서 불만이 생기면 판매를

성공시키기 어렵다.

- 사회적 욕구: 타인과 관계 맺기, 소속에 대한 욕구는 인간의 본성이다. '혼자'라는 말은 '외로움'이라는 말과 동어의이다. 극악한 중범죄자조차도 독방에 가둔다고 하면 고분고분해질 정도로 사회적 욕구는 강력하다. 광고 카피가 사랑, 연대감, 소속감에 치중하는 것도 이 때문이다. 생리적 욕구나 안전의 욕구에 비해 사회적 욕구는 충족시키는 것이 상대적으로 어렵다. 내 주변에 좋은 친구가 너무 많다고 불평하는 사람이 얼마나 있는지, 혹은 주변의 관심이 지나치다고 생각하는 사람이 있는가를 보면 알 수 있을 것이다.

  사회적 욕구는 오직 사람만이 충족시켜 줄 수 있다. 그러나 소비재나 서비스는 사랑이나 소속감과 직, 간접적으로 관계를 맺고 있다. 식당이나 카페에서 음식이나 술을 먹는 것은 사회적 교류와 관련이 있다. 옷, 미용 제품의 구입도 대인 관계를 발전시키도록 도와준다.
- 지위, 명성에 대한 욕구: 존경, 명성, 인정 또한 타인으로부터 얻는 것이다. 즉 대인 관계로 충족되는 욕구이다. 그러나 어떤 소비재는 자신의 위신/명성을 높여주기도 한다. 고가의 승용차나 시계, 값비싼 보석 등은 그 사람의 지위를 간접적으로 표시한다. 이것들의 공통점은 사회적 가시성이 높다는 점이다. 즉 남들에게 주목성, 관찰성이 높은 제품 속성을 가진다.
- 자아실현의 욕구: 인생에서 궁극적인 목표, 가장 도달하기 힘든 것이 '자아실현'의 욕구이다. 그래서 욕구의 최상위 단계에

놓이게 된다. 생리, 안전, 소속, 지위에 대한 욕구가 온전하게 해결되었을 때 '사람은 무엇을 추구하는가?'라고 질문하면 대답하기는 쉽지 않다. 자아실현이란 자신의 모든 역량을 향상시켜서 개인의 완전성을 추구하고 최고의 성취감을 얻는 것이다. 자아실현의 욕구가 있을 때는 좀 더 독특하고 차별화된 제품을 찾게 된다. 이 경우 대중적인 마케팅보다는 매우 한정된 시장을 겨냥하거나, 특별한 개인만을 위한 일대일 마케팅을 고려해야 한다.

② 수평적 욕구

수평적 욕구란 소비자의 관심사와 활동이 어떤 욕구와 연관되는가로 접근하는 방식이다. 가령 극장에 가서 영화를 보는 것과 집에서 TV로 영화를 보는 활동은 다른 욕구와 관련된다. 과거 안방극장이라고 불리는 텔레비전이 발명되면서 극장이 없어질 거라고 예상했으나 지금도 번성하는 이유는 무엇인가? TV와 극장에 대한 소비자의 욕구가 다르기 때문이다. TV는 개인적 경험인데 반해 극장에 가는 것은 사회적 경험을 추구하는 욕구가 내재되어 있다. 극장은 친구와의 교제, 이성과의 데이트라는 욕구를 충족시켜 주는 데 반해, TV 시청은 개인적인 휴식, 기분 전환 욕구가 작용하는 것이다. 결국 제품이나 브랜드는 구매자의 어떤 욕구를 채워주는가에 대한 분명한 고려가 있어야 성공적인 마케팅으로 이끌 수 있다.

- 성취 욕구
  - 어려운 과업을 달성하고자 하는 욕구. 기술, 능력, 재능을 향상시키는 욕구
  - 관련 제품: 공구와 DIY(Do-It-Yourself) 제품, 실용 서적/실용 강좌, 직업 관련 제품
- 독립 욕구
  - 다른 사람의 지시나 영향으로부터 자유롭게 살려는 욕구, 남들과 달라지려는 욕구
  - 옷이나 액서서리, 헤어스타일과 같은 미용 서비스, 주문형/개인별 맞춤 제품, 이국적 음식
- 과시 욕구
  - 타인의 눈에 띄도록 자신을 보여주려는 욕구, 다른 사람의 관심과 흥미를 끌려는 욕구
  - 평범하지 않은 독특한 디자인의 옷이나 보석, 특이한 헤어스타일, 과도한 화장
- 인정 욕구
  - 다른 사람으로부터 긍정적 주목을 받고 싶은 욕구, 모범사례로 인정받거나, 명성을 얻으려는 욕구
  - 유명 인사임을 확인시켜주는 제품, 기념패, 상장, 사교 모임, 모교의 배지/상징품
- 의존 욕구
  - 타인으로부터 도움, 지원, 격려를 얻고자 하는 욕구
  - 얼굴과 신체 마사지, 머리 손질과 매니큐어, 상담 서비스

- 자극 욕구
  - 감각을 자극하거나 활동을 경험하려는 욕구, 강렬하고 속도감 있는 활동에 대한 추구
  - 운동기구, 체육 시설, 강렬하거나 유별난 광경, 강한 감각적 특성을 가진 제품이나 서비스

소비자의 구매 결정 과정

소비자가 어떤 제품을 구매할 때는 가장 먼저 자신의 욕구나 문제를 인식한 후 정보를 탐색하고, 몇 가지 대안 중 무엇이 좋은지 평가한 후에 구매를 결정하게 된다. 그러나 늘 동일한 과정을 거치는 것은 아니다. 충동구매는 욕구를 느끼자마자 곧장 구매로 이어진다. 반면 신제품이나 고가 제품, 복잡한 제품, 내구재는 신중하게 선택해야 하기에 구매 결정 과정이 길어진다. 개인의 소비 경험, 관여도, 구매 상황에 따라서 일부 단계가 생략되기도 한다. 따라서 기업은 소비자의 구매 결정 과정을 면밀히 파악한 후, 적합한 마케팅 활동을 진행해야 한다(은종성, 2018).

① 1단계: 욕구 인식/문제 인식

자신의 욕구 내지 문제를 인식하는 단계이다. 가령 주말에 장거리 여행을 가는데 적당한 캐리어 가방이 없을 때 문제를 인식하게 된다. 현재 상태와 원하는 상태의 괴리가 클수록 제품 구매로 이어질 가능성이 크다. 만약 필요한 것보다 약간 작은 가방이 있다면 이것으로 대신하자는 마음으로 구매를 포기할 것이다. 그러나 적당한 가방이 전혀 없다면 문제를 더 크게 인식하게 될 것이다.

② 2단계: 정보 탐색

욕구를 인식한 소비자는 정보를 탐색하는 단계로 이행하지만 때로는 정보 탐색을 생략하기도 한다. 가령 욕구가 강하고, 욕구를 충족시킬 제품이 가까이 있으면 소비자는 정보 탐색을 생략하고 곧장 구매를 결정하기도 한다. 예를 들어 배고픈 상태에서 분식집을 지나게 되는 경우가 그렇다. 정보 탐색의 양은 해당 제품이 나에게 얼마나 중요한가에 따라서 달라진다. 기업은 소비자가 어떤 정보원을 활용하고, 알게 된 정보를 얼마나 신뢰하는지 파악해야 한다.

③ 3단계: 대안 평가

욕구를 해결해 줄 수 있는 몇 가지 대안이 있을 때 어떤 것이 좋을지 평가하는 단계이다. 햄버거를 먹고 싶을 때 롯데리아 치즈버거와 맥도날드 치즈버거를 떠올렸다면 이것이 '구매 고려군'이 된다. 그중에서도 머릿속에 가장 먼저 떠오르는 상표(TOM: Top Of Mind)가 있다면 이것이 구매로 이어질 가능성이 크다. 기업은 자사 상품의 '최초 상기 브랜드(TOM)'를 높이기 위해 꾸준히 광고 캠페인을 시행한다.

④ 4단계: 구매 결정 및 구매

특정 브랜드를 사기로 마음먹고 구매를 실행하는 단계이다. 그러나 구매할 브랜드를 결정했다고 해도 매장을 방문해서 다른 브랜드로 변경하기도 하고, 구매할 브랜드를 정하지 않은 채 매장에 가서 즉석에서 구매를 결정하기도 한다. 따라서 매장의 잘 보이는 곳에 '구매시점광고(POP: Point Of Purchase)'를 표시한다면 구매 결정에 도움을 줄 수 있다. 최근에는 모바일과 위치 기반 서비스 덕분에 소비자의 동선을 파악하여 근처에 있는 매장이나 상품의 판촉 메시지를 전송하기도 한다.

⑤ 5단계: 구매 후 행동

소비자라면 누구나 어떤 제품을 구매한 후에 구매 행위를 후회하거나 제품에 불만이 생길 수 있다. 이런 현상을 심리학 용어로 '인지 부조화(Cognitive dissonance)'라고 한다. 기업은 소비자가 인지 부조화를 겪지 않도록, 혹은 겪었다고 해도 빨리 해소할 수 있도록 해야 한다. 그러기 위해서는 소비자의 후기나 리뷰를 지속적으로 모니터링해야 한다. 또한 구매자의 선택이 옳았다는 확신을 줄 수 있는 광고도 필요하다. 구매 후 불만이 생기면 해당 브랜드를 재구매할 가능성이 희박해지기 때문에 구매 후 확신을 줄 수 있는 마케팅을 전개하게 된다.

소비자의 구매 행동 분석

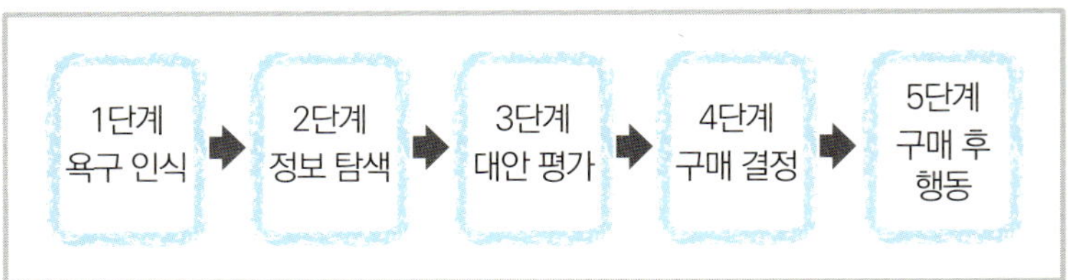

〈그림 2-1 〉 소비자 구매 결정 과정

소비자의 심리적 특징

인지 부조화 (Cognitive dissonance)
구매 후 불만이 생기면서 겪는 불편한 심리 상태를 일컫는 용어이다. 제품 판매는 신규 고객과 기존 고객에 의해 이뤄지는데, 기존 고객을 유지하는 것이 신규 고객을 유치하는 것보다 마케팅 효율이 크기 때문에 고객의 불만 처리가 매우 중요하다. 만족한 고객은 평균 3명에게 자신의 경험을 이야기하지만, 불만족 고객은 10명에게 불평한다. 나쁜 내용의 구전이 좋은 내용의 구전보다 확산이 빠르다는 점에서 판매 후 AS가 중요하다.

인지 구두쇠 (Cognitive miser)
일반적으로 소비자는 생각하기를 싫어하기 때문에 인지적 노력을 최소화하려는 경향을 보인다. 이러한 소비자 특성을 '인지 구두쇠'라고 부른다. 사람 몸무게에서 두뇌가 차지하는 무게는 2%에 불과하지만, 에너지는 무려 20%나 소비한다. 이 때문에 두뇌는 가능하면 에너지를 절약하는 모드로 가고자 한다.

제품의 본질적 단서(성능, 내구성 등)로 구매를 결정할 때는 시간이 많이 걸리고, 인지 노력도 많이 든다. 반면 브랜드, 원산지, 판매 장소 등 비본질적 단서를 이용하면 생각을 줄이고 의사 결정을 빠르게 할 수 있게 된다(예: 백화점에서만 파는 상품이다, 히트 상품이다, 메이드 인 이태리 등).

소비자의 구매 행동이란 자신의 욕구를 충족시킬 것이라고 믿는 제품을 탐색, 구매, 평가하는 전 과정을 의미한다. 소비자의 구매는 다양한 요인(과거 사용 경험, 정보, 문화, 준거집단 등)의 영향을 받기 때문에 '블랙박스'라고 표현한다. 그만큼 소비자의 욕구와 행동을 정확히 파악하기 어렵다는 의미이다.

소비자의 구매 행동은 제품 특성이나 제품에 대한 관여도에 따라 다르게 나타난다. 관여도(Involvement)란 그 제품이 나에게 얼마나 중요한가와 나의 생활에 얼마나 관련되어 있는가의 개념이다. 어떤 제품이 나에게 중요하고 관련성이 크면 '고관여', 작으면 '저관여'라고 한다. 소비자의 구매 행동은 제품 간 차이와 관여도에 따라 네 가지 유형으로 구분된다. 구매 행동 특성에 따라서 광고 전략도 달라진다.

〈표 2-3〉 소비자의 구매 행동 유형

구분	고관여	저관여
제품 간 차이가 클 때	복잡한 구매 행동	다양성 추구 구매 행동
제품 간 차이가 작을 때	부조화 감소 구매 행동	습관적 구매 행동

① 복잡한 구매 행동

여러모로 나에게 중요한 고관여 제품이면서 상표 간 차이가 뚜렷할 때 구매 행동이 복잡해진다. 통상 고관여란 제품 가격이 비싸고 구매 주기가 긴 제품일 때 나타난다. 예를 들면 자동차와 같은 고관여 제품을 구매할 때는 제조사, 가격, 연비, 디자인, AS 등 다양한 정보를 수집하여 따져보면서 구매 결정을 내리는 데 시간도 많이 든다. 이 경우 자사 제품의 차별적 이점을 알리는 광고 전략을 구사하는 것이 효과적이다.

② 부조화 감소 구매 행동

고관여 제품이면서, 상표 간 차이가 작을 때의 구매 행동이다. 예를 들면 카펫을 산다고 할 때, 상표 간 차이를 판단할 수 있는 정보가 적기 때문에 구매 결정은 다소 신속하게 이뤄진다. 그러나 구매 후 제품에 대한 불만이 생기거나, 주변에서 다른 제품이 더 좋다는 정보를 얻게 될 때 구매 후 부조화(인지 부조화)를 경험하게 된다. 이런 경우를 대비해서 '당신이 선택한 제품이 최고이다'라는 메시지를 담아서 구매 후 확신을 주는 광고를 집행해야 한다.

③ 다양성 추구 구매 행동

저관여 제품이면서 제품 간 차이가 뚜렷한 일상 소비재가 여기에 속한다. 상표를 자주 바꿔서 구매하는 것은 어떤 제품에 불만이 있어서가 아니라 다양성을 추구하기 위함이다. 가령 라면을 살 때 다양한 맛을 즐기기 위해 브랜드를 바꿔 본다거나, 여러 상표의 음료를 시음해 보는 경우이다. 이 경우 시장 선도 기업은 광고를 지속적으로 해서 소비자의 습관적 구매를 유도해야 한다. 만약 후발 기업이라면 자사 브랜드를 시험 구매하도록 하여 상표 전환을 유도하는 전략이 필요하다.

④ 습관적 구매 행동

저관여 제품이면서 제품 간 차이가 작을 때에 해당한다. 휴지, 비누, 칫솔 등 일상적인 소비재는 습관적 구매를 하는 경우가 많다. 소비자는 어떤 상표에 대해 강한 신념을 갖고 구매하기보다는, 늘 사용하던 친숙함 때문에 그 브랜드를 구매하는 셈이다. 이 경우 정보 위주의 광고보다는 독특한 캐릭터나 상징을 이용하거나, 이미지 위주의 광고를 집행해서 상표를 쉽게 기억할 수 있도록 하는 광고가 효과적이다.

3. 마케팅 목표

SWOT 분석

마케팅 목표를 정하기 전에 먼저 환경 분석한 것을 총정리하는 의미로 SWOT 분석을 실시한다. 상황 분석에서 나온 여러 자료를 긍정적 요인과 부정적 요인으로, 그리고 기업 내부 요인과 외부 요인으로 구분해서 하나의 표로 정리한 것이 SWOT 분석이다. SWOT 분석 자료를 가지고 미래 사업을 구상하거나, 마케팅 목표를 수립하는 데 참고하게 된다.

SWOT 분석이란 기업의 강점(Strength), 약점(Weakness), 기회(Opportunity), 위협(Threat)의 앞 자를 딴 말이다. 기업의 내부 요인 중 긍정적 요인을 '강점', 부정적 요인을 '약점', 기업의 외부 요인 중 긍정적 요인은 '기회', 부정적 요인은 '위협'이라고 명명한다. 내부 요인은 기업 내부에서 발생하는 것으로 기업이 통제할 수 있는 요인이고, 외부 요인은 기업 외부에서 발생하는 것으로 기업이 통제할 수

〈표 2-4〉 SWOT 분석

구분	긍정적 요인	부정적 요인
기업 내부 요인	강점(S)	약점(W)
기업 외부 요인	기회(O)	위협(T)

없는 요인이라고 이해하면 된다(강미선, 2015).

강점, 약점, 기회, 위협 요인에 해당하는 사례는 다음과 같다.

- 강점: 전문 경영자 영입, 신규 공장 설립, 기술 특허 취득 등
- 약점: 노사분규, 전문 CEO 구속, 내부 기술 유출, 경력 사원 이탈, 공장 노후화 등
- 기회: 경쟁사의 제품 가격 상승, 기술 발전으로 제품 개발에 드는 시간 단축, 기업에 대한 호의적 여론, 수입 원자재 가격 하락 등
- 위협: 경제 위기로 소비 심리 위축, 기업의 대출 제한, 경쟁사 증가 등

삼성전자 파브 LED TV와 페이스북의 SWOT 분석 사례를 소개하면 다음과 같다.

〈표 2-5〉 삼성전자 파브 LED TV의 SWOT 분석

강점(Strength)	**약점**(Weakness)
• 기술력, 안정적 원료조달 • 유통, 디자인, 브랜드	• 고가격
기회(Opportunity)	**위협**(Threat)
• LED산업 성장 • 화질, 디자인에 대한 소비자 선호도	• 경쟁사의 시장 진입

출처: 한상만·하영원·장대련, 2018, p.121.

〈표 2-6〉 페이스북의 SWOT 분석

강점(Strength)	약점(Weakness)
• 높은 시장점유율과 고객충성도 • 우수한 모바일 연동 • 인스타그램과 연동을 통한 시너지 창출	• 불법 광고에 대한 통제 부족 • 전 연령대 수용능력 부족(노년층 취약) • 광고에 의존한 수익 창출
기회(Opportunity)	**위협(Threat)**
• 모바일 앱의 사용자 기반 확대 • SNS시장 성장 • 모바일 광고 시장 성장	• 경쟁서비스의 지속적 출현 • 법적 규제로 인한 통제(중국) • 개인정보 유출 및 사생활 침해 가능성

출처: 한상만·하영원·장대련, 2018, p.137.

핵심 쟁점 도출

SWOT 분석 후에는 핵심 쟁점을 도출하게 된다. 기업 내, 외부 문제점과 기회 요인을 바탕으로, 향후 마케팅 계획에서 가장 중요한 전략적 쟁점을 파악하고자 함이다. 최근에는 SWOT 분석을 건너뛰고 곧장 핵심 쟁점을 도출하기도 한다.

핵심 쟁점이 명확하다면 굳이 SWOT 분석을 할 필요가 없다. 핵심 쟁점은 브랜드가 당면한 '문제(Problem)'와 '기회(Opportunity)' 요인으로 나눠서 생각해 보면 좋다. 문제 요인은 SWOT 분석에서 약점과 위협 요인을 합한 것이고, 기회 요인은 강점과 기회 요인을 합한 개념으로 이해하면 된다. 이렇게 정리한 문제는 다름 아닌 우리 브랜드가 매출을 높이는 데 장애가 되는 요인들이고, 기회는 매출 증대에 기여하는 요인을 일컫는다. 문제와 기회는 반대되는 방향성을 가진 요소인 바, 핵심 쟁점으로 문제와 기회 중 무엇에 우선순위를 둘지 결정할 필요가 있다. 전반적인 마케팅 상황과 경쟁사와의 관계 등을 종합적으로 판단하여 우선순위를 결정해야 한다.

핵심 쟁점을 도출하는 데 있어서 주의할 점은 진술을 구체적으로 해야 한다는 점이다. 예를 들면 아래와 같은 진술은 구체성이 떨어지는 핵심 쟁점에 해당한다.

- 브랜드 이미지가 부정적이다.
- 브랜드 인지도가 낮다.
- 광고 평가가 부정적이다.

위와 같은 핵심 쟁점은 기준, 대상, 원인에 대한 언급이 없기 때문에 모호한 진술문이다. 브랜드 인지율이 낮다면 얼마나 낮은 것인지 해석하는 사람에 따라 다르게 판단할 소지가 크다. 브랜드 인지율이 몇 %대가 되면 낮은 것인지 명확한 기준을 제시하지 않았다. 또한 브랜드 이미지가 부정적이라면 어떤 이미지가 부정적인지 명확하지 않다. 브랜드 이미지는 다양한 측면에서 수십 가지가 될 수 있는데, 어떤 측면에서 이미지가 나쁜지 불분명하다. 광고 평가가 나쁘다는 진술도 모호하다. 광고 모델에 대한 평가인지, 소구 방법이나 카피에 대한 부정적 평가인지 알 수 없다(우석봉, 2008).

이와 같이 핵심 쟁점이 모호하면 해결 방안을 제시하기 어렵고, 나아가 마케팅 목표와 마케팅 전략를 수립하는 데 있어서도 뚜렷한 방향성을 제시하기 어렵다. 따라서 핵심 쟁점은 다음과 같이 제시하는 것이 좋다.

- 잠재 소비자의 75%는 우리 브랜드를 '시대에 뒤떨어지는' 것으로 평가한다.
- 경쟁 브랜드의 인지율이 50%인데 반해 자사 브랜드의 인지율은 30%로 낮다.
- 광고의 표적소비자의 70%가 광고 모델을 좋아하지 않는다.

미래 사업 구상

기업의 궁극적 목표는 수익성을 높이면서 성장하는 것이다. 현재 사업의 포트폴리오를 분석해서 수익성이 약한 사업은 투자 감소 내지 철수하고, 수익성이 높은 사업에는 투자를 늘려야 한다. 그러기 위해서는 제품과 시장에 대한 분석이 우선되어야 한다. 기업이 수행하는 현재 사업의 매력도를 평가하여, 매력적인 사업들만 가지고 최적의 사업 포트폴리오를 구성해야 한다. 제품과 시장 특성에 따라 마케팅 목표를 다음과 같이 가지 유형으로 구분해서 볼 수 있

〈표 2-7〉 제품·시장 확대 그리드 모델

구분	기존 제품	신제품
기존 시장(고객)	시장 침투	제품 개발
신규 시장(고객)	시장 개발	사업 다각화

다(Kotler & Armstrong, 2003).

① 시장 침투 전략

제품은 변경하지 않고 기존 고객(시장)에게 더 많이 팔 수 있는 마케팅 전략을 수립한다. 광고 집행, 가격 할인, 서비스 개선, 점포 수 확장 등을 실행한다.

② 시장 개발 전략

기존 제품을 가지고 새로운 시장을 개척하는 전략이다. 인구학적 시장을 추가하거나, 새로운 지역을 공략한다. 화장품 회사라고 할 때 남성 시장을 새로이 추가하거나, 해외시장을 새롭게 공략하는 경우에 해당한다.

③ 제품 개발 전략

기존 고객을 상대로 신제품 내지 수정된 제품을 제공한다. 본죽 회사에서 본죽 도시락이라는 브랜드를 출시한 사례가 여기에 속한다.

④ 사업 다각화

새로운 제품을 가지고 신규 시장을 개척한다. 이 경우 기업 단독으로 하기는 어렵기 때문에, 다른 기업을 인수, 합병하여 하는 경우가 많다. 식품 회사에서 동영상 콘텐츠 서비스를 시작하거나, 가전 회사에서 식품 사업을 한다면 사업 다각화를 한 것이다.

마케팅 목표 수립

기업의 비즈니스 방향이 정해지고 나면 그 다음에는 마케팅 목표를 설정한다. 마케팅 목표를 단순하게 정의하면 '올해(혹은 다음 해) 제품 판매를 얼마나 할 것인가?' 혹은 '수익을 얼마나 올릴 것인가?' 등을 정하는 것이다. 쉽게 표현하면 마케팅 목표는 한 해 동안 돈을 얼마나 벌 것인가와 관련한 지표(수익, 매출, 신규 구매율, 시장점유율 등)를 정해서 세부적인 목표를 정하는 것이다.

마케팅 목표를 정할 때는 구체적이고 측정 가능한 수치로 제시해야 한다. 그 이유는 수치로 정해 두면 향후 목표를 달성했는지 여부에 대해 정확한 평가를 내릴 수 있기 때문이다. 애매한 용어로 마케팅 목표를 정하면 달성 여부를 평가하기 어렵기도 하고, 주관적으로 해석할 여지도 많다. 가령 '시장점유율 5% 상승'이라는 목표 제시가 '시장점유율을 조금 올리자'는 표현보다 훨씬 명확하고 객관적으로 달성 여부를 판단하기도 수월하다.

〈표 2-8〉 마케팅 목표 예시

- 제품 매출액 전년 대비 OO% 향상
- 제품 이익률 OO%, 시장점유율 OO% 달성
- 소비자의 신규 구매율 OO% 달성
- 소비자의 재구매율 OO% 달성
- 경쟁사 공략을 위해 A사의 점유율 O% 잠식
- 제품의 인지도 OO%, 선호도 OO% 제고

마케팅 목표는 도저히 달성하기 어려운 정도가 되어서도 안 되고, 너무 쉽게 달성할 수 있는 수준도 부적절하다. 힘들지만 노력하면 달성할 수 있는 수준으로 마케팅 목표를 잡아야 한다.

최근 들어 마케팅 목표는 '시장점유율(Market share)'에 더해서 '고객 점유율(Customer share)'을 강조하는 분위기이다. 마케팅 성과를 보는 관점이 달라진 셈이다. 시장점유율은 한 제품을 얼마나 많은 사람에게 판매했는가를 %로 표시한 것이다. 반면 고객 점유율은 한 고객이 지출하는 총비용 중 우리 회사의 제품이 차지하는 비중을 의미한다. 시장점유율을 높이기 위해서는 고객 수를 늘려야 하지만, 고객 점유율을 높이기 위해서는 고객의 충성도를 높여야 한다. 고객 점유율을 중요시하는 이유는 사람마다 구매력이 다르기 때문에 우량 고객을 대상으로 고객의 지불 범위 내에서 우리 기업의 비중을 높이자는 의미를 갖는다.

고객 점유율을 높이기 위해서는 어떻게 해야 하는가? 몇 가지 방안을 제시하면 다음과 같다.

우선적으로 현재의 고객에게 다양한 제품과 가치를 제공하는 방안이 있다. 사람은 아침에 눈 떠서 잠들 때까지 많은 제품을 소비하는 만큼, 많은 제품을 구매하게 된다. 따라서 우량 고객 한 사람이 지출하는 총비용에서 우리 기업의 비중을 높이기 위해서는 여러 제품을 제공할수록 유리하다. 대기업일수록 다양한 제품군을 생산하고, 동일 제품군 내에서 여러 브랜드를 출시하는 것은 고객 점유율을 높이는 데 도움이 된다. 그러나 기업의 자원이 넉넉하지 않은 경우 현실적으로 적용하기 어려운 방안이 된다.

둘째는 다른 제품과 혼합하여 판매하는 '교차 판매' 방식을 고려해 볼 수 있다. 아마존은 온라인 서적 판매로 시작했으나, 이후 음악, 비디오, 전자 제품, 가정용품을 취급하는 제품 계열을 넓혀서 한 고객에게 벌어들이는 수익을 크게 확대했다. 다양한 제품군을 생산할 수는 없어도 교차 판매는 가능하기 때문에 기업의 규모와 상관없이 고객 점유율을 높일 수 있는 방안이다.

마지막으로 고가 제품을 추가로 판매하는 방법이 있다. 고가 제품은 경기의 영향을 받지 않고 꾸준한 매출을 보장할 수 있을 뿐 아니라, 고소득층을 중심으로 한 브랜드 충성도를 형성할 수 있고, 고객의 브랜드 선호도도 함께 상승한다. 결국 추가적인 고가 제품 출시 및 판매는 우리 제품에 대한 고객의 지출액을 늘림으로써 고객 점유율을 높이는 데 기여한다.

〈표 2-9〉 시장점유율과 고객 점유율 비교

시장점유율	고객 점유율
• 얼마나 많은 사람에게 판매하는가 • 제품 판매에 집중 • 새로운 고객 확보 • 모든 고객 대상 • 대중매체 활용	• 한 고객의 지불 비용 중 우리 회사가 얼마나 많은가 • 고객에 집중 • 고객 만족과 고객 가치 • 수익성 높은 고객 대상 • 고객과 직접 소통(온라인/SNS)

2장

참고 문헌

강미선 (2015). 「사례 중심의 광고 기획론」. 커뮤니케이션북스.

김봉현·김태용·박현수·신강균 (2013). 「광고학개론」. 한경사.

우석봉 (2008). 「실전 광고 기획 에센스」. 학지사

은종성 (2018). 「마케팅의 정석」. 책길.

한상만·하영원·장대련 (2018). 「경쟁우위 마케팅 전략」. 박영사.

세 상 에 서

가 장 쉬 운

마케팅

3장

SPT 전략

E A S Y
MARKETING

1. 시장세분화

마케팅 전략은 두 가지 핵심적 질문에 답을 얻기 위한 고민이기도 하다. 첫째, 누구를 표적시장으로 할 것인가, 둘째, 표적시장에게 어떤 제품과 서비스를 제공할 것인가가 그것이다. 표적시장을 선정하기 위해서는 먼저 전체 시장을 어떤 기준으로 세분할 것인가를 결정해야 한다. 전체 인구를 몇 개의 집단으로 나누는 것을 '시장세분화(Segmentation)'라고 한다.

시장세분화를 하고 나면 표적시장을 선정하게 된다(Targeting). 표적시장이 결정되면, 그들의 마음속에 브랜드를 각인시키는 것을 포지셔닝(Positioning)이라고 한다. 시장세분화(Segmentation) - 표적시장 선정(Targeting) - 포지셔닝(Positioning)의 과정은 유기적으로 연결되어 있어서, 이것을 합하여 하나의 전략으로 보는 차원에서 STP 전략이라고 부른다.

시장세분화

시장세분화란 전체 소비자를 어떤 기준을 가지고 나눌 것인가에 대한 해법이다. 그렇다면 왜 시장을 나누어야 하는가? 소비자마다 욕구나 취향이 다르다고 보기 때문이다. 소비자의 욕구가 동일하거나 비슷하다고 전제한다면 시장을 세분할 필요 없이 전체 시장을 표적으로 마케팅을 전개하면 된다. 그러나 현대사회는 어떤 제품 종류든 소비자의 욕구가 다양하기 때문에 소비자의 욕구가 비슷한 집단끼리 묶어서 시장을 세분하게 된다. 시장을 세분했다는 의미는 하나의 시장 내에서는 소비자의 욕구가 동일하고, 다른 시장과는 욕구가 다름을 의미한다. 여성과 남성 시장으로 구분했다면, 여성 시장 내에서는 소비자들 간의 욕구가 동질적이고, 남성 시장과는 욕구가 차별화되었음을 전제로 한다.

시장을 세분하는 또 다른 이유는 기업의 자원이 부족하기 때문이다. 기업은 최대한 소비자의 욕구를 충족시켜 줄 수 있도록 마케팅 전략을 수립해야 하는데, 여러 세분 시장을 골고루 충족시켜 주기는 어려운 경우가 많다. 기업이 가진 자원(인적, 물적, 기술적 자원)은 한정되어 있기 때문에 전체 시장을 세분하여 그중 공략 가능한 표적시장을 정하게 된다. 전체 시장을 어떤 기준을 적용해서, 얼마나 세밀하게 분할하는 것이 좋은가를 고민해야 한다.

미국의 P&G는 10개가 넘는 다양한 세제 브랜드를 생산한다. 즉 시장을 10개 이상으로 세분하여, 세분 시장별로 다른 제품을 제공한다. 그 배경에는 세제를 사용하는 소비자에 따라 다른 욕구를 가진다고 보았기 때문이다. 강력한 세척력을 원하는 사람에게는 Tide, 색상을 보호하고자 하는 사람에게는 Cheer, 향기를 원하는 사람에게는 Gain, 얼룩 제거를 원하는 이에게는 Era, 순한 세재를 원하는 이에게는 Ivory Snow를 판매한다.

[1] 시장세분화의 유형

사회가 발전할수록 시장세분화는 보다 세밀하게 진행된다. 시장의 크기에 따라서 마케팅의 종류를 보면 대중 마케팅 > 표적 마케팅(타깃 마케팅) > 틈새 마케팅(니치 마케팅)과 미시 마케팅 > 개인마케팅으로 구분된다.

대중 마케팅

대중 마케팅이란 전체 소비자를 대상으로 동일한 제품을 생산하는 방식을 의미한다. 대량생산, 대량 유통, 대량 판매 방식이다. 소비자가 가격에 민감하여 원가 절감이 필수적인 경우 전체 시장을 하나의 고객으로 보고 표준화된 제품과 서비스를 제공하게 된다. 1908년 포드자동차에서 생산한 자동차 'T모델'은 대중 마케팅의 대표적 사례로 손꼽힌다. 극소수 부유층만 자가용을 가지던 시대에, 포드사는 실용적이고 저렴한 차를 원하는 소비자가 많은 것을 고려하여 300달러 정도의 저렴한 자동차를 생산했다. 당시 T모델 하나만 생산하는 단일 제품 전략과 싼 가격 덕분에 1920년쯤에는 전 세계에서 판매되는 자동차의 절반 이상이 T모델이었다. 그러나 사회가 발전하고 소비자의 욕구가 세분화되면서 대부분의 기업은 대중 마케팅 대신 표적 마케팅을 시행하게 되었다. 이러한 상황에 직면한 포드는 1920년 후반에 들어 T모델 생산을 중단했다.

표적 마케팅

전체 소비자를 몇 개의 시장으로 구분한 뒤, 특정 시장에 속한 소비자만을 대상으로 제품을 제공하는 마케팅 방식이다. 현대차는 소득과 연령에 따라 시장을 세분하여 아반떼, 소나타, 제네시스 등 상이한 브랜드를 만들어 판매하고 있다. 전체 시장을 세분했다고 해도 표적 마케팅은 매우 큰 규모의 시장을 대상으로 하고 있어서 대기업에 적합한 마케팅이다. 현대 마케팅의 주요 이론은 표적 마케팅을 염두에 둔 것이다.

미시 마케팅과 틈새 마케팅

표적시장을 극도로 세분화하면 '미시 마케팅' 혹은 '극세분화 마케팅'이 된다. 디지털 시대에 접어들면서 소비자에 대한 빅 데이터를 수집하는 것이 과거보다 수월해졌다. 기업은 방대한 자료의 수집과 분석을 통해 극도로 세분된 집단을 선별하여 마케팅을 펼치게 되었다. 서울의 A지역에 사는 사람 중 B대학을 졸업한 30대 직장인 중 축구 동호회 활동을 하는 사람을 대상으로 마케팅을 펼친다면 미시 마케팅에 해당한다. 표적 마케팅에 비해 훨씬 많은 변인을 가지고 극도로 세분화된 시장을 대상으로 한다.

한편 전체 시장을 A, B, C시장으로 세분했을 때 어디에도 속하지 않은 틈새(니치) 소비자를 공략하는 것을 틈새 마케팅(니치 마케팅)이라고 부른다. 비록 규모는 작지만, 소비자의 분명한 니즈가 있고, 이를 해결할 수 있는 기업의 자원(기술, 능력)이 있다면 니치 마케팅을 전개할 수 있다. 대기업이 중요하게 생각하지 않는 시장, 혹은 경쟁사에서 관심을 두지 않는 시장을 공략한다. 자본과 자원이 제한된 중소기업이 시행하기에 좋은 마케팅 방식이다.

틈새 마케팅의 사례로 '백다방'이라고 불리는 백커피(Paik's Coffee)를 들 수 있다. 편의점 커피는 싫고, 맛있는 커피 전문점을 선호하지만, 비싼 가격 때문에 망설이는 가격의 빈틈을 파고들어 성공했다. 부대시설 없이 숙박만 하는 호텔은 럭셔리 호텔과 모텔 사이의 틈새를 겨냥한 것이다. 체구가 큰 특대 사이즈만 생산하는 의류 업체, 왼손잡이를 위한 가위, 군인을 대상으로 한 피부 보호용 위장 크림, 아기옷 전용 세탁기, 임플란트 시술자를 위한 전용 칫솔, 캠핑족을 위한 캠핑 용품 세탁 서비스, 반려견을 위한 도그 TV(Dog TV) 등이 니치 마케팅의 사례라 할 수 있다.

이론적으로는 미시 마케팅과 틈새 마케팅이 다르다고 해도, 현실적으로는 구분하기 어려운 경우가 많다. 예를 들어 우유 제품을 일반 우유, 무지방 우유, 고칼슘 우유로 세분화하는 것에 더해서 무지방 우유와 지방 우유의 틈새를 겨냥해서 1% 저지방 우유와 2% 저지방 우유을 출시하는 경우 이것을 '미시 마케팅'으로 보기도 하고, '틈새 마케팅'이라고 보기도 한다. 또 다른 예로, 기존 고객 중 초우량 고객을 대상으로 한정된 소량 제품만 출시하는 경우를 가정해 보자. 상위 0.1%의 VVIP 고객을 대상으로 보석이 박힌 수백만 원 상당의 스마트워치를 판매한다면, 이것도 미시 마케팅이자 틈새 마케팅에 해당한다.

김치냉장고 딤채도 처음에는 니치 마케팅으로 등장했다. 기존의 냉장고 시장을 세분화해서 김치를 보관할 수 있는 새로운 소비자 니즈를 개발했다는 점에서 니치 마케팅이지만, 많은 가정에서 일반 냉장고와 별도로 김치냉장고를 사용하게 되면서 표적 마케팅으로 전환되고, 시장 범위가 넓어졌다. 니치 마케팅으로 출발했으나 성공을 거두면 표적시장으로 전환할 수 있음을 보여주는 사례이다. 결국 니치 마케팅에서 중요한 것은 시장의 크기로 따지기보다는 기존의 시장을 좀 더 세분화하여 그동안 파악하지 못한 소비자의 잠재 욕구(빈틈, 틈새에 해당)를 찾아서 그 시장을 공략하는 마케팅 전략으로 이해하는 것이 바람직하다.

개인 마케팅

궁극적이고도 이상적인 마케팅은 나만을 위한, 혹은 개인 한 사람, 한 사람에 맞춰진 제품과 서비스 제공일 것이다. 개인의 평소 취향이나 소비 습관을 파악하여 원하는 제품을 적시에 소개하고, 구매를 유도하는 것이 바로 '개인 마케팅'이다. 개인에게 맞춤화된 제품이나 서비스를 제공하는 것이 물리적 공간에서는 엄청난 노력과 인간의 손길을 필요로 하기 때문에 현실적으로 어려운 상황이었다.

그러나 디지털 환경에서 개인화, 맞춤화된 서비스 제공은 빠르게 실행되고 있다. 개인에게 맞춤화된 마케팅은 총 세 단계로 구현되고 있다. 1단계는 정보 제공 마케팅, 2단계는 인터랙티브 마케팅, 3단계는 몰입형 마케팅이다(Kotler, Kartajaya & Setiawan, 2021, pp.302-307).

① 1단계: 개인화된 정보 제공

현재 많은 소매 업종에서 활용하고 있는 위치 기반 마케팅은 대중화된 개인 마케팅 유형이다. 고객 스마트폰의 GPS를 통해 그 사람이 있는 위치를 파악하고, 특정 건물이나 매장 근처에 오면 근접 센서나 비콘을 이용하여 기업의 판촉 행사 정보를 제공하는 식이다. 예를 들어 버거킹은 2019년 와퍼 디투어 캠페인을 벌일 때 미국 내 7,000곳이 넘는 자사 매장뿐 아니라, 1만 4,000곳이 넘는 맥도날드 매장 주변에 있는 사람들(버거킹 앱 이용자)에게 단돈 1센트로 와퍼를 주문할 수 판촉 행사 메시지를 보냈다. 그러면 맥도날드 매장 근처에 있는 사람들이 앱으로 와퍼를 주문한 후에 근처의 가까운 버거킹 매장으로 가서 와퍼를 받게 했다.

② 2단계: 고객과 맞춤형 소통

고객이 위치 기반 메시지에 어떤 응답을 보내는 경우, 기업은 고객이 보내는 반응 정도에 따라 또 다른 메시지를 보내서 사실상 고객과 대화를 시작한다. 기업은 이런 방식을 통해 고객이 브랜드 인지에서 행동으로 이어지는 구매 여정 중 다음 단계로 나아가도록 한다. 즉 고객과의 다양한 상호작용을 거치면서 제품을 구매하지 않고는 배길 수 없게 만드는 것이다.

화장품 브랜드 세포라는 고객에게 위치 기반 제안 메시지를 보내 매장 내 화장품 상담을 받게 한 뒤 제품을 구매하게 만들었다. 고객이 스마트폰으로 얼굴을 비추면 얼굴에 립스틱이나 마스카라 등 화장품을 사용했을 때의 이미지를 마치 실제로 화장품을 바른 듯하게 보여주는 증강 현실 기술인 '세포라 버추얼 아티스트(Sephora virtual artist)'를 사용했다. 오프라인 매장 내 키오스크에서도 이러한 화장품 시뮬레이터를 이용할 수 있게 하여, 고객이 매장 가까이 왔을 때 메시지를 보내서 매장 방문을 높이고, 더불어 고객의 상품 구매 가능성도 높인다.

③ 3단계: 완전한 몰입감

개인화의 마지막 단계에서 마케터는 센서나 증강 현실, 로봇공학 같은 기술의 도움으로 물리적 공간에서 완전한 몰입감을 선사할 수 있다. 고객이 오프라인 매장에 있는 동안 끊임없이 디지털 경험을 할 수 있게 해 주자는 취지이다.

미국의 주택 개량/수리 용품 판매사인 로우스(Lowe's)는 증강 현실 기술을 이용하여 몰입형 매장 탐색 기능을 제공한다. 쇼핑객은 모바일 앱 안에서 쇼핑 목록을 만들고, 구매하려는 상품을 목록에 추가한다. 이 작업이 끝나면 증강 현실 기능이 활성화되어, 휴대폰 스크린에는 정면에 있는 길 위에 노란색 표시가 등장하여, 목록에 넣은 상품이 있는 위치를 최단 거리로 안내해 준다.

랄프로렌(Ralph Lauren) 같은 패션 브랜드는 스마트 탈의실을 통해 고객에게 오프라인 세계에서 몰입감 있는 디지털 경험을 느끼게 해 준다. 고객이 마음에 드는 의류를 탈의실로 가져가면 탈의실 내 스마트 미러에 어떤 제품을 선택했는지 인식된다. 고객이 이 거울을 통해 다양한 사이즈와 색상을 선택해서 볼 수 있게 된다.

몰입적 고객 경험은 오프라인과 온라인 경계를 무너뜨리면서 온/오프를 자유롭게 넘나드는 옴니채널 마케팅과도 밀접히 연결되어 있다. 옴니채널 마케팅은 이 책의 7장 '4차 산업혁명 시대의 주류 마케팅'에서 자세히 다룬다.

모바일을 통한 미시 마케팅 전략

스마트폰에는 마케팅에 활용할 수 있는 소비자 정보가 많다. 개인의 모바일 인터넷 사용 기록을 보면 연령(즐겨 듣는 음악, 동영상으로 나이 추정), 성별(여성 전용 앱 사용 여부), 어디에 거주하고, 어디서 일하는지(내비게이션의 도착지, 지하철/버스 환승역/출구 번호), 누구와 친한지(메신저, SNS로 소통 빈도와 소요 시간), 관심사(검색 키워드, 주로 사용하는 앱), 어떤 상품을 사는지 등을 알 수 있다. 이러한 데이터를 바탕으로 극세분화된 미시 마케팅을 전개하게 된다(오리콤, 2015).

- 소비자가 스마트폰으로 검색한 상품이 있다면 지속적으로 그 제품 광고를 노출시키는 경우를 자주 볼 수 있다. 일단 관심을 가진 상품에 대해 추가적으로 광고를 접하게 되면 구매 전환률이 높아진다. 소비자가 어떤 제품을 검색했다는 것은 그 제품의 구매 시기가 임박했음을 의미하기 때문에, 구매 시점에 근접하여 광고를 송출하게 된다. 또한 뭔가 제품을 검색할 때는 신상품인 경우가 많은데 이 경우는 구매 경험이 없는 상태여서 광고 의존도가 클 수밖에 없다.
- 상점에 방문하여 특정 상품에 관심 보이다가 사지 않고 나간 손님이 있는 경우 이 손님을 따라 다니면서 해당 상품을 지속적으로 광고한다. 경우에 따라서는 가격 할인 등 판매 조건을 변경하여 광고할 수 있다.
- 친구나 지인 등 나와 가까운 사람을 활용하여 마케팅을 전개하기도 한다. 가령 페이스북에서 나의 친구가 '좋아요'를 누른 상품을 나에게 선별적으로 노출시킨다. 친구와 돈독한 관계가 광고에 대한 호감과 신뢰로 이어지게 된다.
- 위치 정보를 활용하는 방법도 있다. 사용자의 위치 정보를 파악하여 근처에 있는 매장 광고를 하는 방법이다. 페이스북에서 관심사를 태그하거나, 페이스북에 올린 사진에 포함된 위치 정보를 파악하여 광고를 노

모바일을 통한 미시 마케팅 전략

출시킨다.

• 신발 소매업체 미트팩(Meat pack)의 하이잭(Hijackt) 캠페인은 GPS와 오프라인 매장을 연계한 프로모션을 실시하고자 '하이잭' 앱을 개발했다. 앱을 설치한 소비자가 만약 경쟁사 매장으로 발길을 옮기게 되면 미트팩의 할인율이 1초마다 1%씩 감소한다. 이것을 확인한 소비자는 조금이라도 더 높은 할인율로 신발을 사기 위해 근처의 미트팩 매장으로 가도록 유도했다.

[2] 시장세분화의 기준

전체 시장을 어떤 기준, 어떤 요인을 가지고 세분화할 것인가? 크게 보면 인구학적 세분화, 지리적 세분화, 심리적 세분화, 행동적 세분화로 구분해 볼 수 있다.

인구학적 세분화

소비자의 인구학적 변인(기준)으로는 보통 성, 연령, 소득, 직업, 가족 수, 결혼 여부 등이 있다. 이들 변인을 기준으로 해서 전체 시장을 몇 개로 세분하는 작업이다. 성별을 기준으로 시장을 세분하는 경우가 가장 흔하다. 많은 제품에서 남성과 여성의 취향 차이가 크기 때문이다. 대표적으로 패션, 화장품, 구두, 가방, 보석과 시계, 가구, 자동차를 생산하는 기업에서는 성별로 시장을 세분화하여 각기 다른 제품을 선보이고 있다. 연령이나 소득도 시장을 세분하는 데 있어서 중요하게 고려하는 기준이다. 인구학적 요인은 많은 기업에서 사용하는 세분화 기준이다. 많은 제품군에서 소비자 욕구나 선호도, 구매 행동 면에서 성별, 연령별, 소득별 차이가 확연히 드러나기 때문이다. 더욱이 인구학적 요인은 다른 시장세분화 기준보다 측정하기 쉽고 소비자 규모를 파악하기 쉽다는 장점이 있어서 활용도가 높다.

① 성별

성별로 시장을 세분화한다는 것은 전체 시장을 여성 시장과 남성 시장으로 구분한다는 의미이다. 의류, 화장품, 잡지, 담배, 헤어 산업은 성별에 따라 시장을 세분화한다. 화장품은 전통적으로 여성 시장을 대상으로 제품을 출시해 왔지만, 최근에는 남성 시장을 대상으로 한 제품 출시도 활발하다. 반대로 자동차는 남성 시장을 표적으로 해 왔으나 여성의 자동차 구입이 늘어나면서 최근에는 여성 고객을 위해 차의 앞부분 본네트와 뒤의 트렁크를 열기 쉽게 하고, 여성에게 잘 맞는 안전벨트, 여성의 신체 구조에 맞는 시트 등을 만들어서 여성 시장을 공략하기도 한다.

② 연령

연령별로 시장을 세분하는 방법은 여러 가지가 있을 수 있다. 어린이, 청소년, 성인시장으로 세분화할 수도 있고, 10대, 20대, 30대, 40대, 50대, 60대 이상으로 더 세밀하게 나눌 수도 있다. 혹은 성년과 미성년 시장으로 이분할 수도 있다. 세분화 기준에 정답은 없다. 마케팅 기획자가 소비자 상황을 판단해서 구분하게 된다. 의

실버 마케팅

노인 인구가 급증하면서 실버 마케팅이 활발하다. 일본에서 1970년대 후반 실버 산업이란 용어를 사용한 이후 국내에서도 1980년대부터 사용되고 있다. 노인 계층이라 하면 보통 65세 이상을 가리키지만, 실버 산업에서는 좀 더 젊은 연령대도 포괄한다. 실버(Silver) 세대란 은이 갖고 있는 이미지, 화려하지는 않지만 온화하고 고상한 기품을 표현한 개념이다. 실버 세대는 경제력과 소비력이 높아서 기업의 주요 표적이 된다. 해외 선진국에서는 실버 고객이 전체 구매력의 50% 이상을 차지하고 있다. 실버 계층은 신형 자동차 구매의 40% 이상을 차지하고, 고가 여행 상품, 금융 자산의 80%를 가지고 있다(박규남, 2006).

실버 계층을 대상으로 해외에서 소개한 상품 개발 사례는 다음과 같다(Kotra, 2011).

- 라이트 지팡이: 미국. 지팡이 하단부에 램프를 설치하여 노인이 주, 야간에 계단을 오르내리거나 차를 탈 때, 어두운 길을 다닐 때 넘어질 위험을 감소시킨다.
- 변신 지팡이: 프랑스. 지팡이에 의자 기능을 추가하여 쉬고 싶을 때 의자로 변신하는 지팡이.
- 노인용 기저귀: 미국. 노인의 성별에 따른 신체 차이를 감안하여 성별로 다른 기저귀를 개발했다.
- 카페인 드링크: 미국. 일반 음료보다 고함량 카페인인데, 여기에 비타민, 허브를 첨가하여 활력과 영양을 제공했다.
- 천연 원료 화장품: 브라질. 피부 건조가 심한 노인을 위해 천연 재료를 원료로 수분을 다량 함유한 화장품이다. 성숙한 피부(Mature skin)이라는 우회적 표현으로 노인 전문 미용 브랜드를 표방했다.
- 패션 보청기: 프랑스. 기존의 삽입형이 아니라 패션 귀고리형으로 만

실버 마케팅

들어서 실버 계층이 패션 소품으로도 활용이 가능하다.

• 전화 통화음 강화기: 독일. 기존 전화기에 연결시키면 통화 음량을 크게 높일 수 있는 장치이다. 청력 저하로 인한 전화 통화 불편을 감소시킨다.

류, 화장품, 약품은 연령별로 시장을 나누어서 각 세분 시장에 맞는 상품을 개발한다. 진통제는 어린이용과 성인용 제품으로 구분돼 있다. 의류는 아동, 청소년, 성인, 노인 시장으로 구분되어 있다.

③ 소득

소득을 구분하는 방법도 다양하다. 개인 소득을 기준으로 상, 중, 하 집단으로 구분하거나, 혹은 가구의 월 소득을 기준으로 200만 원 미만, 200~400만 원, 400~600만 원, 600만 원 이상으로 구분할 수도 있다. 한 기업에서 다양한 가격대의 제품을 출시한다면 그것은 소득을 기준으로 시장을 세분하고, 각 세분 시장에 맞는 상품을 제공한 것이라고 해석할 수 있다. 고가, 중가, 저가 제품을 출시한다면 소득을 세 개 집단으로 나눠서 각각의 시장을 공략한 것이다. 자동차, 주택, 의류, 화장품, 금융, 여행, 음악회나 공연 티켓 등 대다수 상품은 소득별로 시장을 세분한다. 우리나라는 갈수록 소득 양극화가 심해져서, 소비의 양극화 현상도 두드러지고 있다.

따라서 소득은 제품 출시나 가격 전략에서 중요한 시장세분화 요인이 된다.

④ 교육과 직업

대졸 이상의 고학력자가 많아지면서 교육 수준은 평준화되는 추세이다. 따라서 교육 수준에 따라 시장을 세분하는 제품은 그리 많지 않다. 한편 자동차, 유니폼, 전문잡지 제품의 매출은 직업과 밀접한 관계가 있다. 직장 여성의 증가로 금융 서비스, 여성용 비즈니스 정장, 편의식품, 여성용 자동차, 여성 전문잡지 시장이 성장세이다.

지리적 세분화

거주 지역, 인구수, 도시 규모, 지형적 특성 등을 기준으로 시장을 세분하는 방법이다. 미국, 중국과 같이 국토가 넓은 나라에서는 지역에 따라 기후도 다르고, 소비자의 구매 행동도 달라진다. 이런 경우 한 국가 내에서도 지역에 따라 마케팅 전략도 달라진다. 해외로 제품을 수출하는 기업은 국내시장과 해외시장을 구분하여 마케팅 전략을 다르게 전개하게 된다. 그러나 한국과 같이 면적이 크지 않은 나라에서는 지리적 세분화의 중요성이 떨어진다. 내수용 제품을 생산하는 기업은 지리적 세분화를 적용하지 않는다. 다만 지역에 따라 입맛이 다른 경우는 있어서 김치 등 음식 업체는 지역에 따라 다른 상품과 마케팅 전략을 구사하기도 한다.

심리적 세분화

심리적 세분화란 소비자의 성격, 가치관, 개성, 생활 방식(라이프스타일) 등을 파악하여 시장을 세분화하는 방법이다. 심리적 세분화는 겉으로 드러나지 않는 특성을 파악해야 하므로 정교한 조사 분석이 필요하다. 어떤 브랜드를 좋아하거나 구매하는 행동은 개인의 성격, 개성 혹은 라이프스타일에 따라 달라진다. 광고 전략에서도 소비자의 라이프스타일은 중요하게 취급한다. 브랜드의 이미지와 소비자가 추구하는 라이프스타일을 적절하게 연결시켜야 원하는 광고 효과를 거둘 수 있기 때문이다. 라이프스타일은 개인의 독특한 삶의 방식으로, 여가 생활, 인생관, 행복관, 정치적 성향, 이용하는 매체, 취미 활동, 관심사 등 매우 광범위한 요인을 측정하여 라이프스타일을 분석한다.

〈표 3-1〉 라이프스타일 조사 항목

활동	관심	의견
• 일	• 가족	• 자기 자신
• 취미	• 집	• 사회적 이슈
• 사회 활동	• 직업	• 정치
• 휴가	• 지역	• 사회사업
• 오락	• 여가	• 경제
• 클럽 활동	• 패션	• 교육
• 지역사회	• 음식	• 제품
• 쇼핑	• 매체	• 미래
• 스포츠	• 성취	• 문화

출처: 박승환·최철재, 2011.

신용카드 회사는 소비자의 라이프스타일에 따라 다양한 카드를 선보인다. 해외여행을 즐기는 사람에게는 항공사 마일리지 혜택이 많은 카드를, 쇼핑을 즐기는 사람에게는 백화점과 대형마트 할인이 많은 것을, 대중교통 이용이 많은 사람에게는 기차와 지하철, 버스 요금의 마일리지 적립을 많이 해주고, 문화 생활을 즐기는 사람에게는 영화나 공연 할인 혜택이 많은 카드를 추천하게 된다. 한 햄버거 회사에서는 새벽에 기상하여 하루를 일찍 시작하는 '얼리버드'를 대상으로 해서 진한 커피와 아침 식사를 패키지 상품으로 출시했고, 심야 시간까지 활동량이 많은 올빼미족을 위해서는 영업시간을 야간까지 연장하는 마케팅을 펼치기도 했다.

주말의 생활 패턴을 분석하여 광고 전략을 수립한다고 가정해 보자. 가족 지향적이고 보수적 생활 패턴을 보이는 사람은 주말에 집에서 가족과 식사하는 것을 즐기는 편이다. 이런 집단을 타깃으로 할 경우 '주말에는 가족과 함께 OO카레' 혹은 '아빠는 짜파게티 요리사' 식의 슬로건을 만들 수 있다. 반대로 외향적인 성격으로 주말은 야외에서 여가 활동을 즐기는 사람을 타깃으로 한다면 '주말 점심은 가족과 OO 패밀리 레스토랑에서 즐겁게 ~' 라는 메시지로 소비자를 설득할 수 있을 것이다.

행동적 세분화

행동적 세분화란 특정 제품군에 대한 구매 행동을 기준으로 시장을 구분하는 것이다. 자사의 신제품이 '미니 소주'라면 소주라는 제품군의 구매 행동을 가지고 집단을 세분화하는 것이다. 여러

플라시보 소비와 가심비 마케팅

최근의 소비 트렌드 중 하나는 '플라시보 소비'이다. 플라시보 소비는 실제로는 아무런 효과가 없지만, 믿음만으로 긍정적 효과를 보는 것을 의미하는 플리시보 효과에서 파생된 용어이다. 플라시보 소비란 자신에게 실질적 도움이 되는 것보다 마음의 만족감을 주는 것에 많은 소비를 하는 현상을 의미한다. 가격 대비 성능(가성비)보다는 가격 대비 심리적 만족감(가심비)에 초점을 둔 소비 패턴은 특히 젊은 층에서 부각되고 있다. 가격이 비싸도 천연 소재 생리대나 동물 복지 계란 구입, 물질적 소비보다는 개인의 취미나 여행을 위한 지출도 가심비 마케팅의 일환으로 이해할 수 있다.

특히 최근에 전개되는 굿즈 마케팅도 가심비 마케팅의 대표적 사례이다. 굿즈(Goods)는 '상품'을 뜻하지만, 도서, 영화 등 다양한 분야에서 사용되며, 방탄소년단과 같이 특정 그룹이나 인물을 표현하는 모든 상품을 지칭한다. 굿즈 마케팅은 특정 분야의 '열성팬'을 타깃으로 한다. 이들은 자신이 좋아하는 분야와 관련한 상품을 사는 데 노력과 열정, 지출을 아끼지 않는다. 스타벅스에서 판매하는 텀블러, 컵, 다이어리 상품도 충성심 높은 소비자를 대상으로 한 굿즈 마케팅이다.

이러한 가심비 마케팅은 젊은 1인 가구 증가와 나를 위한 소비, 물질적 소유보다는 정서적 체험에 대한 가치 부여, 소확행(소소하지만 확실한 행복), 불투명한 미래에 대한 스트레스 해소 차원에서 유용성이 커지고 있다.

제품군 중에서도 탄산음료, 담배, 맥주, 소주 등은 모든 사람이 고르게 소비하기보다는, 구매량이 많은 집단과 적은 집단으로 확연히 구분되는 제품들이다. 이런 경우는 '중이용자(Heavy user)'와 '경이용자(Light user)' 집단 중 '소수의 중이용자' 집단을 표적시장으로 삼는 것이 일반적이다. 미국의 아이스크림 구매자를 분석한 결과 중이용자는 전체 구매자 중 18%에 불과하지만, 이들이 전체 판매량의 55%를 소비하는 것으로 보고된다. 즉석식품도 중이용자는 20% 정도이지만, 총판매량의 60%를 차지한다. 대중적 제품군이 아닌 경우는 제품의 사용 경험 유무로 시장을 나눌 수 있다. 구매 경험이 있는 집단, 과거에는 사용했으나 지금은 사용하지 않는 집단, 아직까지 구매 경험이 없는 집단으로 세분할 수 있다.

'브랜드 충성도'를 적용하는 것도 행동적 세분화에 속한다. 충성도는 상표나 점포, 기업에 대한 충성도로 구분할 수 있다. 기업은 자사 고객의 충성도를 분석해서 충성도가 낮은 고객의 충성도를 높일 수 있는 전략을 구사할 수 있다. 예를 들어 펩시 구매자가 평소 펩시콜라를 먹지만, 가끔씩 코카콜라도 먹는다고 한다면, 펩시 회사에서는 비교 광고(경쟁사 제품과 자사 제품을 비교해서 자사 제품의 우수성을 알리는 광고)를 집행해서 소비자에게 펩시의 우위점을 각인시킬 필요가 있다. 반대로 충성도가 높은 소비자를 표적으로 한다면, 제품 구매 시 마일리지 두 배 적립, VIP 특별 할인, 문화행사 초청 등 여러 가지 혜택을 주는 마케팅으로 고객의 충성도를 유지할 수 있다.

소비자의 '구매·사용 상황'도 하나의 기준이 될 수 있다. 가령 오렌지 주스를 어떤 상황에서 마시는가를 분석해서, '아침 식사와 함께', '오후 간식과 함께', '갈증 해소용'으로 시장을 구분한 후, 아침 식사용으로 주스를 음용하는 소비자층을 표적시장으로 하는

〈표 3-2〉 시장세분화의 주요 변수 예시

인구통계적 세분화	
성별	남성, 여성
연령	미취학 아동, 10대, 20대, 30대, 40대, 50대, 60대 이상
학력	중졸, 고졸, 대졸, 대학원 졸 이상
소득	개인소득/가족 총소득 월 100만원 미만, 월 100~200만원, 월 200~300만원, 월 300~400만원, 월 500~1000단원, 월 1000만원 이상
가족 구성원	1인 가구, 2인, 3~4인, 5인 이상
직업	자영업, 공무원, 사무직, 기능직, 전문직, 농림/수산업, 학생, 주부, 무직 등
종교	개신교, 불교, 가톨릭, 기타
지리적 세분화	
지역	북미, 중남미, 아시아, 유럽, 중동 등
국가별	미국, 중국, 일본 등
국내 지역	수도권, 충청권, 경상도, 전라도, 강원도, 제주도 등
인구밀도	도시, 교외, 시골
심리적 세분화	
사회계층	최상위층, 중상층, 중하층, 하위층
개성	이성적, 내성적, 사교적, 충동적, 권위적 등
행동적 세분화	
사용 빈도	다사용자(Heavy user), 경사용자(Light user), 비사용자(Non-user)
충성도	강함, 중간, 약함, 없음
사용 상황	일반적 구매(가정 소비), 특별한 구매(선물)

마케팅 전략을 수립할 수 있다.

[3] 시장세분화의 복수 기준

시장세분화는 한 가지 기준을 적용할 수도 있고, 복수 기준을 적용할 수도 있다. 자동차 업계는 복수 기준을 적용하는 경우가 흔하다. 연령과 소득이라는 두 가지 인구학적 변인을 가지고 시장을 세분화하는 경우를 자주 볼 수 있다. 이 경우 고소득-젊은층, 고소득-장년층, 중소득-젊은층, 중소득-장년층 집단으로 구분한 후 각 시장의 취향에 맞는 자동차 모델을 생산하게 된다. 최근에는 '젊은 여성(연령×성별)'을 표적소비자로 삼아서 곡선미를 살린 디자인과 여성 친화적인 기능을 담은 소형 SUV 차량이 출시되고 있다. 많은 기업이 단일 기준으로 시장을 세분화하기보다는, 인구학적 변인과 심리적/라이프스타일 변인, 혹은 행동적 기준을 섞어서 시장을 세분화한다.

2. 표적시장 선정

시장세분화가 끝나면 표적시장 선정에 들어간다. 표적시장이란 어떤 소비자 집단을 대상으로 제품을 생산, 판매할 것인가를 결정하는 것이다. 말하자면 누구에게 제품을 팔 것인가에 대한 대답이다. 표적시장 선정은 마케팅 전략의 가장 중요한 쟁점 중 하나이다. 표적시장으로 선정되는 데 적합한 집단은 아래와 같다.

- 제품군의 구매량이 많은 사람: 새로운 탄산음료를 출시할 예정이라면, 평소 탄산음료를 즐겨 마시는 집단(Heavy user)을 표적시장으로 하는 것이 유리하다. 탄산음료를 잘 마시지 않는 사람은 아무리 좋은 신상품이 나왔다고 해도 구매 가능성이 낮기 때문이다.
- 신상품에 잘 반응하는 사람: 새로운 기술이나 신상품이 나왔을 때 누구보다 먼저 신상품을 구매하는 집단을 '혁신자' 내지 '조기 수용자'라고 한다. 이들은 사회경제적 지위가 높고, 가격에 개의치 않고, 혁신적 기술이나 제품을 과감히 수용하는 사람들이기 때문에 기업 입장에서 매력적인 표적시장이 된다. 단, 혁신자라고 해도 모든 제품에 대해 혁신자라고 보기는 어렵다. 제품군에 따라 혁신적일 수도, 아닐 수도 있기 때문이다. 가령 자동차에 대해서는 혁신적인 소비자이지만, 패션에 대해서는 보수적일 수 있음을 주의해야 한다.
- 소비자 계층을 쉽게 세분화할 수 있는 집단: 표적시장의 규모

와 프로파일을 확실하게 제시할 수 있는 집단이 좋다. 인구학적 특성(성, 연령, 소득 등)이 분명한 집단을 대상으로 해야 마케팅을 수월하게 진행할 수 있다.

표적시장을 선정하기 전에 검토해야 할 조건은 다음과 같다.

- 기업이 가진 자원: 표적시장을 공략할 수 있는 내부 자원(기술, 제품, 유통 등)이 있는가? 표적시장의 욕구를 채워줄 수 있는 기술과 재원이 있어야 한다.
- 시장 규모: 기본적으로 시장 규모가 어느 정도 되어야 마케팅 성과(매출 등)가 나올 수 있다. 그러나 시장 규모가 무조건 크다고 좋다는 의미는 아니다. 시장 규모가 클수록 경쟁이 심하고 이에 따라 성장률도 둔화될 수 있기 때문이다. 큰 시장만 추구하는 통념을 '다수의 맹점(Fallacy of the majority)'이라고 부른다. 즉 큰 시장에서 치열한 경쟁을 하는 것보다는 작은 시장에서 독점하는 것이 낫다는 의미이다. 기술이 발달하면서 많은 기업이 대규모 시장을 겨냥한 대중 마케팅보다는 미시 마케팅, 틈새 마케팅을 전개하는 것도 이러한 맥락에서 이해할 수 있다.
- 시장의 성장률과 수익률: 시장이 성장하면 작은 시장도 조만간 큰 시장이 될 수 있다. 반대로 성장률이 정체되거나 마이너스 성장하면 큰 시장도 축소되거나 없어질 수 있다. 성장하는 시장을 표적으로 하는 것이 마케팅에 유리하다. 나아가 많이 팔아도 손해를 본다면 안판 것만 못할 것이다. 이익이 얼마나 되

는가도 함께 고려해야 한다.

- 경쟁 상황: 경쟁사가 많은가를 살펴봐야 한다. 경쟁사가 적을수록 마케팅 활동은 수월해진다. 그밖에 막강한 혹은 독점적 지위의 원료 공급 업자가 존재하는가도 살펴봐야 한다. 강력한 공급 업자가 존재하는 경우 공급 업자가 원료 가격이나 제품 양을 통제하는 갑의 위치에 있게 되므로 기업의 자율성은 침해된다.

P&G의 표적시장 선정

세계적인 소비재 기업으로 성장한 P&G의 성공 요인으로는 명확한 표적시장을 찾아서 마케팅을 전개한 것을 손꼽을 수 있다. P&G는 모든 고객에게 제품을 제공하는 것은 모든 고객에게 수준 미달의 제품을 제공하는 것이라고 보고, 매력적인 시장을 찾고자 노력했다.

그 일환으로 P&G는 '올레이(Olay)'라는 화장품 브랜드를 인수하였다. 당시 올레이는 약국에서 파는 저가 브랜드여서 인수를 반대하는 목소리가 컸다. 당시 시장에는 에스티로더, 로레알, 시세이도 등 강력한 경쟁사가 많았는데, 이들은 한결같이 50대 여성을 표적시장으로 했다. 경쟁사와 차별화를 꾀할 목적으로 P&G는 30대 여성을 표적시장으로 삼았다. 그 이유는 30대에 들어서면서 여성은 주름이나 피부 색깔 등 피부 노화가 시작되기 때문이다. 피부 관리에 관심을 갖기 시작하는 젊은 여성을 표적시장으로 한 덕분에 P&G는 단기간에 매출을 크게 올릴 수 있었다.

표적시장 선정 유형

표적시장 선정에는 세 가지 유형이 있다. 전체 시장을 대상으로 하는 비차별화 전략, 다수의 세분 시장을 대상으로 하는 차별화 전략, 한 개의 세분 시장을 공략하는 집중화 전략이 있다.

[1] 비차별화 전략

시장세분화를 하지 않고 전체 시장을 대상으로 단일한 마케팅 전략을 구사한다. 고객의 욕구 차이가 없다고 보고 표준화된 제품을 가지고 대중 시장을 공략하는 방법이다. 대량 판매를 위해 대중 광고를 많이 한다. 가능한 많은 사람에게 브랜드명을 알리고, 브랜드 이미지를 심어주는 것이 중요하다. 기업은 1~2개 상품만 제공하기 때문에 생산비와 유통비 등이 절감되는 장점을 가지지만, 현대 사회에서는 거의 찾아보기 어려운 전략이다.

[2] 차별화 전략

시장을 세분화한 후, 모든 세분 시장 각각을 표적시장으로 삼아서 마케팅을 전개하는 방법이다. 가령 소득을 기준으로 시장을 상, 중, 하 집단으로 구분했다면, 세 개 시장을 표적시장으로 해서 각각 다른 제품을 제공하는 것이다. 상품을 다양하게 생산하여 매출을 늘리고 시장 지위를 높이는 데 기여한다. 그러나 각 세분 시장의 니즈를 파악하여 각각의 마케팅을 수행하기 위해서는 비용(연구개발, 마케팅 비용, 제품 생산비)이 많이 든다. 따라서 자원이 넉넉한 대기업에서 수행하기 적합하다.

[3] 집중화 전략

시장을 세분화한 후, 그중 한 개의 세분 시장을 표적으로 하는 방법이다. 대개의 경우 시장을 세분화한 후 표적시장을 선정하는 이유는 집중화 전략을 구사하기 위함이다. 차별화 전략과 비교할 때 상대적으로 기업의 자원이 제한된 중견/중소기업에게 적합한 전략이다. 세분 시장의 욕구와 취향을 잘 파악해야 하며, 표적시장의 욕구를 충족시켜 줄 수 있는 기업의 역량이 뒷받침되어야 한다.

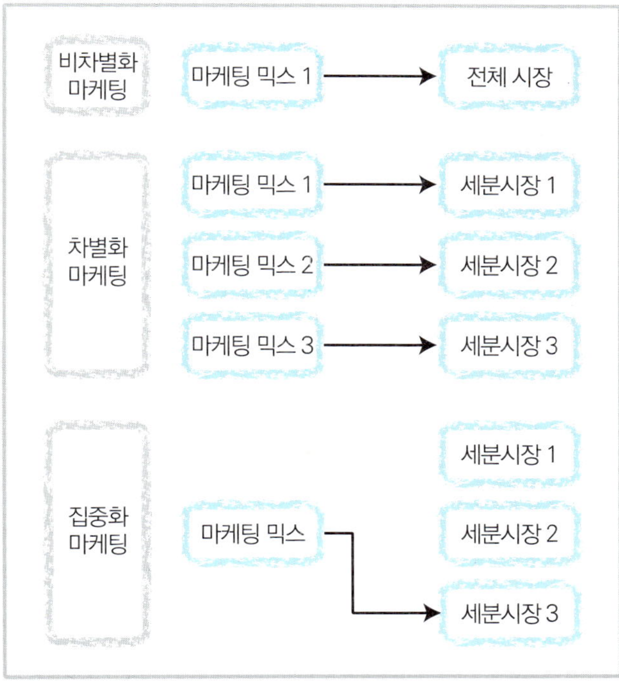

〈그림 3-1〉 비차별화, 차별화, 집중화 마케팅

전통적인 표적시장

[1] 아동

어린이의 제품 구매와 소비는 부모의 영향을 크게 받는다. 그러나 아동도 점점 더 자신이 원하는 인형, 음식, 옷에 대해 강한 취향을 표현하는 추세이다. 하지만 제품 구매는 부모가 하는 경우가 대부분이어서 아동용 제품에 대한 마케팅은 아이와 부모 모두를 대상으로 할 필요가 있다. 대표적으로 인형, 의류, 식품, 음악/무용 교습, 학교 캠프 등이 그렇다.

델몬트는 과즙 음료인 프루트 스트리트(Fruit Street)를 광고하면서 두 가지 접근법을 취했다. 어린이를 타깃으로 한 주말 아침 TV 광고에서는 "맛을 봐, 재밌잖아"라는 슬로건으로 아이들의 관심을 유도했다. 한편 부모를 대상으로 한 지면 광고에서는 델몬트가 단맛을 줄이고 영양을 생각하는 엄마의 요구를 만족시키는 제품임을 강조했다.

[2] 10대 청소년

10대의 씀씀이가 날로 증가하는 추세이다. 10대가 가족 경제에서 차지하는 비중이 커졌고, 예전에 비해 많은 자율성을 누린다. 의류, 식사, 교통편은 그들 스스로 선택하고 구입한다. 따라서 기업은 10대 청소년에게는 직접적인 마케팅을 펼친다. 특히 16~18세 연령대는 어느 세대보다 많은 양의 음료를 소비하는 집단이다. 음료업계는 주로 10대 광고 모델을 기용하는가 하면, 10대 입맛에 맞춘

음료를 개발한다.

[3] 성인

20대는 앞으로 인생을 설계하는 단계이다. 그들이 속한 집단(회사, 친구)이나 사회의 규범에 매우 민감한 시기이기도 하다. 이들을 대상으로 한 마케팅에서는 집단의 규범에 대한 동조를 강조하는 것이 적절하다. 권위적 인물을 내세우기보다는, 이들에게 친숙한 준거집단을 활용하는 것이 효과적이다. 또한 20대는 독립, 성적 매력, 개성 등의 가치를 추구하는 바, 이러한 가치를 담은 마케팅을 전개한다.

30대는 가족과 직장이라는 울타리 안에서 안정을 추구하는 세대이다. 사회규범에 의해 정해진 전통적이고 관습적인 생활양식을 지향한다. 이들의 강력한 욕구는 성공, 보살핌, 안정, 사회적 인정이다. 따라서 이런 욕구를 충족시킬 수 있는 마케팅 전략이 필요하다.

40대는 자신의 내면에 관심을 돌리면서, 중년의 위기를 경험하는 시기로, 결혼/이혼, 이직 등을 고민하게 된다. 노화 방지에 호소하는 소극적 마케팅보다는 젊음과 활력을 강조하는 적극적 마케팅이 효과적이다. 중년 여성을 대상으로 뉴 얼트레스(New Ultress) 염색약 광고를 보면 "당신은 어느 때보다 아름다워질 수 있다"는 슬로건 사용했다. 제품의 유용성보다는 사치스러움을 강조하는 제품 전략이 효과적이다.

50대는 명성과 권위를 쌓고, 노력의 결실을 맺는 시기이다. 가정과 직장에서 능력과 권위를 인정받는 시기이다. 이들의 강력한 욕구는 성공, 지배, 인정이다. 이들에게는 "당신이 판단하십시오"라는 식의 소구 전략이 효과적이다. 이들은 스스로 평가하고 판단할 수 있는 힘이 있다고 생각하기 때문에, 사회적 기준이나 다른 권위를 내세우는 전략은 적절하지 않다. 이들은 자신을 차별화할 수 있는 소비재를 선호하는 바, 차별성을 강조하는 마케팅 전략이 효과적이다. 독일의 한 자동차 광고의 헤드라인은 "다른 차종과 경쟁하지 않습니다. 단지 그들을 뛰어넘을 뿐입니다"이다.

60대는 직장과 직업에서 은퇴하는 시기이다. 경제력이 있고 스스로 인생 경험이 많다고 생각하여 타인의 의견보다는 자신의 고집을 내세운다. 사치스런 제품 구매를 그다지 부끄럽게 여기지는 않지만, 그렇다고 필요 이상의 비용을 쓰고 싶어 하지 않는 '현명한 구매자'이다. 이들은 안전하고 실용적이고 신뢰할 만한 전통적인 제품을 원한다. 그런 점에서 '보수적 구매자'이다. 단순한 디자인을 선호하고, 복잡한 기능보다는 사용하기 쉬운 제품을 선호한다(대홍기획 마케팅컨설팅그룹, 1992).

디지털 시대의 세대별 특징

필립 코틀러 등(Kotler, Kartajaya & Setiawan, 2021)은 디지털 시대의 대표적인 세대를 다섯 가지 유형으로 구분하고 있다.

[1] 베이비부머

1946년에서 1964년 사이에 태어난 세대이다. 제2차 세계대전이 끝난 후 세계 많은 지역에서 나타난 높은 출산율을 가리키는 의미로 생겨났다. 전쟁 후 경제 부흥 덕에 인구수도 많을 뿐 아니라, 사회적으로도 풍부한 경제력을 가지고 있다. 이 세대는 젊어서는 디지털 매체를 접한 적이 없기 때문에 젊은 세대로부터 신기술을 수용하길 꺼린다는 비판을 받곤 한다.

[2] X세대

X세대는 1965년에서 1980년 사이에 태어난 사람들이다. 기업이나 마케팅 관점에서 보면 베이비부머와 Y세대의 인기에 밀리고, 마케터의 관심에서 벗어난 샌드위치 세대에 해당한다. 그러나 X세대는 주요 소비자 기술의 변화를 겪으면서 뛰어난 적응력을 갖게 되었어. 소니 워크맨부터 시작하여 CD와 MP3를 통해 음악을 들었고, DVD 대여업의 흥망성쇠와 비디오 스트리밍으로의 전환을 목격한 세대이다. X세대가 경제활동을 하게 될 무렵부터 인터넷이 발전하였다.

[3] Y세대

1981년에서 1996년 사이에 태어난 Y세대는 지난 수십 년 동안 가장 많이 회자된 세대다. 새천년(2000년)에 성인이 되는 시기와 맞물려 밀레니얼 세대로 알려지게 되었다. 또한 베이비부머의 자녀 세대이기도 하다. 부모로부터 지대한 영향을 받은 세대라는 의미에서 에코부머(Echo boomer) 세대로도 알려져 있다. 이전 세대들보다 교육을 더 잘 받았고 문화적 다양성도 뛰어나다.

이들은 또한 소셜 미디어 사용에 정통한 첫 세대이다. 직장에서 인터넷을 처음 접했던 X세대와 달리, Y세대는 훨씬 더 어릴 때부터 인터넷에 익숙했다. Y세대는 높은 교육 수준, 다양성, 무제한적 콘텐츠 노출에 개방적인 성향 탓에 전통적 규범을 따르는 기성세대와 쉽게 갈등을 빚기도 한다.

[4] Z세대

Z세대는 X세대의 자손들로, 1997년에서 2009년 사이에 태어났다. 새로운 시기에 태어났다고 해서 '센테니얼(Centennial)'이라고 불린다. 마케터의 가장 큰 관심을 받는 세대에 해당한다. 인터넷이 사회 전반의 주류가 된 시기에 태어나서 어릴 때부터 디지털 환경에서 성장했기 때문에 가장 디지털 문화에 익숙한 '디지털 네이티브'이다. 자연히 학습, 뉴스 읽기, 쇼핑, 대인적 교제 등을 위해 24시간 디지털 매체에 연결되어 있다.

Z세대는 브랜드와의 관계에서 지속적인 참여(Engagement)를 추구하기 때문에, 이들을 표적으로 하는 기업은 대화형 고객 경험을 누릴 수 있도록 해야 한다. 이런 기대를 충족시키지 못하는 브랜드에 대해서는 낮은 충성도를 보인다. 전 세계적으로 Z세대는 가장 규모가 큰 세대가 되었으며, 2025년이면 이들이 경제활동 인구의 대부분을 차지하게 된다.

[5] 알파세대

알파세대는 2010년에서 2025년 사이에 출생(예정)한 사람들이다. 그리스 알파벳의 첫 글자인 '알파'에서 따왔듯이, 기술적 융합으로 탄생한 완전히 새로운 세대라는 의미를 갖는다. 아이패드가 처음 출시됐던 2010년을 이 세대가 출현한 연도로 간주한다. 알파세대는 어린 시절부터 모바일 기기를 가지고, 활발히 온라인 동영상을 시청하거나 모바일 게임을 즐기면서 소셜 미디어의 인플루언서가 되거나, 또래 나이의 롤모델인 인플루언서가 사용하는 제품을 사고 싶어 한다. 이들이 전 세계 마케터의 집중적 주목을 받는 것도 머지않았다.

디지털 시대의 표적 마케팅

검색 포털 사이트에 배너 광고를 집행할 때 보통 네트워크 배너 형식으로 실행하는 경우가 많다. 대표적으로 구글의 '구글 디스플레이 네트워크(Google Display Network: GDN)가 그 예이다. 네트워크 광고란 구글에 배너 광고를 하면, 구글은 물론 구글과 제휴되어 있는 5만여 개 사이트에 광고를 노출시킬 수 있어서 네트워크 배너(디스플레이) 광고라고 한다. 구글 네트워크를 이용할 경우 국내 대표 언론사 페이지, 유력 커뮤니티, 블로그에 노출이 가능하다. 이때 다양한 타깃팅 방법을 동원하여, 광고주가 원하는 고객에게 광고를 노출시킬 수 있다. 이를 통해 불필요한 사람에게는 광고 노출을 하지 않고 꼭 필요한 사람에게만 광고를 노출시키고, 그에 해당하는 비용을 지불할 수 있다는 점에서 전통적인 대중매체보다 효율적이다.

구글 네트워크 광고를 집행할 때 타깃팅 방법으로는 전통적인 대중매체에서 보편적으로 사용하는 인구통계학적 타깃팅을 비롯하여, 게재 위치 타깃팅, 문맥 타깃팅, 리마케팅 타깃팅, 유사 잠재 타깃팅이 있다(이승윤, 2016).

[1] 인구통계학적 타깃팅

전통 매체에서 사용하는 방법과 유사하다. 고객의 성별, 연령, 소득, 직업 등 인구학적 변인을 기반으로 하여 광고를 송출하는 방식이다. 가령 특정 웹 사이트에 접속한 방문자가 20대 초반의 여성이며, 대학생으로 추정된다면, 이 방문자가 좋아할 만한 제품이나 서비스를 배너 광고로 보여주는 방식이다. 지금은 다양한 방식으로 인터넷 이용자의 인구학적 특성을 파악할 수 있기에 상당히 세분화된 타깃팅이 가능하다. 가령 A라는 인터넷 유저가 남성 중심의 야구 커뮤니티에 가입해 있고, 남성의 의류 커뮤니티와 구인 구직 커뮤니티에 주기적으로 방문한 정보가 파악되면, 이러한 사람에게는 '구인 구직 서비스'나 남성이 관심을 갖는 소비재 제품 광고를 보여 주는 것이다.

[2] 게재 위치 타깃팅

게재 위치 타깃팅은 구글 네트워크에 소속된 사이트 중 기업이 선택한 특정 사이트나 카테고리에만 광고를 노출하는 방식이다. 이러한 타깃팅은 광범위한 고객에게 광고를 도달하기보다는, 명확한 타깃 집단이 가장 많이 방문할 것으로 예상되는 매체에 집중하는 전략이다. 여성 주부를 대상으로 주방 용품이라면, 이들이 주로 이용하는 커뮤니티나 여성 잡지 사이트에 배너 광고를 집행하는 방식이다.

[3] 문맥 타깃팅

구글은 네트워크에 속한 사이트의 각종 페이지 내용을 실시간 스캔하여, 각 페이지의 문맥을 파악하고, 그 문맥과 연관성이 높은 광고를 노출하는 방식이다. 즉 검색엔진이 여러 사이트의 콘텐츠를 분석하여 적정한 키워드를 파악한 후, 해당 키워드에 맞는 광고를 보여 주는 방식이다. 예를 들어 맥도날드에서 순 살코기 치킨버거를 출시한다면, 키워드 분석을 통해 치킨 기사나 단어가 많이 등장한 특정 신문사의 페이지에 맥도날드 광고를 노출시키게 된다. 치킨 기사를 읽는 인터넷 유저라면, 새로운 치킨버거 광고에도 주목할 가능성이 크다. 여행/관광 상품이라면, 여행 기사가 많은 페이지에 광고를 싣게 되는 것이다. 페이지의 내용과 연관성이 큰 제품 광고를 싣는 방식이 문맥 타깃팅이다.

[4] 리마케팅 타깃팅

뉴스를 보거나 웹 서핑을 하던 중 얼마 전에 보았던 상품이나 배너 광고를 다시 보는 경우 이것은 리마케팅 타깃팅이라고 이해하면 된다. 기업이 자사의 웹 사이트나 블로그에 방문했던 사람들을 표적으로 광고를 반복적으로 노출시키는 방식이다. 가령 여성 방문자가 A라는 의류 사이트를 방문한 이후, 신문 기사를 읽기 위해 이데일리 신문 사이트에 접속했을 때, 기사 상단에 A의류 사이트에서 봤던 상품들을 배너 광고로 다시 보게 된다. 이러한 리마케팅 방식은 어떤 제품에 관심을 보였지만, 구매는 결정하지 않은 사람에게 지속적으로 해당 상품을 노출시켜서 결국은 구매하게끔 할 가능성이 크다.

광고 효과 중 '단순 노출 효과(Mere exposure effect)'에 따르면, 인간은 반복적으로 노출되어 익숙해진 것에 대해 호감을 느끼게 된다. 어떤 사람도 계속 만날수록 익숙해지고 호감을 느끼게 되듯이, 광고도 반복적으로 노출할수록 해당 상품을 좋아하게 될 가능성이 높아진다는 이론이다. 라마케팅은 매우 정교한 표적 마케팅이자, 효율적인 광고 집행 방식에 해당한다. 다만 리마케팅으로 광고를 보여 줄 수 있는 고객 집단의 숫자가 제한되어 있다는 단점이 있다. 리마케팅 타깃팅은 특정 상품을 보지 않은 사람은 원천적으로 광고에 노출되지 않기 때문이다.

[5] 유사 잠재 고객 타깃팅

위에서 언급한 리마케팅 타깃팅의 단점을 보완한 것이 유사 잠재 고객 타깃팅이다. 유사 잠재 고객 타깃팅이란, 리마케팅 대상이 되는 개인의 특성을 분석한 후, 리마케팅 리스트에는 없지만 비슷한 패턴을 지닌 사람들에게 광고를 노출하는 방식이다. 기존의 리마케팅 광고를 통해 성공적으로 물건을 구매한 사람과 가장 비슷한 특징을 가진 사람을 추려내어 이들에게 광고를 보여 주는 것이다. 가령 여성 쇼핑몰 광고주가 리마케팅 광고를 실행하여 제품 구매자를 분석했더니 대다수 사람이 30대 초반의 여성이고, 여성 패션 잡지 사이트와 결혼 정보 사이트를 자주 방문했던 사람으로 나타났다면, 광고주는 '지금 운영 중인 여성 쇼핑몰에 방문하지는 않았지만 28~32세 여성이며, 주기적으로 여성 패션 잡지나 결혼 정보 사이트에 방문한 사람들을 한정하여 광고를 송출하는 것이다. 결국 이 방식은 리마케팅으로 성공한 고객 집단의 세부 특성을 분석하여, 이들과 비슷한 속성의 사람들에게 광고를 노출하는 방식이다.

〈표 3-3〉 디지털 매체(네트워크 배너)의 타깃팅 방식

유형	특징
인구통계 타깃팅	방문자의 방문 기록을 통해 성별, 연령 등을 파악하고, 이에 맞게 필요한 광고를 송출하는 방식
게재 위치 타깃팅	표적소비자가 많이 찾는 사이트(특정 제품 범주)에 광고를 집행함
문맥 타깃팅	웹 페이지의 내용을 분석하여 상품과 관련 있는 광고를 노출하는 방식
리마케팅 타깃팅	이전에 보았던 상품을 반복적으로 노출시켜 이 상품에 대해 환기시키고 구매 결정을 촉구하는 방식
유사 잠재 고객 타깃팅	리마케팅에서 효과를 거둔 소비자 집단과 가장 근접한 특성을 가진 집단을 선별하여 광고를 노출하는 방식

출처: 이승윤(2016).

표적시장 관련 용어

표적시장이 점점 더 세분화, 구체화되면서 이를 지칭하는 신조어도 많이 생겨났다. 자주 등장하는 용어를 소개하면 다음과 같다.

[1] 여성 시장 관련

- 골드미스: 30~40대 연령층으로 경제력 있는 미혼 여성.
- 알파걸: 공부, 음악, 운동, 리더십 등 모든 분야에서 남학생을 능가하는 여학생.
- 알파맘: 직장과 가정, 육아 모두를 완벽하게 해내는 적극적이고 능력 있는 엄마.
- 루비족: Refresh, Uncommon, Beautiful, Youth의 첫 자를 딴 것. 마음은 40대이나 외모는 30대, 실제는 50대인 주부층을 가리킨다.
- 엄지맘: 모바일 쇼핑을 의미하는 '엄지족'과 엄마를 의미하는 '맘'을 합한 말이다. 바쁜 일상과 육아 때문에 모바일로 생필품이나 유아 용품을 구입하는 소비자를 의미한다. 모바일 쇼핑을 즐기는 2030세대의 젊은 엄마들이다.
- 스완족: Strong Women Achiever No Spouse의 첫 자를 딴 것. 성공을 거둔 미혼의 강인한 여성을 가리킨다.
- 간장녀: 된장녀의 반대말. 브랜드만 쫓지 않고 자신에게 맞는 기능과 합리적 가격의 제품을 찾는 실속 구매형 여성.

[2] 남성 시장 관련

- 맨슈머: 자기 취향이 확실하고 적극적인 소비를 즐기는 남성.
- 엠니스(M-ness): Man+ness. 힘, 명예 등 전통적 남성상과 자녀 돌봄, 요리 등 여성 관련한 특징을 두루 갖춘 남성.
- 그루밍족: 여성의 뷰티에 해당하는 남성의 미용 용어. 마부

(Groom)가 말을 빗질하고 목욕시키는 데서 유래. 패션과 미용에 투자하는 남성.

- 키덜트족: 어린이(Kids)와 어른(Adult)의 합성어로 장난감, 피규어(건담, 스타워즈 등 캐릭터 상품), 만화 등을 수집하는 취미를 가진 20~40대를 지칭하는 용어이다. 완구, 패션, 잡화, 장난감, 문구, 3D 프린터, 드론, 맥주 거품기 등 남성 고객을 대상으로 하는 제품이 많다.
- 댄디족: 부모의 돈으로 흥청망청하는 쓰는 사람을 '오렌지족'이라고 부른다. 이들과 달리 자신이 벌어서 알뜰하게 소비생활을 즐기는 젊은 남자들을 지칭한다.

[3] 연령별 시장 관련

- 골드키즈: 외동으로 태어나 왕자나 공주처럼 대접받는 아이들.
- S세대: 1318세대. 도전과 변화를 즐긴다. 1인 미디어와 소셜 미디어 이용이 많고, 관심 분야에 대해 자신의 콘텐츠를 생산하고 타인과 공유하는 활동이 많다.
- MZ세대: 밀레니얼 세대(Millennials)와 Z세대의 합성어로 1980년대 초 ~ 2000년대 초 출생한 사람을 일컫는다. 보통 2030세대를 가리켜 MZ세대라고 부른다. MZ세대는 디지털 환경에서 성장하여 디지털 기기를 다루는 데 익숙하고, 최신 트렌드를 따르면서도 자신의 개성을 존중하며, 물질적 소비와 함께 색다른 경험도 추구하는 특징을 보인다.
- 피딩(Feeding)족: 경제적(Financial)으로 여유가 있고 육아를

즐기며(Enjoy) 활동적(Energetic)이면서도 헌신적(Devoted)인 50~70대 조부모를 뜻한다. 경제적으로 풍요롭고 손주를 위해서는 돈을 아끼지 않는 피딩족이 새로운 트렌드이다.

- 뉴 식스티(New Sixty): 기대 수명이 늘어나면서 중년도, 노년도 아닌 60대를 지칭한다. 나이를 잊고 사는 '넌 에이지(Non Age)' 세대라고도 한다.

[4] 라이프스타일 관련

- 포미(For me)족: 자신을 위해 가치 소비를 하는 사람이다. 건강, 여가, 자기 계발에 돈을 아끼지 않는 사람. 건강(For health), 싱글(One), 여가(Recreation), 편의(More convenient), 고가(Expensive)의 첫 글자를 딴 것이다. 1인 가구의 증가와 불경기를 맞아 작은 사치를 추구하는 사회적 환경과 맞물려 있다.
- 1코노믹족: 1인 가구를 의미한다. 싱글족이라는 표현은 표준어가 아니다. 자신만의 삶을 만끽하면서 홀로 취미 생활을 즐기는 2030세대를 지칭한다. 1인 가구는 국내만의 현상이 아니고, 전 세계적 추세이다. 혼밥(혼자 먹는 밥) → 혼술(혼자 먹는 술) → 혼영(혼자 보는 영화) → 혼행(혼자 가는 여행)으로 진행되는 경향이다.
- 홈코노믹족: 홈(Home)과 이코노믹(Economy)의 합성어로 집에서 경제와 문화 활동을 즐기는 사람들이다. 홈 트레이닝, 홈 뷰티, 홈 카페 제품이 성행이다. 트레드밀, 근력 밴드, 스쿼트 머신, 얼굴 피부 관리용 LED 마스크 등의 매출이 크게 늘었다.
- 하비슈머: 취미(Hobby)와 소비자(Consumer)의 합성어이다. 일

1인 가구 포미족을 위한 제품 특허

1인 가구 중에서도 자신을 위한 투자를 아끼지 않는 포미족을 겨냥해서 신제품 특허가 급증세이다.

- 혼밥족을 위한 간편한 생활 용기: 식판, 냉동밥 보관 용기, 샐러드 도시락통 등
- 다기능 인테리어 가구: 원룸이나 소형 오피스텔에서 공간 활용성 높일 수 있는 다기능 침대(소파 베드, 수납형 침대 등), 책상 겸용 식탁 등
- 소형 스마트 가전제품: 공간을 선택적으로 제한하여 냉방하는 에어컨. 옷, 신발을 최적의 상태로 관리하고 냄새 제거, 제습, 살균, 옷의 다림질 기능까지 탑재한 스마트 수납장, 날씨, 행사, 취향을 고려하여 적절한 옷을 추천하는 지능형 옷장 출원, 수면 중 뇌파, 코골이 방지, 실내 온도와 습도 제어, 침대의 기울기 제어 기능을 갖춘 매트리스와 침대 등.

과 생활의 균형을 추구하자는 의미의 '워라밸'이 강조되는 사회 분위기 속에서 취미 생활에 돈과 시간을 투자하는 소비자를 의미한다. 홈코노믹족과 연관된 용어이다.

- 포비(For-Baby)족: 자녀에 대한 투자를 아끼지 않는 부모. 막강한 구매력을 지닌 3040세대 맞벌이 부부를 지칭한다.
- 욜로족(YOLO: You Only Live Once): 인생은 한 번뿐이니 오늘을 즐겁게 살자는 뜻. 감각적이고 현재 지향적인 소비 경향을 일컫는다. 오늘에 충실하자는 '투데이족'과 같은 의미이다.
- 픽미족: 오디션 프로그램에서 참가자들이 "나를 뽑아 달라

(Pick me up)"고 한 데서 나왔다. 오디션 프로그램처럼 치열한 경쟁 속에서 살아가는 고단한 젊은 세대를 의미한다.

- 플렉시테리언족(Flexitarian): 6단계로 나뉘어지는 채식주의 단계 중 하나이다. '플렉서블 베지테리언'이라고도 부르는 플렉시테리언은 평소 채식을 하지만, 경우에 따라 육식도 하는 사람들이다.
- 캥거루족: 고양이가 독립을 상징한다면 캥거루는 반대 의미를 갖는다. 취업률이 낮은 탓에 성인이 된 자녀들이 경제적으로 독립하지 못해 부모 신세를 지고 있는 사람을 지칭한다.
- 펫팸족: 반려동물(Pet)과 패밀리의 합성어이다. 반려동물을 가족의 일원으로 생각하면서 알뜰하게 보살피고 키우는 사람들이다. 1인 가구가 늘면서 펫팸족도 증가 추세이다.
- 리터루족: 결혼한 자녀가 다시 부모 집으로 돌아가는 경우다. 리턴과 캥거루의 합성어다. 리터루족 역시 경제적 이유가 크다.
- 휘게족(Hygge): 휘게란 안락하고 아늑한 상태를 의미한다. '즐겁게 살자'를 삶의 방식에 속한다. 바쁜 일상에서 커피 한 잔할 여유를 가져야 한다는 말이다.
- 얼리 힐링족(Early Healing Consumer): 자신의 힐링에 도움이 되는 분야라면 아낌없이 소비하는 삶의 방식이다. 요즘 젊은 세대는 미래를 위해 현재의 소비를 참는 것을 미덕이라고 보지 않는다. 젊은 세대뿐만 아니라, 취미 생활을 활발하게 즐기는 40~50대도 늘어나고 있다.
- 페이크슈머(Fakesumer): 돈과 시간이 부족한 20대 젊은 층의

소비 행동을 지칭한다. 여행 대신 여행 책 읽으러 서점가고, 연애도 가상 연애 게임으로 대신한다.

[5] 제품 생산에 참여하는 소비자 관련

- 프로슈머(Prosumer): 생산자 + 소비자. 제품 생산과 유통에 참여하는 소비자.
- 프리슈머(Presumer): 제품 출시 전 자금을 대는 것으로 생산에 관여하는 소비자.
- 메타슈머(Metasumer): ~을 넘어서. 튜닝족을 의미한다. 제품에 변화를 가미해서 나만의 방식으로 변형한다. 내가 만든 초코파이.
- 모디슈머(Modisumer): 기존의 사용법을 따르지 않고, 소비자가 개발한 방식으로 제품을 활용한다. 라면을 자기만의 방식으로 요리하여 먹는 소비자가 많아졌고, 이들의 요리법을 따라서 라면 회사에서 신제품을 출시하는 추세이다.
- 큐레이슈머(Curasumer): 기존 제품을 나의 방식으로 편집해서 사용하는 사람들이다(예: 앱, 배경 화면을 나만의 방식으로 재구성하는 사람).
- 리뷰슈머(Reviewsumer): 신제품 사용 후기를 올리는 사람. 타인의 구매 결정에 영향을 미친다.
- 트윈슈머(Twinsumer): 취향이 비슷한 사람과 온라인으로 연결하여, 이들의 의견을 청취하고, 다른 사람의 소비를 따라하는 사람.

3. 포지셔닝 전략

포지셔닝의 의미와 유형

[1] 포지셔닝이란

포지셔닝(Positioning)이란 위치/자리(Position)를 의미하는 명사에 ing를 붙인 동명사이다. 말하자면 '자리 잡기'라는 것인데, 속뜻은 경쟁사와 다른 브랜드 이미지를 소비자 마음속에 확실히 자리 잡는다는 것이다. 경쟁 제품과 비슷한 속성이나 이미지를 가지고 포지셔닝을 제대로 하기는 어렵다. 왜냐하면 이미지가 비슷할수록 양자를 구분하기 어렵기 때문이다. 따라서 경쟁사와 차별성이 강한 속성이나 이미지를 소비자에 마음속에 심어주어야 한다.

포지셔닝하는 방법

① 가장 먼저 자사 브랜드의 경쟁적 우위점이 무엇인지 확인한다. 소비자에게 포지셔닝하기 적합한 요소가 무엇인지, 표적시장를 대상으로 우리 기업이 경쟁사보다 우수한 가치를 제공할 수 있는 요인이 무엇인지 규명하는 작업이다.

② 그 다음으로는 적절한 경쟁적 우위점을 선택한다. 여러 개의 차별적 우위점이 있다고 해도, 단 하나의 강점을 가지고 포지셔닝하는 것이 유리하다. 우리 제품이 어떤 속성에 대해서는 가장 뛰어나다는 식으로 전달해야 소비자 마음에 확실한 이미지를 심어줄 수 있다.

③ 확실한 포지셔닝 구축을 위해서는 일관된 이미지로 광고 캠페인을 꾸준히 해나가야 한다. 자동차의 안정성 면에서는 볼보 자동차가 최고라는 메시지를 꾸준히 전달하다 보면, 소비자는 승차 경험이 없어도 '안정성이 뛰어난 차 = 볼보'라는 등식을 마음에 새기게 된다. 따라서 어떤 브랜드의 포지셔닝 속성이나 타깃을 파악하기 위해서는 그동안 집행된 광고 메시지를 분석하면 된다.

④ 이상의 포지셔닝이 힘을 발휘하기 위해서는 포지셔닝한 속성이나 이미지가 표적소비자에게 가치 있는 무엇이어야 하고, 경쟁사가 쉽게 모방할 수 없는 것이어야 한다.

[2] 포지셔닝의 유형

포지셔닝을 하는 방법은 크게 두 가지가 있다. 제품의 속성을 가지고 포지셔닝하는 방법과 제품 소비자의 특성을 가지고 포지셔닝하는 방법으로 구분된다.

제품 중심의 포지셔닝

일반적으로 많은 제품이 제품 중심의 포지셔닝 전략을 구사한다. 자사 제품의 특성과 관련하여 성능, 기능, 용도, 성분, 효과, 제품 사용 상황 등을 광고 메시지에 담아서 전달한다면 제품 중심으로 포지셔닝한 것이다. 소비자를 설득시키기 좋은, 그러면서 타제품과 차별화할 수 있는 적절한 제품의 강점을 골라서 포지셔닝하게 된다. 표적소비자가 중요하게 여기는 제품 속성을 강점으로 가지고 있고, 그것이 경쟁사보다 더 우수할 때 사용하면 좋다. 3일 내 도정한

쌀로 만든 햇반, 가격 대비 성능이 우수한 샤오미 스마트폰, 노트북 무게가 1kg이 되지 않은 LG 그램 등이 제품 중심의 포지셔닝 사례에 속한다. '찬바람 불 때 핫초코 미떼', '12시에 만나요 부라보콘', '초기 감기엔 화이투벤'은 제품 사용 상황을 가지고 포지셔닝한 예이다.

다만 포지셔닝은 제품 경쟁이 아닌, 소비자 인식을 사이에 둔 경쟁이다. 따라서 소비자가 중요하게 생각하는 어떤 혜택을 우리 제품이 제공할 수 있음을 광고에서 충분히 강조해야 한다. 만약 경쟁사보다 뛰어난 제품 속성이 있다면, 이것을 소비자가 중요하게 생각하도록 하는 것도 필요하다.

소비자 중심의 포지셔닝

소비자 중심의 포지셔닝이란 자사 브랜드를 사용하는 사람이 어떤 프로파일을 가진 사람인지를 알려서 제품의 차별화된 이미지를 심어 주는 방법이다. 자사 제품의 소비자 특성(인구학적 특성이나 라이프스타일 등)이 뚜렷할 때 소비자 중심의 포지셔닝을 하면 효과적이다. 기능성 스포츠 의류가 "열심히 달리는 사람들"을 콘셉트로 광고하면, 해당 브랜드는 열심히 운동하는 사람의 이미지로 소비자 마음속에 자리 잡게 된다. 어떤 위스키 광고가 "지각 있는 음주자"를 메시지로 구성했다면, 소비자 중심의 포지셔닝이라고 볼 수 있다. 피로회복제 박카스가 "열심히 사는 청년"을 주제로 장기 캠페인을 전개한 것도 소비자 중심의 포지셔닝 전략에 해당한다.

소비자 중심으로 포지셔닝을 하기 위해서는 브랜드가 추구하는 이미지와 부합하는 광고 모델을 기용하는 것이 무엇보다 중요하다. 특히 사회적 지지와 존경과 관련된 제품들, 예컨대 고급 승용차, 명품 시계, 고급 의류 제품은 사회적으로 존경받는 명망가, 유명 연예인, 스포츠 스타, SNS 셀럽(유명인) 등을 모델로 할 때 포지셔닝 효과도 높아진다.

포지셔닝 맵

[1] 포지셔닝 맵 읽기

포지셔닝 맵이란 한 제품군 내에서 경쟁 브랜드와 자사 브랜드에 대한 소비자의 이미지, 생각 등을 하나의 좌표에 나타낸 것이다. '소비자 지각도(Perceptual map)'라고 부르기도 한다. 일반적으로 소비자가 어떤 제품 구매를 결정할 때 몇 가지 중요하게 생각하는 요인이 있기 마련이다. 가령 노트북을 구매할 때 가격, 성능, 무게, AS 여부를 중요하게 고려한다고 가정하면, 이들 요인이 포지셔닝 맵의 가로축과 세로축의 이름이 되어 총 4개의 분면을 만들게 된다. 네 개의 분면에서 경쟁 브랜드와 자사 브랜드가 어떤 위치에 있는가를 시각적으로 보여주는 것이 포지셔닝 맵이다.

다음의 〈그림 3-2〉를 보면 '메르세데스 벤츠'는 고급스럽고 가정적/보수적인 사람이 타는 차로 포지셔닝이 잘 되어 있음을 알 수 있다. 'BMW'는 고급스러우면서 보다 젊은 분위기의 차로 포지셔닝 되어 있어서 벤츠와는 차별성이 크다. 한편 '포드 피에스타'는 실용적이고 젊은 이미지의 차로 자리매김하고 있어서 벤츠나 BMW와는

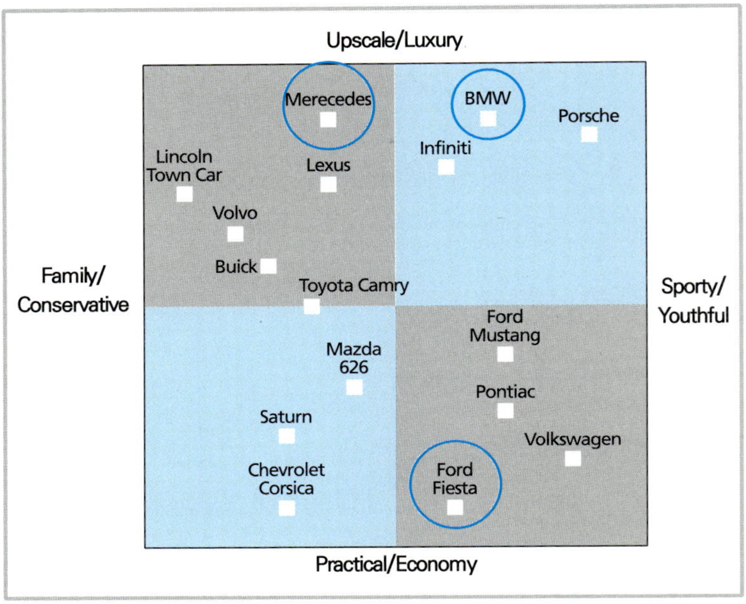

〈그림 3-2 〉 자동차 회사들의 포지셔닝 맵
출처: Moriarty, Mitchell & Wells (2009)

전혀 다른 위치에 있음을 알 수 있다. 지도의 가로축과 세로축이 만나는 중심점에 가까울수록 어떤 이미지도 정립되지 않았음을 의미한다. 이런 경우 포지셔닝이 필요한 상태라고 할 수 있다.

[2] 포지셔닝 맵의 활용

포지셔닝 맵은 여러 측면에서 전략적 활용성이 크다. 우선 한 눈에 시장의 경쟁 구조를 파악하는 데 도움을 준다. 어떤 브랜드들이 우리 상표와 비슷한 위치에 있어서 경쟁 상대인지 확인할 수 있게 해 준다. 근접한 이미지에 있다는 것은 소비자에게 비슷한 브랜드로 인식된다는 뜻이다. 포지셔닝 맵을 통해 이상적인 제품의 위치를 파악할 수 있게 해 주는데, 그것은 경쟁 브랜드가 많이 모여 있지 않고, 시장 규모가 큰 분면에 위치해 있는 것이다. 또한 포지셔닝 맵의 가로, 세로축의 명칭을 보면 소비자가 원하는 제품 특성이 무엇인가를 한눈에 파악할 수 있다.

포지셔닝 맵에서는 가로, 세로축을 어떤 요인(개념)으로 설정하는가에 따라 브랜드의 위치가 달라지고, 향후 전략도 달라진다. 포지셔닝 맵의 가로, 세로축의 요인은 일반적으로 소비자가 해당 제품군을 구매할 때 중요하게 고려하는 요인(제품 속성, 이미지 등)을 파악하여 기준 축으로 설정한다.

포지셔닝의 수정

[1] 리포지셔닝의 필요성

포지셔닝이 제대로 정립되지 않았거나, 기존의 이미지를 바꿔야 한다면 포지셔닝을 수정해야 한다. 우리 제품과 경쟁 제품이 소비자 인식상에 비슷한 이미지로 자리 잡고 있다면 포지셔닝의 위치를 옮겨야 한다. 이것을 '포지셔닝의 수정', 혹은 '재포지셔닝(리포지셔닝, Repositioning)'이라고 부른다. 다만 포지셔닝을 수정하는 작업은 그리 간단치 않다. 많은 비용과 장기적인 노력이 필요하다. 따라서 자주 바꿀 수도 없으며, 신중한 접근이 필요하다.

밀러 맥주는 원래 고급 맥주의 이미지를 갖고 있었다. 상류층 소비자가 파티에서 즐겨 마시는 여성 취향의 맥주로 포지셔닝된 상태에서 매출이 오르지 않았다. 이후 노동자와 젊은 층이 즐겨 마시는 맥주로 포지셔닝을 수정했고, 그 결과 시장점유율을 크게 끌어올렸다.

터프한 남성미를 연상시키는 말보로 담배도 포지셔닝을 수정해서 성공한 경우이다. 애초 말보로 담배가 출시된 1924년 당시에는 여성운동이 활발하던 때라서 여성을 주요 타깃으로 삼았다. 저니코틴, 저타르의 제품 속성을 강조하면서 'Mild as May'라는 슬로건으로 여성 전용 담배로 포지셔닝했지만 시장 반응이 그리 좋지 않았다. 이후 서부 카우보이 모델을 등장시킨 광고로 남성성에 대한 욕구를 자극하면서 남성용 담배 브랜드로 재탄생하게 되면서 성공을 거두게 되었다.

[2] 리포지셔닝 사례

리포지셔닝(재포지셔닝)에 대한 이해를 돕기 위해 가상의 시나리오를 만들어 설명하면 다음과 같다(그림 3-3 참조). 새로 출시한 노트북의 포지셔닝 전략을 분석하고자 소비자가 노트북을 구매할 때 중요하게 고려하는 요인을 조사했다. 조사 결과 가격, 성능, 중량, 브랜드 이미지가 중요한 요인으로 나타났다. 각 요인을 가로, 세로축으로 설정하고, 자사 브랜드(ⓘ)와 경쟁사 브랜드(ⓐ~ⓗ)의 위치를 좌표에 표시했다. 좌표에 나타난 얼굴은 소비자 시장을 의미하고, 얼굴의 크기는 시장의 규모를 나타낸다. 브랜드와 시장의 위치가 가까울수록 소비자가 원하는 브랜드 이미지를 갖고 있다고 볼 수 있다.

〈그림 3-3〉을 해석하면 다음과 같다. ⓐ, ⓑ, ⓒ 브랜드는 시장

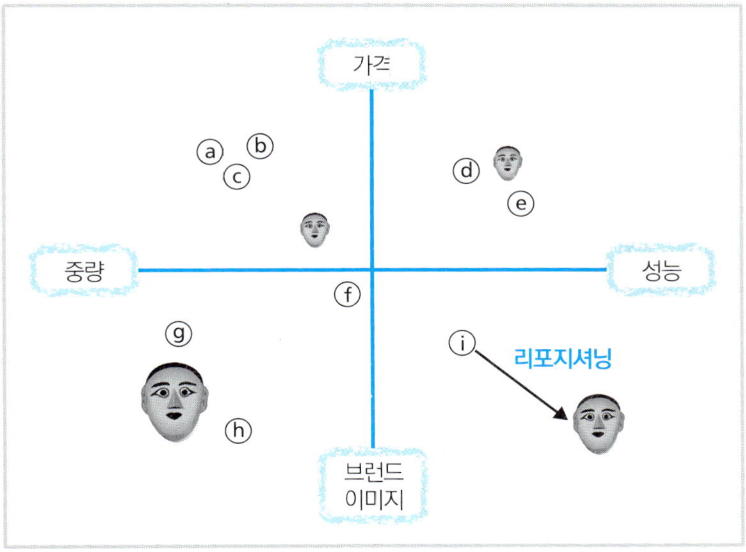

〈그림 3-3〉 리포지셔닝의 이해

규모가 작고 여러 브랜드가 가까이 몰려 있어서 브랜드 간 차별화가 어렵다. 작은 시장을 나눠 가져야 하기 때문에 매출도 적을 것이다. 반대로 ⓖ와 ⓗ는 시장 규모가 크고, 중량과 이미지 면에서 확실한 포지셔닝이 잘 되어 있어서 매출도 클 것이다. 대신 같은 분면에 있는 ⓕ는 축의 중심부에 자리 잡고 있어서 포지셔닝이 가장 부족한 브랜드이다. 한편 자사 브랜드 ⓘ는 주변에 경쟁사가 없어서 좋긴 하지만, 소비자가 원하는 이미지와 다소 거리가 있기 때문에 소비자의 욕구에 좀 더 부합하는 방향으로 이동한다면 강한 브랜드가 될 것으로 판단된다. 그러기 위해서는 브랜드 이미지가 좋고 성능이 우수한 제품 위치로 포지셔닝을 수정해야 할 것이다(강미선, 2015).

3장

참고 문헌

강미선(2015). 「사례 중심의 광고 기획론」. 커뮤니케이션북스.

대홍기획 마케팅컨설팅그룹(1992). 「소비의 심리학」. 세종서적.

박규남(2006). 고령화 사회의 도래와 마케팅 전략, INCHAM Business News, 8월.

박승환·최철재(2011). 「소비자 행동론」. 대경 출판사.

오리콤(2015). 브랜드 저널, 7월호.

이승윤(2016). 「디지털·소셜 미디어 마케팅」. 시그마프레스.

이의훈·신주영(2004). 라이프스타일을 통한 실버시장세분화 연구. 「노년학」, 24(2).

Kotler, P., Kartajaya, H. & Setiawan, I. 저. 이진원 역(2021). 「마켓 5.0」. 더퀘스트.

Kotra(2011). 해외 실버상품 마케팅 성공 사례. Global Business Report. 10. 31.

Moriarty, S., Mitchell, N. and Wells, W.(2009). 「Advertising Principles & Practice」, 8th ed. Pearson Prentice Hall.

세 상 에 서

가 장 쉬 운

마케팅

4장

상품과 상표 전략

E A S Y
MARKETING

1. 상품 전략

상품 전략이란 상품 생산 전에 어떤 상품을 만들면 좋을지 구상하는 것을 의미한다. 말하자면 상품의 콘셉트를 개발하는 과정이다. 신상품이 소비자에게 어떤 혜택이나 가치를 줄 것인가, 어떤 상표를 붙일 것인가, 품질과 디자인은 어떻게 할 것인가 등을 계획하는 단계이다.

상품의 종류

상품이란 시장에서 거래될 수 있으면서, 소비자의 욕구를 충족시켜 줄 수 있는 재화(물리적 형태를 갖춘 제품)와 서비스, 아이디어, 경험(체험) 모두를 일컫는다.* 한마디로 시장에서 거래될 수 있는 소비자의 욕구 충족물이다. 상품이란 소비자에게 판매하는 단순한 물건이라고 보기보다는 고객에게 제공하는 '전체 혜택(Benefit)'이라고 봐야 한다. 상품은 다양한 측면에서 소비자에게 가치를 제공하기 때문이다. 제품이 주는 효용(가치나 혜택)은 물론이고 멋진 디자인, 브랜드명과 원산지, 기업의 명성, 신속한 배송과 AS, 할부 구매 등

*상품과 제품의 의미는 다르지만, 동의어로 취급하는 경우가 많다. 상품은 시장에서 거래되는 물건이고, 제품은 공장에서 생산된 물건을 뜻한다. 이 책에서는 상품과 제품을 같은 의미로 사용하였다.

모든 것이 상품이 주는 혜택에 속한다. 외견상 동일한 제품이더라도 A브랜드는 무료 배송과 교환/반품이 되지만, B브랜드는 그것이 없다면 소비자는 여러 가지 혜택이 있는 A상품을 구매할 것이다. 이처럼 상품의 가치 속에서는 제품의 본질적 속성뿐만 아니라 주변적 기능도 포함된다. 따라서 상품을 기획하는 단계에서는 상품의 모든 요소를 일관성 있고 조화롭게 설계하는 것이 중요하다.

[1] 유형재와 무형재

상품은 크게 유형재(재화)와 무형재(서비스)로 구분된다. 유형재는 물리적 형태를 갖춘 상품을 의미한다. 예를 들면 휴대폰, 노트북, 가전제품, 슈퍼에서 파는 일상 생활용품 들이 유형재이다. 반면 형태가 없는 무형재는 서비스를 구매한 대가로 비용을 지불하는 상품이다. 병원 치료, 법률 자문, 학원 수강, 이미용 서비스, 금융 거래, 부동산 거래, 여행/레저, 콘텐츠 이용 등이 무형재에 속한다.

간혹 유형재와 무형재의 구분이 혼란스럽기도 하다. 유형재라고 해도 서비스적인 요소가 있고, 무형재라도 유형적 요소를 담고 있기 때문이다. 유형재인 경우에도 제품 배송, 설치 등 서비스를 받는다. 반대로 병원에서 치료를 받거나 학원에서 수업을 들을 때 여러 시설을 사용하면서 유형적 요소를 포함한다. 따라서 유형재인가 무형재인가는 그 경계가 명확하지는 않다. 다만 물리적 형태가 핵심을 이룬다면 유형재로 보고, 서비스 요소의 비중이 크다면 무형재라고 보는 것이다.

소비재

소비자가 개인적 소비를 목적으로 구매하는 제품이다. 소비재에는 편의품, 선매품, 전문품이 있다.

- 편의품: 슈퍼에서 구매할 수 있는 제품으로서 비누, 과자, 즉석식품, 휴지 등이다. 가격이 저렴하고, 정보를 수집하는 데 노력을 많이 들이지 않으며, 자주 구매하는 제품이다.
- 선매품(Shopping product): 여러 상표의 품질, 가격, 디자인 등을 꼼꼼히 비교하여 구매하는 제품이다. 정보를 수집하고 브랜드를 비교하는 데 상당한 시간을 투자한다. 가구, 의류, 자동차, 가전제품 등이 여기에 속한다.
- 전문품: 특별한 매니아층이 있으며, 구매하는 데 각별한 정성과 노력을 기울인다. 희소성이 높은 제품(골동품, 미술품 등), 고가의 악기, 카메라, 희소성이 높은 자동차나 시계가 있다.

산업재

소비재의 구매자는 일반인(소비자)이다. 그러나 산업재의 구매자는 기업이다. 기업이 새로운 상품을 만들어 판매할 용도로 구매하는 제품이 산업재이다. 따라서 소비재와는 구매 목적이 다르다. 소비재는 소비자가 가정에서 사용하려고 구매하는 것이지만, 산업재는 기업에서 제품을 생산하려고 구매하는 것이다. 가령 신문사가 신문 제작을 위해 종이를 구매한다면 산업재이고, 소비자가 집에서 사용할 용도로 종이를 샀다면 소비재에 속한다.

서비스

병원, 법률, 학교, 항공사, 은행, 호텔, 금융, 우편, 연예/오락, 부동산, 카페, 박물관, 소방서, 우체국, 극장 등이 서비스 상품에 속한다. 유형재는 객관적 품질이 있지만, 서비스는 객관적 품질이 존재하지 않는다. 소비자의 주관적 경험이나 만족도에 따라 품질이 달라지기 때문이다. 따라서 서비스 상품은 소비자의 즐거운 경험, 만족도를 높이는 것이 무엇보다 중요하다. 전문가들은 스타벅스의 성공 비결에 대해 이렇게 말한다. "스타벅스는 고객에게 단순히 커피를 파는 것이 아니라 경험을 파는 공간이다. 혼자 와서도 편안한 휴식을 취할 수 있고, 과제를 하거나, 친구와 담소를 나누는 즐거움을 주는 공간이다."

경험이 주는 마케팅 효과가 큰 덕분에 최근에는 유형재 상품도 경험 마케팅을 전개한다. 구매 전 단계에서 소비자가 제품을 체험하면서 약하게나마 즐겁다는 느낌을 갖게 한다면 구매 결정을 쉽게 내릴 수 있게 될 것이다. 애플 매장을 방문한 사람이 제품을 사용해 보면서 만족스럽다면 그 자리에서 구매로 이어진다. TV 홈쇼핑에서 판매하는 안마 의자가 일주일간 무료 사용을 허락하는 것은 소비자의 즐거운 경험이 구매로 이어질 것이라고 기대하기 때문이다.

서비스의 특징을 정리하면 다음과 같다.

- 무형성(Intangibility): 서비스는 외형적 형태가 없어서, 구매 전에 보거나 만져보거나 느낄 수 없다. 따라서 구매 전에 서비스의 품질을 평가할 수 없다. 이런 특성 때문에 구매 결정을 내릴

때 불확실성이 높아서, 소비자의 위험 지각이 높다.

- 비분리성(Inseparability): 서비스 상품은 생산과 소비가 동시에 일어난다. 유형재는 생산된 후에 판매, 소비 과정이 발생하지만, 서비스는 판매된 후에 생산되고 소비된다. 생산과 구매가 동시에 일어나기 때문에 대량 생산이 어렵다.
- 변화성(Variability): 서비스 제공자가 누구인가에 따라서, 혹은 구매 시간과 장소, 서비스 방식에 따라 품질이 수시로 변한다. 같은 병원 내에서 진료를 받아도 의사에 따라 치료 방법과 만족도가 다르다. 이러한 변화성 때문에 소비자의 만족도가 한결같지는 않다.
- 소멸 가능성(Perishability): 서비스 상품은 구매 후 저장해 둘 수 없다. 유형재는 보관하여 재사용이 가능하지만, 서비스는 구매 후 보관이나 재사용이 불가능하다.

상품의 구성 차원

상품은 '핵심 제품', '실체 제품', '증폭 제품'의 세 가지 차원으로 구성된다.

[1] 핵심 제품

핵심 제품(Core product: Core benefit)이란 소비자에게 제공하는 핵심 효용(Benefit)을 의미한다. 핵심 효용이란 제품이 소비자에게 어떤 욕구를 충족시켜 주는가를 의미한다. 고급 향수의 핵심 효

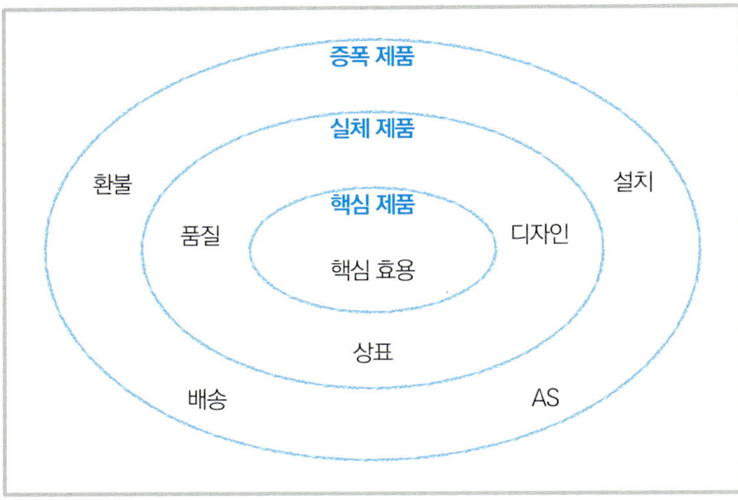

〈그림 4-1〉 상품의 3차원

용은 좋은 향기가 아니라, 아름다움, 성적인 매력, 개성미 등이다. 화장품도 비슷하다. 화장품을 사는 소비자는 얼굴에 바를 무엇이 필요해서가 아니라 아름다움이나 자신감을 구매하는 것이다. 고가의 몽블랑 만년필의 핵심 효용은 무엇인가? 혹은 값비싼 만년필을 구매하는 이유는 무엇인가? 필기할 도구가 없어서가 아닐 것이다. 값싸고 좋은 필기구가 책상에 산적해 있을 것이다. 몽블랑 만년필로 결재나 자필 사인을 하면서 자신의 지위와 성공을 한 번 더 느끼고 싶은 것이다.

고급 모피 코트의 핵심 효용은 무엇인가? 추위를 보호하기 위해 입는 옷이 아니다. 모피 코트 입은 사람이 추위에 떨거나 대중교통을 이용하는 경우는 극히 드물다. 모피 코트에는 주변의 부러운 시선, 부를 과시하고 싶은 욕구가 자리하고 있다. 커피 원두는 몇 백 원에 불과하지만, 스타벅스에서 기꺼이 5천 원을 주고 커피를 사는 것은 무엇 때문인가? 때론 집이나 사무실을 벗어나서 잠시 휴식을 취하거나 책을 보고 싶을 때 찾는 공간이기에 그만한 가치를 부여하는 것이다.

사람은 상품 자체를 원하는 것이 아니라, 상품을 통해 자신의 가치관과 꿈꾸는 라이프스타일을 완성하기를 바라는 것이다. 숙박 공유 사이트 에어비앤비(Airbnb)는 조금은 색다른 여행을 갈망하는 소비자의 욕구를 잘 파악하여 성공을 거두었다. '여행은 살아 보는 거야'라는 콘셉트로 마케팅을 진행하면서, '여행 = 호텔'을 연상하던 사람들 머릿속에 '여행 = 현지인의 집'이라는 새로운 콘셉트를 심어 주었고, 특별한 여행 경험을 제공할거라는 기대로 에어비앤비

〈표 4-1〉 유명 브랜드의 핵심 효용 사례

제품	브랜드	핵심 효용
시계	스와치(Swatch)	패션 액세서리
시계	롤렉스(Rolex)	보석
가전제품	소니(Sony)	오락거리
자동차	메르세데스 벤츠	사회적 지위/명성
식품	네슬레(Nestle)	영양
커피전문점	스타벅스	제 3의 공간
검색엔진	구글	세계 정보의 관리

출처: 한상만·하영원·장대련 (2018).

를 선택하게 되었다.

핵심 효용을 무엇으로 규정하는가에 따라 마케팅 전략은 달라진다. 맥주가 제공하는 핵심 효용이 운동 후 갈증 해소라면 스포츠음료를 경쟁사로 놓고 전략을 수립해야 한다. 만약 사람과 대화하기 위해 맥주를 마신다면 커피와 경쟁해야 할 수도 있다. 핵심 효용을 명확히 하지 않으면 상품 전략 및 마케팅 전략 전반이 흔들릴 수 있다.

[2] 실체 제품

핵심 효용이 설정되고 나면 핵심 효용을 가시적인 형태로 표출해 줄 실체 제품을 구상하게 된다. 실체 제품(Actual product: tangible attribute)이란 소비자가 상품을 평가할 때 체감적으로 느끼는 요소들이다. 상표, 품질, 특성(Features), 디자인, 포장 등이 실체 제품의 주요한 구성 요소이다. 화장품의 핵심 효용을 '아름다움'이라고 규정했다면, 아름다움을 최대한 표현할 수 있는 상표, 디자인, 제품 용기와 포장을 구성해야 할 것이다. 핵심 효용을 간과하고 화장품 단가를 낮추기 위해 값싼 플라스틱 용기를 선택했다면 소비자가 좋아할 것인가? 화장품 광고에서 하나같이 당대 최고의 미녀가 모델로 등장하는 것은 화장품의 핵심 효용이 '아름다움'이기 때문이다. 과거 한 화장품 회사에서는 타사의 화장품 광고와 차별화를 위해서 통상적인 미녀 모델 대신 개그우먼을 광고 모델로 기용했다가 크게 실패한 사례가 있었다. 화장품의 핵심 효용을 미처 고려하지 못했기 때문이다.

실체 제품은 다음과 같은 요소들로 구성된다.

상표

생수나 달걀도 상표를 확인하면서 구매하는 시대가 되었다. 상표(Brand)는 경쟁 제품과 차별성을 부각시키고, 상품의 가치를 높이는 역할을 한다. '에비앙'이란 상표를 떠올리면 다른 생수보다 미네랄 등 비타민 성분이 많은 물, 건강에 좋은 생수라는 연상 작용이 일어난다. 그만큼 상품의 가치가 크다고 판단해서 소비자의 선택을 받게 된다. 상표는 제품의 성능이나 효과가 무엇인지도 잘 표현해준다. '위청수'이라는 상표는 제품을 사용해 보지 않은 사람이라도 소화를 돕는 약임을 알 수 있게 해 준다.

사람이 이름을 통해 자신의 정체성을 드러내듯, 상표도 마찬가지이다. 상표는 제품의 이미지와 개성을 입히는 데 매우 중요하다. 나아가 상표명은 그 자체로 재무적, 경제적 가치도 크다. 특정한 상표명을 산다면 수백억 원 내지 수천억 원을 지불해야 하는 것이다. 따라서 기업 입장에서는 상품 전략 못지않게 상표 전략도 중요하다. 상표 전략은 뒷부분에서 상세히 다루었다.

품질

품질은 제품이 가진 성능이자 효과를 의미한다. 품질이 좋다는 것은 제품에 결함이 없고 성능이 뛰어난 것이다. 품질에서 유의해야 할 것은 생산자(기업) 관점에서 품질이 아무리 좋아도, 소비자 관점에서 품질이 나쁘다고 생각하면 그 제품의 품질은 나쁜 것이다. 마케팅에서 품질이란 객관적 품질이 아닌 소비자가 지각하는 '주관적 품질'이 중요하다. 만약 객관적 품질은 좋지만 소비자가 지각하는 품질이 나쁘다면, 소비자 불만의 원천이 무엇인지 파악하여 해소하도록 노력해야 한다. 이런 경우 품질이 우수하다는 인식을 심어줄 수 있는 광고를 집행할 필요가 있다. 주관적 품질이 강조되면서 최근에는 '고객 만족'을 품질의 정의로 삼는 추세이다.

외견상 품질을 확인하기 어려운 제품(예: 보석, 타이어, 와인 등)은 가격을 보면서 품질을 판단하는 '가격-품질 연관성'이 크다. 가격이 비싸면 품질이 좋은 것으로 생각하는 것이다. 한 연구에 따르면 사람들에게 똑같은 와인을 두 잔씩 나눠주고 맛을 평가하도록 했다. 같은 와인이지만, 하나는 매우 비싼 것이라고 하고, 다른 하나는 싼 것이라고 설명했다. 연구 결과 사람들은 매우 비싼 와인이 맛있다고 평가했다. 가격이 높으면 맛이 좋을 것이라는 기대를 뇌에 전달하고, 와인을 마셔보기도 전에 뇌에서 이미 좋은 와인이라고 결론을 낸 것이다(은종성, 2018).

디자인

기능성과 심미성을 두루 갖추어야 좋은 디자인이다. 제품의 외관이 아름다우면서도 제품을 다루기 쉽고 편리해야 한다. 전자 제품의 경우 사용설명서를 보지 않더라도 직관적으로 사용하기 쉽게 설계되었다면 디자인이 잘 된 것이다. 애플 휴대폰이 세계적으로 사랑받는 이유 중 하나는 단순하고 세련된 디자인 덕분이다.

포장

포장의 주요 기능은 제품을 보호하고, 제품을 저장하는 것이

실체 제품의 차별화 사례

롯데 칸타타: 용량과 용기의 변화

2007년 롯데칠성은 원두 캔커피 칸타타를 출시했다. 이전의 캔커피는 싸다는 이미지는 강했다. 칸타타는 원두커피라는 원료의 차별화를 시도했다. 뿐만 아니라 원료 한 가지만으로 차별화했을 경우 모방이 쉽고, 소비자의 준거 가격(소비자 인식상 기준이 되는 가격)을 바꾸기 어렵다고 판단하여 용기도 차별화했다. 기존 캔커피의 일자 기둥 모양이 아닌, 보다 풍성한 부피감을 주는 용기로 용량도 크게 늘렸다. 이후 시장 1위에 올랐다.

매일유업 '바나나는 원래 하얗다': 상표명과 제품 특성

이전의 바나나 우유는 빙그레의 바나나맛 우유가 시장을 독점한 상태였다. 후발 주자인 매일유업에서는 바나나는 노랗다는 고정관념을 깨고, 바나나 속이 하얗다는 사실을 상기시켜 주었다. 상표명도 제품 특성을 잘 드러내어 소비자의 관심을 끌었다.

스와치 시계: 디자인의 차별화

대표적인 시계 생산국인 스위스는 미국, 일본 기업의 저가 공세로 위기에 몰렸다. 미국의 티맥스(Timax)는 단순함과 저가격, 일본 시계는 정교한 디지털 시계를 선보였다. 스위스의 롤렉스, 피아제 등은 고가의 예물 시계 시장을 선점했다. 이러한 상황에서 스와치는 화려한 색상과 감각적인 디자인으로 제품 차별화에 성공했다.

반무프: 포장의 변신

네덜란드 자전거 제조 업체 반무프(VanMoof)는 300만 원 이상의 고가 자전거를 생산, 판매하는 회사이다. 2015년부터 해외 배송을 통해 미국에서 자전거를 판매하기 시작했는데 뜻하지 않은 곳에서 문제가 발생했다. 미국으로 배송되는 과정에서 자전거가 파손되는 사고가 빈번하게 발생하면서

실체 제품의 차별화 사례

고객의 불만은 물론 회사도 엄청난 손해를 보게 되었다. 배송 직원에게 아무리 조심해서 다룰 것을 요청해도 사고가 줄지 않았다. 이에 '미국인이 가장 사랑하는 물건 중에서 배송 직원이 가장 조심스럽게 다룰만한 물건이 뭘까?'라는 고민을 하게 되었고, 그 대답은 대형 화면의 평면 TV였다. 마침 자전거 배송 박스는 평면 TV를 포장하는 박스와 크기나 모양이 비슷해서, 상자에 큰 평면TV 이미지를 그려 넣게 되었다. 그 결과 배송 중 자전거가 망가지는 비율이 70~80%까지 떨어졌다 (이승윤, 2020).

다. 포장 상태가 멋지고 정성까지 가미되면 소비자가 인식하는 제품의 주관적 품질은 높아진다. 요즘과 같이 SNS로 사진의 공유가 많은 시대에는 특히 포장 상태가 구매자의 만족도 및 촬영 욕구에 큰 영향을 줄 것이다. 포장은 또한 '구매시점광고(POP: Point Of Purchase)'의 기능을 수행하기도 한다. 미국의 슈퍼에서 판매하는 상품의 개수는 수천 개에서 수만 개에 달한다. 매장을 방문하는 소비자는 구매의 절반 이상을 매장 내에서 충동적으로 상품을 결정한다. 이때 제품의 외관을 장식한 포장을 보고 구매를 즉석에서 결정하게 된다.

[3] 증폭 제품

실체 제품이 만족스러워도 서비스가 기대에 미치지 못하면 구매는 이뤄지지 않는다. 증폭 제품(Augmented product: added service)이란 제품 구매와 관련한 다양한 서비스 요소를 의미한다. 대표적으로 제품의 배송, 조립과 설치, 할부 구매, 보증, 수리, 교환/환불 등이 증폭 제품에 속하는 요소들이다. 서비스에 속하는 구성 요소가 만족스러우면 소비자는 좀 더 쉽게 구매 결정을 내릴 것이다. '소비자가 제품의 효용 가치를 어떻게 느끼는가?'에는 증폭 제품의 내용이 포함된다. 특히 일상 생활용품이 아닌 경우는 더욱 그렇다. 장기간 사

KLM 항공사의 고객 서비스 향상

대개의 항공사가 탑승 전 기내 좌석을 미리 지정할 수 있도록 하는 서비스를 제공하긴 하지만, 옆 좌석에 어떤 사람이 앉을지는 모른 채 좌석을 결정하게 된다. 장시간 비행기를 타야 하는 경우 옆 사람이 누구인가는 중요하고, 옆 사람에 따라 비행기 여행이 더 즐거울 수도, 혹은 불편할 수도 있을 것이다.

이런 점을 고려하여 네덜란드 항공사 KLM은 비행기 표를 예약한 승객이 좌석을 선택할 때 페이스북과 같은 SNS에 정보를 공개한 사람에 한해 '원하는 사람과 함께 앉으세요(Meet and seat)'라는 소셜 시팅(Social seating) 프로그램을 도입해서 옆자리 승객을 고를 수 있도록 했다. 예를 들어 KLM 비행기 예약 시 본인의 페이스북 프로필을 공개한다면, 같은 비행기를 타고 갈 사람들의 페이스북을 본 후 함께 앉아 가고 싶은 승객의 옆자리를 선택할 수 있게 했다. 자칫 지루할 수 있는 비행기 여행을 자신과 비슷한 사람과 함께 앉아서 시간을 보내며 이야기할 수 있도록 하여 많은 고객의 찬사를 얻었다(이승윤, 2016).

용하면서 고가의 제품, 예컨대 가전제품, 휴대폰, 자동차, 노트북과 같은 제품(고관여 제품)은 증폭 제품의 요소를 잘 따져보고 구매를 결정한다. 구매 후 서비스가 좋다고 판단하면 소비자는 다음에도 그 제품을 재구매하면서 충성스런 소비자로 남게 된다. 기업으로서는 증폭 제품 관리를 잘함으로써 브랜드 충성도를 높일 수 있다.

신제품 전략

기업의 신제품 출시는 선택이 아닌 필수 조건이다. 소비자의 취향은 계속 바뀌고 제품과 관련한 기술도 진화 발전하기 때문이다. 제때 신제품이 출시되지 않으면 경쟁사의 신제품에 의해 시장을 잠식당하게 될 것이다. 그렇다고 신제품 출시를 자주 하기도 어렵다. 신제품 개발에는 많은 시간과 비용이 소요되기 때문에 그만큼 위험이 따른다. 신제품에 대한 아이디어를 내는 것부터 시장에서 판매하게 되는 시점까지 복잡하고 많은 과정을 거쳐야 한다. 신제품의 약 90%가 시장에 출시된 지 1~2년 내 실패한다. 일반적으로 보면 신제품을 개발해서 실패할 위험이 훨씬 크지만, 시장 경쟁을 고려하면 포기할 수 없는 것이 신제품 개발이다.

[1] 신제품의 종류

새로운 상표를 달고 시장에 출시되면 모두 신제품에 해당된다. 다만 제품의 혁신성 정도에 따라 세 가지 유형으로 구분된다. 혁신적 신제품, 개선된 신제품, 모방 신제품이 그것이다.

'혁신적 신제품'은 기존 시장에서는 비슷한 제품을 찾을 수 없으며, 완전히 새로운 제품 형태를 선보이게 된다. 그만큼 시장에서 실패할 위험이 크고, 신제품을 개발하는 데 드는 비용과 시간, 기술도 막대하다. 그러나 일단 출시해서 소비자의 반응이 좋으면 시장을 손쉽게 선점할 수 있다. 아날로그 휴대폰 시장에서 스마트폰을 먼저 출시한 삼성전자는 오랫동안 LG전자의 추격을 허용하지 않았다.

'개선된 신제품'은 혁신적 신제품에 비하면 시간과 비용이 적게 든다. 그러면서도 기존 제품에 비해 제품 속성이나 기능, 효과 등이 월등히 개선된 제품을 의미한다. 기존 스마트폰에 펜 기능을 더해서 기능을 크게 향상시켰다면 개선된 신제품에 해당한다. 마지막으로 경쟁 제품과 거의 비슷한 제품을 출시했다면 '모방 신제품'에 해당한다. 신제품 중에서 모방 신제품이 가장 많다.

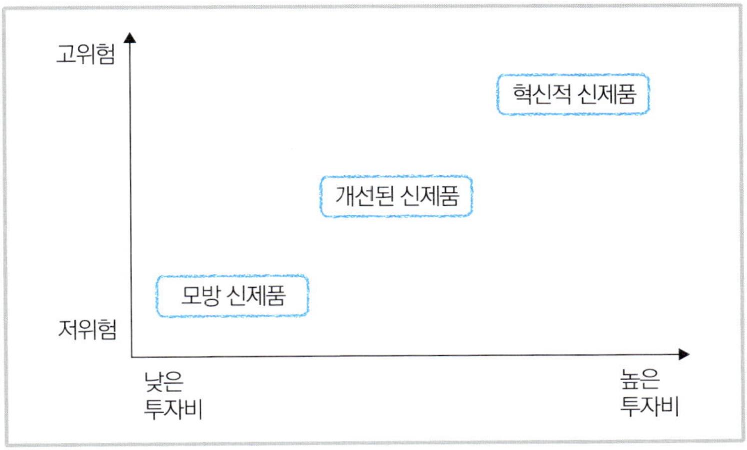

〈그림 4-2〉 신제품 유형

혁신적 신제품 사례

인공지능 로봇청소기

인공지능이 탑재된 로봇청소기가 출시되었다. 전원 버튼만 누르면 집 안 구석구석을 알아서 다니면서 청소를 해 준다. 납작한 모양이어서 소파 밑이나 침대 밑에도 쉽게 들어가 깔끔하게 먼지를 쓸어준다. 휴대폰에 앱을 깔게 되면 언제 어디서나 로봇청소기를 작동시키거나 예약을 걸 수 있다. 청소가 끝나면 청소 완료 메시지를 앱으로 전송해 준다.

로봇청소기에 인공지능 기능이 있어서 집안의 위치를 스스로 학습한다. 초기에 몇 번의 시도를 통해서 집안의 구조를 완전히 익힌다. 청소가 끝나면 스스로 원래 있던 거치대로 돌아간다. 청소 중이라도 배터리가 떨어지면 스스로 거치대로 돌아와서 충전을 한 후 다시 청소를 재개하기도 한다. 장애물이 있으면 돌아갔다가 다시 와서 청소를 시도한다. 작동 중 문제가 생겼을 때는 실시간으로 정보를 전송한다. 먼지가 많이 쌓이는 공간도 스스로 학습하여 청소를 여러 번 반복하기도 한다. 청소기를 끌고 다니면서 청소를 하던 것에 비하면 가사 혁명을 불러온 셈이다.

자율 주행차

자율 주행차는 운전자가 아닌 차가 스스로 도로 상황을 파악해서 목적지까지 찾아가는 자동차를 말한다. 운전자가 핸들과 페달, 브레이크를 조작하지 않아도, 차에 장착된 각종 센서가 주변 상황을 판단해 움직인다. 자율 주행차는 현재 0~5까지의 레벨로 분류되고 있다. 차간 거리 유지, 차선 이탈 경보, 후측방 경보 시스템 등 운전 보조 기능을 장착한 자동차는 레벨 2에 해당한다. 레벨 3부터는 운전의 주체가 사람이 아닌 시스템이 하게 된다. 고속도로에서 자율 주행이 가능한 수준이지만, 운전자가 반드시 탑승해서 필요한 경우 차량을 통제해야 하는 수준이다. 레벨 4는 고도의 자율 주행 단계로 운전자의 제어가 필요하지 않고, 자동차 스스로 운행이 되는 수준이다.

혁신적 신제품 사례

현대자동차는 2018년 평창올림픽 때 레벨 4에 해당하는 셔틀버스를 운행했다. 레벨 5부터는 아예 운전대가 사라지는 완전한 자율 주행차를 의미한다. 국내외 자동차 업계와 구글 등 인터넷 플랫폼 업체는 레벨 5에 해당하는 자율 주행차를 시험 운행하고 있어서, 자율 주행차의 상용화가 임박해 있다(이데일리, 2021, pp.148-149).

수소전기차

수소전기차는 '궁극의 친환경차'라고 불린다. 수소전기차는 수소차와 전기차의 특성을 합한 개념이다. 전기차는 화석 연료나 원자력 발전을 통한 전기를 이용하기 때문에 엄격한 의미에서 '친환경차'라고 보기는 어렵다. 반면 수소전기차는 전기차와 동일하게 배터리가 탑재되어 있지만, 수소를 태워 전기를 만들고, 배출가스 대신 수증기만 배출한다는 점에서 '친환경차'이다. 현대자동차의 넥쏘, 도요타 미라 등이 수소전기차이다.

수소전기차는 달리는 것만으로도 이산화탄소 감소 효과가 있어서 '도로 위의 공기청정기'라고 불리기도 한다. 수소전기차에 탑재된 공기 정화 시스템을 통과하면 초미세먼지는 99.9% 이상 제거된다. 전 세계적으로 배기가스에 대한 규제가 심해지고 있어서, 수소전기차는 미래 자동차의 대안으로 부상하고 있다(이데일리, 2021, pp.155-156).

[2] 신제품 수용 과정: 혁신 확산 모형

신제품을 수용하는 시기는 사람마다 차이가 있다. 이것을 설명하는 이론 내지 모델이 혁신 확산 모형(Diffusion of Innovation)이다. 사람들이 가진 혁신 성향에 따라 신제품 수용 시기를 설명하는 이론이다. 원래는 신기술의 수용 과정을 설명하는 모델로 출발했지만, 마케팅에서는 신제품의 수용 과정을 설명하는 모델로 많이 활용한다.

단, 소비자의 혁신성은 고정불변한 것은 아니다. 제품군, 제품 종류에 따라 혁신성향은 달라진다. 가령 자동차에 관심이 많은 사람이라면 자동차 제품에서는 혁신층이 될 가능성이 크지만, 이들이 다른 제품군에서는 혁신층이 아닐 가능성이 크다. 따라서 개인의 혁신성은 일반적 성향이기도 하지만, 제품군에 따라 차이가 있음을 주지해야 한다.

① 혁신층(Innovator): 신제품을 가장 먼저 수용해서 사용하는 사람들이다. 새로운 것에 관심이 많고, 경제적으로 풍족하다. 대개의 신제품, 특히 혁신적 신제품이 기술 개발에 많은 비용이 들어 갔기 때문에 매우 고가로 출시된다. 이런 제품을 구매하자면 경제적으로 여유가 있는 사람이다. 혁신층은 전체 인구의 2.5%에 불과하다. 기업이 이들만 대상으로 마케팅을 전개하기에는 규모가 작아서, 아래의 '조기 수용층'과 묶어서 표적시장으로 삼는 경우가 많다.

② 조기 수용층(Early adopter): 혁신층 다음으로 제품을 조기에 수용하는 집단이다. 전체 인구의 13.5%를 차지한다. 사회 경제적 수준이 높고, 학력이 높으며, 여론을 전파하는 의견지도자가 많다. 혁신적 신제품이 출시되는 경우 일차적인 표적시장이 된다.

③ 조기 다수층(Early majority): 전체 인구의 34%를 차지한다. 신

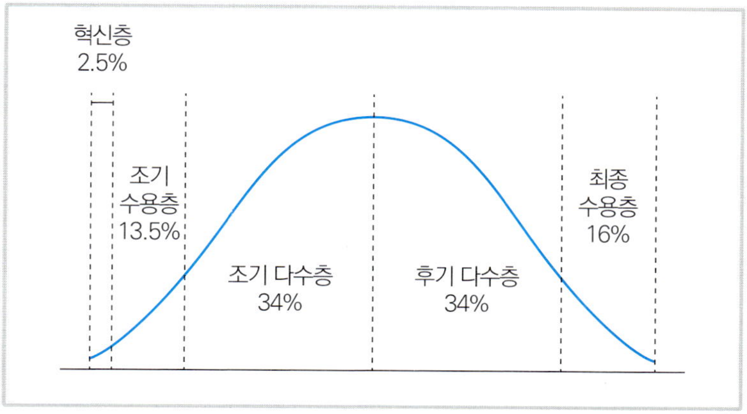

〈그림 4-3〉 혁신 확산 모형

제품이 이들에게까지 보급된다면 전체 인구의 절반이 사용한 셈이 된다.

④ 후기 다수층(Late majority): 전체 인구의 34%를 차지한다. 신상품을 가장 늦게 수용하는 집단이다.

⑤ 최종 수용층(Laggard): 마지막 시점에 제품을 사용하거나, 끝까지 제품 사용을 거부하는 사람들이다. 전체 인구의 16%를 차지한다.

제품 수명 주기

상품도 인간처럼 수명 주기가 있다. 인간의 수명 주기를 네 단계로 나누면, 세상에 태어나는 시기(출생), 매년 신체가 크게 성장하는 시기(성장), 성인이 되어서 성장이 멈춘 시기(성인), 노년이 되어 세상을 떠나는 시기(쇠퇴)이다. 상품도 인간의 생로병사와 비슷한 수명 주기를 갖고 있는데 이것을 '제품의 수명 주기(PLC: Product Life Cycle)'라고 부른다. 제품의 수명 주기도 네 단계로 구분하는데, 시장 도입기, 성장기, 성숙기, 쇠퇴기가 그것이다. 제품의 수명 주기에 따라서 제품 전략 및 마케팅 전략이 달라진다.

[1] 도입기

신제품이 시장에 출시되어 판매가 시작되는 단계이다. 이 시기에는 극소수의 사람만 신제품을 구매하기 때문에 매출이 미미한 수준으로 상승하고 이익은 마이너스이다. 판매량은 적으면서 신제품을 알리기 위한 촉진 비용, 유통 비용이 많이 들기 때문에 적자

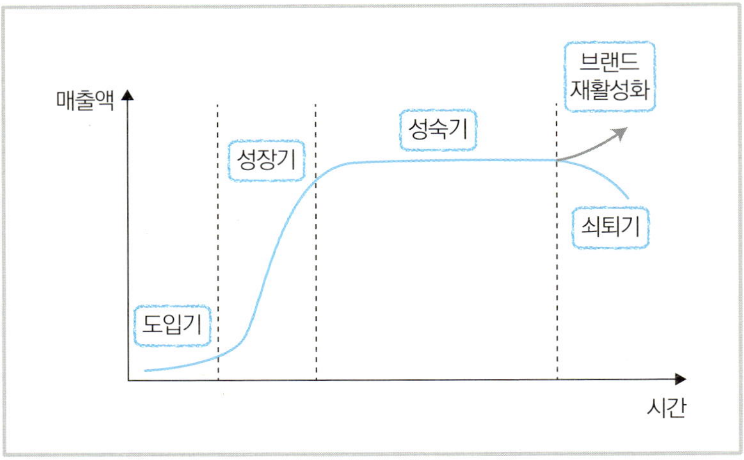

〈그림 4-4〉 제품의 수명 주기

를 감수해야 한다. 도입기에는 신제품의 수용에 적극적인 혁신자와 사회경제적 지위가 높은 조기 수용자를 대상으로 마케팅을 펼친다. 주로 신상품이 나왔음을 알리는 활동, 즉 브랜드 인지도를 높이는 광고 캠페인을 전개한다.

도입기에 대한 수명 주기 분석은 제품을 얼마나 큰 범주로 보는가에 따라 달라진다. 가령 '제품 범주(Product category)'를 기준으로 수명 주기를 분석하면 수명 주기에 큰 변화가 없다. 예컨대 자동차라는 큰 제품 범주를 적용하면 100년 이상 된 제품이지만 여전히 안정된 성숙기에 해당한다. 그러나 좀 더 세분화해서 '제품 유형(Product type)'으로 보면, 전기자동차나 수소자동차는 도입기에 해당한다. 마케팅 전략에서는 제품 범주보다는 특정 제품 유형으로 구분해서 분석하는 것이 현실적이고 유용하다.

[2] 성장기

시장 도입기에 해당하는 많은 신제품이 적자를 감내하지 못하게 시장에서 금방 사라진다. 그러나 일단 성장기에 들어서면 가파른 매출 성장 곡선을 타게 된다. 도입기에서 성장기로 진입하는 경계 지점을 '임계점(Critical mass)'이라고 부른다. 임계점(혹은 임계량)이란 바람직한 결과를 얻기 위한 최소한의 지점을 의미한다. 상품 판매가 본격적인 궤도에 오르기 위해서 반드시 넘어야 할 지점이다. 매출이 미미한 지점에서 급성장세로 전환하는 변곡점이 임계점에 해당한다.

청소년 시기에는 매년 신장이 쑥쑥 자라듯, 성장기에 들어선 제품은 두 자릿수의 성장률을 기록한다. 많은 신규 소비자가 제품 구매를 시작하면서 시장의 규모가 커지는 시기이다. 시장이 커가는 탓에 비슷한 모방 제품이 많이 출시된다. 따라서 시장에서 가장 많은 브랜드가 치열하게 경쟁하는 시기이다. 후발 경쟁사가 대거 시장에 들어오기 때문에 이 시기에는 제품의 품질을 개선하거나, 업그레이드 제품을 출시하게 된다. 따라서 성장기의 마케팅 전략은 제품 라인을 확충해서 경쟁력을 갖추는 것이 중요하다. 제품 라인을 최소화하는 도입기와는 대조적이다. 합성고무로 만든 신발을 생산해서 세계적 명성을 얻게 된 크록스(CROCS)는 초기에는 슬리퍼와 샌들 위주로 만들었으나, 시간이 흐르면서 구두, 운동화, 부츠 등 다양한 형태의 신발로 제품 라인을 확대했다. 성장기에는 제품 단위당 제조원가가 낮아지면서 이익률도 크게 증가한다. 이 시기 광고 캠페인은 경쟁 제품과 차별성을 강조하고, 자사 브랜드의 선호도를 높일 수 있도록 전략을 짜게 된다.

[3] 성숙기

가파른 성장세가 최고조에 달해서 더 이상의 매출이 늘어나지 않는 시기가 성숙기이다. 일반적으로는 성숙기 기간이 길지만, 일부 제품군은 성숙기가 매우 짧기도 하다. 유행에 민감한 상품, IT 관련 제품은 성숙기가 짧다.

성숙기에는 시장 경쟁을 거쳐 경쟁력이 약한 기업은 사라지고, 강력한 2~3개 기업이 시장을 지배한다. 성숙기는 대부분의 소비자가 제품을 사용하는 단계이기 때문에 신규 소비자가 거의 생기지 않는다. 이 시기에 매출을 늘리자면 경쟁사의 소비자를 뺏어 오거나, 우리 기업의 소비자를 계속 유지시키는 마케팅 전략을 구사하게 된다. 이 시기에는 타 브랜드 대비 부분적인 차별화가 중요하다. 유형적 차별화는 어렵기 때문에 무형적 차별화, 즉 서비스 차별화를 꾀하게 된다. 현대와 기아차가 미국시장에서 10년 무료보증 제도를 실시하는 것도 이러한 일환이다.

그밖에 마케팅 믹스(4P 전략)를 수정하기도 한다. 가격을 인하하거나, 다양한 판매 촉진, 성장하는 유통 경로가 있다면 추가 유통망 확보 등을 모색해 볼 수 있다. 이 시기에는 시장이 더 이상 성장하지 않고 대표 브랜드 2~3개가 시장을 과점한 상태하기 때문에 광고를 해도 신규 수요를 기대하기 어렵다. 따라서 쿠폰, 리베이트, 각종 할인, 판매 촉진, 이벤트 등의 판촉 활동이 적합하다. 특히 소비재의 경우 중간상(유통상)에 대한 촉진 활동으로 주목도 높은 진열대 확보가 효과적하다. 성숙기에는 매출 확대보다는 시장점유율을 방어하는 데 주력한다.

[4] 쇠퇴기

성숙기가 지나면 상품 판매가 점점 감소하는 쇠퇴기에 접어든다. 기술 발전, 소비자 취향의 변화, 경쟁사의 신제품 출시 등으로 인해 기존 제품으로는 더 이상 시장에서 살아남기 어렵게 된다. 이 시기에는 별도의 마케팅 활동을 전개하기보다는 재고를 정리하면서 시장에서 철수하게 된다. 경우에 따라서는 쇠퇴기 직전에 브랜드의 새로운 도약을 모색하고자 재활성화 전략을 구사하기도 한다.

〈표 4-2〉 제품 수명 주기별 특징

수명 주기	매출 추이	소비자	경쟁사
도입기	매우 낮음	혁신층/조기 수용층	없음
성장기	두 자릿수 고성장	조기 다수층	다수
성숙기	최고 정점, 성장 정체	후기 다수층	소수
쇠퇴기	매출 하락	후기 다수층 일부	수 감소

[5] 브랜드 재활성화

성숙기가 끝나 갈 무렵이면 매출이 하락 조짐을 보인다. 이때 기업은 남은 재고를 털어 내고 시장에서 철수할 것인지, 아니면 새로운 활로를 모색할 것인지를 고민하게 된다. 이때 후자로 마케팅 방향을 잡고 새로운 성장을 모색하기도 하는데, 이를 '브랜드 재활성화(Brand revitalization)'라고 부른다. 성숙기와 쇠퇴기 사이 단계에 해당한다.

브랜드 재활성화 방법으로는 제품을 수정하는 방법과 시장을 수정하는 방법이 있다. 제품을 수정하는 방법에는 품질 개선, 제품의 특장점 추가, 스타일 변경, 새로운 제품 용도를 개발하여 기존 고객의 구매량이나 구매 빈도를 높이는 것이다. 가그린은 양치질 대용 제품으로 광고를 하다가, 재활성화를 위해 양치 후, 잠자기 전, 데이트 전에 사용하라는 식으로 광고를 수정했다. 다양한 제품 용도를 제시하여 사용 빈도를 높이고자 한 셈이다.

시장을 수정하는 방법으로는 표적시장을 확대하는 것이 일반적이다. 제품을 수정하는 것에 비해 다소 어려운 방법이다. 동일 제품을 가지고 시장을 수정하는 것이 현실적으로 쉽지 않기 때문이다. 성인시장을 대상으로 판매하던 기업이 청소년시장으로 시장을 확대했다면 시장을 수정한 것에 해당한다. 보다 많은 사람이 제품을 사용하도록 유도함으로써 재활성화를 모색하는 방법이다. 존슨앤존슨은 유아용 샴푸시장을 대상으로 했다가 매출이 정체되면서 성인시장으로 확대했다. 바셀린은 초기에는 기업을 고객으로 공업용을 판매했으나 나중에는 일반 소비자를 대상으로 소비재를 만들어 판매했다. 이는 제품과 시장을 모두 수정한 사례이다.

브랜드 재활성화 사례

브랜드 재활성화를 시도하여 성공한 사례 몇 가지를 소개한다.

제품 개선: 마시는 홍초

조미 식초가 성숙기 시장에 직면하자 석류, 감, 자색 고구마 등을 원료로 한 식초 음료가 출시되었다. 기존 식초의 효능은 유지하면서 식초의 자극적 맛을 없애고 대신 꿀 등을 첨가하여 새콤달콤한 맛을 냈다.

새로운 용도 개발: 베이킹 파우더

베이킹 파우더는 시장 쇠퇴기에 진입할 무렵, 베이킹 파우더가 냉장고 탈취제와 싱크대 청소용으로 사용될 수 있음을 광고했다. 1년여의 광고 캠페인으로 베이킹 파우더를 탈취제로 사용하는 인구는 1%대에서 50%를 초과하게 되었다.

브랜드 재활성화 사례

사용량, 빈도 증가: 우루사

간장약으로 출발한 우루사는 이후 피로회복제로 용도를 바꾸면서 매출이 오히려 떨어졌다. 다시 예전의 간장약으로 포지셔닝을 수정하기로 하고, 사용량 확대를 위한 재활성화 전략을 구사했다. 간 치료제에서 간 관리제로 변경하여 광고를 집행하면서 일상적으로 장기 복용하는 사람이 급증했다.

디자인 개선: 코란도C

쌍용차의 코란도는 1985년에 출시된 국내 최장수 자동차 브랜드에 속한다. 그러나 쌍용차의 전반적 하락세로 소비자의 외면을 받던 상황에서 2011년 새롭게 코란도C를 출시했다. 기존의 코란도 이미지가 남성적이라면, 코란도C는 좀 더 여성적이고 귀엽고 세련된 디자인을 갖추었다. 디자인을 대폭 개선하고 다양한 색상으로 소비자 욕구에 부응하면서 매출이 급등했다.

포지셔닝의 수정(리포지셔닝): 푸마

푸마(PUMA)는 브랜드 리포지셔닝을 통해 브랜드를 재활성화해서 재기에 성공했다. 애초 푸마는 남성 고객을 대상으로 한 아웃도어 스포츠 전문 브랜드로 포지셔닝했다. 유명한 축구스타들이 푸마 운동화를 신어서 축구 전문 운동화라는 이미지가 강했다. 시간이 흐르면서 브랜드가 노후화되었고 매출도 급락했다. 이후 푸마는 나이키나 아디다스와 같이 가서는 기회가 없다고 판단하여, 패셔너블하고 감각적인 이미지로 변신했다. 이를 위해 젊은 여성 고객을 타깃으로 변경하고, 타깃이 많이 몰리는 쇼핑몰 중심으로 유통망도 바꾸었고, 유명 패션디자이너와 제휴하면서 혁신적인 디자인을 개발하는 등 다각적인 변신을 시도하였다.

〈표 4-3〉 제품 수명 주기와 마케팅 전략

<table>
<tr><th colspan="2">항목</th><th>도입기</th><th>성장기</th><th>성숙기</th><th>쇠퇴기</th></tr>
<tr><td colspan="2">매출성 장률</td><td>서서히 증가</td><td>가파른 성장</td><td>최대치에 이르러 유지됨</td><td>감소</td></tr>
<tr><td colspan="2">표적고객</td><td>혁신층 & 조기 수용층</td><td>조기 다수층</td><td>후기 다수층</td><td>거부층</td></tr>
<tr><td colspan="2">경쟁</td><td>거의 없음</td><td>경쟁사 많음</td><td>소수의 경쟁사</td><td>경쟁사가 시장에서 철수함</td></tr>
<tr><td colspan="2">마케팅 목표</td><td>제품의 인지도 제고 및 시험 사용</td><td>시장점유율 확대</td><td>시장점유율 유지</td><td>비용 절감</td></tr>
<tr><td rowspan="4">마케팅 전략</td><td>제품</td><td>기본형 제품</td><td>모델 확대</td><td>복수 상표 전략</td><td>취약 제품 폐기</td></tr>
<tr><td>가격</td><td>고가격</td><td>가격 우지</td><td>가격 인하</td><td>대폭 할인</td></tr>
<tr><td>판촉</td><td>시험 사용을 위한 강력한 판촉</td><td>수요 급증에 따른 판촉 불필요</td><td>상표 전환을 위한 판촉 증가</td><td>재고 소진을 위한 판촉</td></tr>
<tr><td>광고 전략</td><td>브랜드 인지도 제고</td><td>브랜드 이미지와 선호도 제고</td><td>브랜드 충성도</td><td>광고 불필요</td></tr>
</table>

출처: Kotler, 2003.

제품 믹스

기업이 하나의 제품(혹은 브랜드)만 생산하는 경우는 드물다. 가령 치약을 전문으로 생산한다면 여러 치약 브랜드를 가진다. 치약을 생산하는 기업은 칫솔이나 구강 청결제(가그린 등) 등 치약 관련한 제품도 함께 생산하는 경우가 많다. 이와 같이 여러 제품을 함께 취급하는 것을 '제품 믹스'라고 한다. 제품 믹스는 관련성 있는 제품 종류들로 연결되는 경우가 많다. 칫솔, 치약, 구강 제품은 양치질이라는 구매 용도가 같은 제품들이다.

제품 믹스는 '제품 구색'을 어떻게 갖추는가와 관련한 마케팅 전략이다. 제품 구색은 '제품 계열(Product line)'과 '품목(Items)'을 합한 의미이다. 제품 계열이란 기업이 생산하는 서로 다른 제품군의 수이다. 어떤 기업이 세안용 비누, 세탁비누, 샴푸, 린스, 치약류를 생산한다면 5개의 제품 계열을 가진 것이다. 제품 계열은 표적소비자, 용도, 유통 경로 면에서 관련성이 큰 제품들로 구성된다. 가령 장난감, 크레파스, 아동 서적은 표적소비자가 동일하다. 그릇, 프라이팬, 주방 세재는 주방에서 사용하는 것들로 용도가 같다. 프린트와 토너는 동일한 유통 경로를 가지고 있다. 다양한 제품군을 보유할수록 '제품 계열의 폭'이 넓다고 말한다.

품목은 하나의 제품군 내에서 생산하는 브랜드 개수를 뜻한다. 세안용 비누라고 할 때 오이 비누, 알로에 비누, 죽염 비누를 생산한다면 3개의 품목을 가진 것이다. P&G는 10개 이상의 세제를 생산하고 있으며, 비누는 7가지, 샴푸 6가지, 식기 세재 4가지, 치약 4가지, 화장실용 휴지 4가지의 브랜드를 갖고 있다.

다양한 제품 믹스를 추구하는 이유는 크게 두 가지이다. 하나는 소비자의 욕구가 다르다는 점이다. 소비자가 세재를 구입할 때는 가격이 저렴한 세재, 표백이 잘 되는 세재, 냄새가 좋은 세재, 유아용 세재 등 소비자가 원하는 세재가 다르기 때문이다. 두 번째 이유

〈표 4-4〉 LG생활건강의 제품 계열과 품목

제품 계열	브랜드	품목 수
화장품	후, 오휘 이자녹스 등	20여 개
헤어 용품	엘라스틴, 실크테라피 등	6개
스킨케어	온더바디, 드봉 등	3개
구강 용품	페리오, 죽염치약 등	3개
세탁 용품	샤프란, 테크 등	8개
주거용 세재	홈스타, 퐁퐁 등	4개
아기 용품	베비언스 등	5개
방향제	AURA	1개

출처: LG생활건강 홈페이지.

는 많은 제품 계열과 품목을 가지게 되면 유통점(예: 대형마트)의 전시 공간을 넓게 확보함으로써 소비자의 눈에 띄기 좋다는 점이다. 유통점의 좋은 자리를 선점하고자 전략적으로 제품 믹스를 넓고 깊게 한다.

기업이 얼마나 많은 제품 계열을 보유할 것인가, 하나의 계열 속에 어느 정도의 품목을 보유할 것인가는 신중하게 결정해야 한다. 기업은 시간이 지날수록 제품 계열과 품목을 확장하는 추세이다. 확장에는 '상향적 확장'과 '하향적 확장'이 있다. '상향적 확장'이란 저가 제품을 생산하다가 고가 제품을 출시하는 것을 의미한다. 예를 들면 5만 원짜리 청바지를 생산하다가 50만 원짜리 고급 청바지 브랜드를 출시한 경우이다. '하향적 확장'은 초기엔 고가 제품을 생산하다가 후기엔 저가 제품으로 넓히는 것이다.

마케팅 측면에서 어떤 확장이 더 유리한가? 일반적으로는 하향적 확장이 쉽고 유리하다. 기존에 쌓은 고급 제품의 이미지와 신뢰도가 저가 제품에도 쉽게 이어질 수 있다. 상향적 확장은 상대적으로 마케팅 비용과 노력이 많이 필요하다. 기존에 형성된 대중적 이미지가 굳어져 있는 경우 새롭게 프리미엄 이미지를 형성하기가 어렵기 때문이다.

2. 상표 전략

상표란 제품의 제조업자를 식별하는 명칭이나 로고를 의미한다. 동일한 제품이라도 상표가 없으면 제품에 대한 신뢰와 가치를 상실하게 되어 제값을 받기 어렵다. 상표 전략은 상표명을 짓는 데서 출발한다. 좋은 상표명은 어떤 것인가? 상표명만 봐도 제품의 특징이 무엇인지 알 수 있도록 하는 것, 발음하고 쉽고 기억하기 쉬운 것, 경쟁사와 차별성이 크면서 독특한 이름이라면 더 좋을 것이다.

제품을 판매하는 유통점(백화점, 대형마트, 편의점 등)에서 자체 상표를 붙여서 파는 상품을 '판매업자 상표(PB: Private Brand)'라고 부른다. 미국의 슈퍼마켓에서 판매하는 상품의 약 40%가 판매업자 상표이다. '노네임 브랜드'라고도 하는데 이마트는 이와 비슷하게 '노 브랜드'라는 이름을 붙여서 사용한다. PB상품은 식품, 칫솔, 휴지 등 일상 생활용품부터 TV, 노트북PC 등 가전제품에 이르기까지 다양하다. 이마트의 PB 상품 개수는 2만 개가 넘는다. PB 상품은 유통 업체가 외부 제조 업체에 위탁하여 OEM 방식(주문자 상표에 의한 제품 생산)으로 생산된다. 별도의 유통 단계가 필요하지 않기 때문에 제조업자 상표보다 가격이 30% 이상 저렴한 것이 특징이다.

상표 전략의 유형

기업은 신상품을 출시할 때 기업 상표, 제품 상표, 혼합 상표(기업+제품) 중 어떤 상표를 달 것인가를 고민하게 된다. 상표 전략에는 다음과 같은 세 가지 유형이 있다(안광호·하영원·박흥수, 2001).

[1] 개별 상표 전략

생산된 제품에 각각 다른 상표명을 부착한다. P&G는 10여 가지 세제를 생산하는데 모두 다른 상표를 달았다. LG생활건강도 개별 상표명을 사용하여, 세탁 세재로 슈퍼타이, 하모니, 한스푼을 출시했다. 개별 상표 전략의 장점은 하나의 상표가 시장에서 실패해도 다른 상표에 영향을 주지 않는다는 점이다. 그렇지만 브랜드마다 광고를 따로 해야 하기 때문에 마케팅 비용이 많이 든다는 점은 약점이 된다. 동일 제품군(예: 세탁세재) 내에서 신제품을 출시할 때마다 새로운 상표를 부착하는 것을 '복수 상표 전략(Multibrand)'이라고 한다.

[2] 공동 상표(기업 상표) 전략

공동 상표 전략은 기업이 생산하는 모든 제품에 오직 하나의 브랜드만을 부착하는 방식이다. 이때 사용하는 브랜드는 주로 '기업명'이다. 오뚜기 식품은 오뚜기 카레, 오뚜기 마요, 오뚜기 케찹 등 기업 상표만을 사용한다. 필립스, 소니, IBM, GE 등 해외 가전 회사나 하인즈(Heinz), 3M도 공동 상표 전략을 추구한다. 해외 유명 가전 회사들은 대부분 기업명과 모델 번호만 붙일 뿐 TV, 냉장고, 세탁기에 독립적인 브랜드를 달지 않는다. 공동 상표 전략은 기업의 인지도와 이미지가 좋을 때 사용하면 효과적이다. 기업의 신뢰와 명성이 그대로 개별 제품에 이어지기 때문이다. 즉 기업의 후광 효과가 크다고 판단할 때 공동 상표 전략을 취하게 된다. 신제품이 출시된다고 해도 별도의 브랜드를 달지 않기 때문에 신제품에 투입되는 막대한 판촉 비용을 절감할 수 있다는 장점을 가진다. 반면 개별 상표 전략에 비해 가지는 단점도 있다. 하나의 상품이 시장에서 반응이 좋지 않거나, 기업 이미지가 나빠졌을 때 미치는 부정적 파급 효과가 훨씬 크다. 아우디의 한 모델에서 배기가스 문제로 여론이 나빠지면, 아우디의 전 차량이 매출에 타격을 받게 된다. 또한 동일 제품군 내에서 신제품이 출시되면 개별 상표 전략에 비해 기존 제품의 매출이 훨씬 더 크게 줄어들 것이다. 이것을 시장의 자기 잠식 작용이라고 부른다.

[3] 혼합 상표 전략

개별 상표와 공동 상표를 혼합하여 사용하는 전략이다. 농심의 경우 농심 신라면, 농심 안성탕면, 농심 너구리 등을 출시하고 있다. 현대 쏘나타, 현대 아반테, 현대 그랜저도 혼합 상표 전략에 해당한다. 혼합 상표 전략은 개별 제품의 특성을 표현하면서도 소비자 인지도가 높은 기업명을 부각시켜서 시너지 효과를 거두고자 할 때 사용한다. 그러나 혼합 상표 전략은 자칫 공동 상표(기업명)와 개별 상표를 모두 소비자 마음속에 심어두기 어려울 수 있다. 만약 소비자가 공동 상표나 개별 상표 중 하나만 기억하거나, 둘 다 기억하지 못하는 경우 혼합 상표 전략이 효과를 거뒀다고 보기 어려울 것이다.

따라서 기업이 처한 상황을 판단하여 적절한 상표 전략을 취

복수 상표 전략의 위험성: 자기 잠식 작용

자기 잠식 작용이란 동일 제품군 내에서 새로운 상표를 출시하게 되면서, 신상품이 기존 상표의 시장을 빼앗는 현상을 의미한다. 자신의 시장이 잠식된다는 의미이다. 기업이 새로운 상표를 도입하는 목표는 경쟁 상표의 시장을 잠식하거나, 신규 소비자를 끌어와서 시장점유율을 높이기 위함이다. 그런데 거꾸로 자신의 시장을 잠식한다면 총매출은 늘어나지 않을 것이며, 신상표를 출시한 의미도 사라진다.

예를 들어 '소금치약'을 판매하다가 '잇몸치약'이라는 새로운 브랜드를 출시한다고 가정할 때, 경쟁사의 소비자가 넘어와서 잇몸치약을 구매한 것이 아니라, 기존의 소금치약 구매자가 신제품으로 이동한 것이라면 자기 잠식 작용에 해당한다.

코카콜라는 1982년 다이어트 코크를 출시했다. 다이어트 코크는 소비자 사이에 큰 인기를 끌면서 기록적인 판매량을 갱신했다. 그러나 상황을 자세히 살펴보니 1982년 기존 제품인 코카콜라의 시장점유율은 23.9%였으나, 2년 후에는 21.7%로 줄었다. 다이어트 코크의 매출이 오른 만큼 코카콜라의 매출이 감소했던 것이다. 자기 잠식 작용이 일어났기 때문이다(김은영, 1996.5).

그렇다면 자기 잠식 작용을 최소화하기 위해서는 어떻게 해야 하는가? 경쟁사의 브랜드와는 가능한 비슷하게 하면서 자사 브랜드와는 차별성을 강화해야 한다. 경쟁사의 고객을 뺏어오기 위해서는 경쟁사 브랜드와는 공통성을 키우고, 자사의 기존 제품과는 차별성을 강화해야 한다.

해야 할 것이다. 만약 소비자 인지도가 낮은 중소기업이라면 혼합 상표보다는 개별 상표가 유리하다. 가령 삼성전자나 LG전자에서 김치냉장고를 출시할 때는 혼합 상표를 달고 판매되지만, 대유위니아에서 생산한 딤채 김치냉장고는 굳이 대유위니아라는 제조사를 명시하기보다는 '딤채'라는 개별 상표만 사용하는 것도 이같은 맥락에서 이해할 수 있다. 참고로 혼합 상표 전략을 사용하는 경우에도 신제품을 출시할 때 새로운 개별 상표를 부착한다면 복수 상표 전략에 해당한다. 즉 복수 상표 전략은 개별 상표 전략과 혼합 상표 전략에 두루 적용된다.

상표 자산

상표 자산(Brand equity)이란 상표가 가지는 힘과 가치이다. 어떤 제품이 상표를 가짐으로써 발생하는 여러 가지 마케팅 효과이기도 하다. 만약 어떤 브랜드가 인기를 끌면서 나타나는 시장 효과, 예컨대 기업의 이미지가 좋아지거나, 매출이 상승하거나, 기업의 주가가 오르거나, 브랜드에 충성스러운 소비자가 늘어났다면 이것이 상표 자산의 효과이다. 상표 자산의 효과가 다각적이고 광범위한 만큼 모든 기업은 상표의 자산적 가치를 키우는 것이 궁극적인 마케팅 목표가 되기도 한다. '호랑이는 죽어서 가죽을 남기고, 기업은 죽어서 브랜드를 남긴다'는 말도 이런 맥락에서 생긴 것이다.

영국브랜드파이낸스에서 발표한 자료에 따르면, 2021년 세계에서 상표 자산이 가장 높은 것은 애플로, 2634억$로 전년 대비 87%나 성장했다. 2위는 아마존(2542억$), 3위는 구글(1912억$), 4위

〈표 4-4〉 2021년 세계 10대 브랜드 가치

순위	기업명	브랜드 가치 (단위: 억$)	전년 대비 (%)
1	애플	2634	87.4
2	아마존	2542	15.1
3	구글	1912	1.4
4	마이크로소프트	1404	20.0
5	삼성	1026	8.6
6	월마트	932	20.2
7	페이스북	815	2.1
8	중국공상은행	728	-9.9
9	버라이즌	689	8.2
10	위챗	679	25.4

출처: 영국브랜드파이낸스, news1, 2021-01-27.

는 마이크로소프트(1404억$), 5위는 삼성(1026억$)이다. 기업이 막대한 비용을 들이면서 광고와 PR을 하는 궁극적 이유도 기업의 브랜드 가치를 키우기 위함이다.

상표 자산은 여러 가지 요소를 포함한 복합적 개념이다. 상표 자산을 형성하기 위해서는 여러 가지 노력과 요건이 합쳐져야 한다. 상표 자산을 구성하는 요소로 다음과 같은 것을 꼽을 수 있다.

[1] 브랜드 인지도

브랜드 인지란 하나의 제품 범주 내에서 특정 브랜드를 재인하거나 기억할 수 있는 능력을 의미한다. '재인(Recognition)'은 '회상(Recall, Remembrance)'보다 강도가 약한 인지 단계이다. 한 제품군에 속하는 브랜드명을 알려준 후, 그 브랜드를 보거나 들은 적이 있다고 하면 재인이라고 한다. 브랜드에 대한 단서를 주고 인지 여부를 알아보는 것이다. 반면 '회상'은 브랜드에 대한 어떤 단서나 정보 없이도 특정 브랜드를 소비자 스스로 기억해 내는 단계이다. 회상 중 가장 높은 단계의 인지 효과는 TOM(Top Of Mind)이다. TOM은 가장 강력한 브랜드 인지도에 해당한다. TOM을 '브랜드 최초 상기도'라고 부르기도 한다. 소비자가 특정 제품군에서 가장 먼저 머릿속에 떠오르는 상표를 의미한다. 가령 라면 중에서 가장 먼저 생각나는 브랜드가 뭐냐고 물었을 때 가장 먼저 대답하는 브랜드가 TOM이다. TOM이 과거보다 증가했다면 앞으로 시장에서 매출이 늘어날 것이라고 예상할 수 있다. 말하자면 TOM은 시장점유율을 예측하는 선행지표로 활용되기도 한다.

브랜드 인지도가 높으면 어떤 이점이 있는가? 소비자는 어떤 제품을 구매할지 결정할 때 대략 3~5개의 브랜드를 고려 대상에 포함시킨다. 이때 브랜드 인지도가 높은 것이 우선적으로 구매 고려 상표군에 포함된다. 구매 고려 상표군에 들지 못하면 구매 가능성이 희박해진다. 브랜드 인지도는 브랜드 구매를 위해서는 필수 선행조건이 된다. 브랜드 인지도가 높을수록 상표에 대한 선호도도 높아질 가능성이 크다. 광고 캠페인을 전개한 후 광고 효과를 측정하는 기준도 브랜드 인지도의 상승 폭이 얼마나 되는가이다. 브랜드 인지도를 높이지 못한 캠페인은 무용지물이다.

[2] 브랜드 이미지

기술 발달이 빨라지고 기업 간 경쟁이 심해지면서 제품의 차별화는 갈수록 어렵게 된다. 이제 브랜드는 제품이나 서비스의 경쟁력보다는 브랜드 자체의 이미지를 형성해야 한다. 같은 제품이라도 더 친근하고 독특하고 매력적으로 느껴지는 브랜드가 선택받게 된다. 이런 점에서 우호적인 브랜드 이미지를 구축하기 위한 작업의 일환으로 브랜드 연상, 브랜드 개성이 과거보다 훨씬 중요해졌다. 브랜드 연상이나 브랜드 개성은 브랜드에 특별한 감성을 심어 주는 작업이다.

브랜드 연상

특정 브랜드를 머릿속에 떠올렸을 때 브랜드와 관련해서 무엇이든 생각나는 것이 있다면 그것이 브랜드 연상이다. 가령 '포카리스웨트'라는 브랜드를 주었을 때 파란 색, 파란 지붕, 하늘, 예쁜 모델, 청순함, 순수한, 기능성 음료 등의 단어가 연상되었다면 이것이 포카리스웨트의 브랜드 연상이다. 브랜드 연상 작용이 활발할수록 브랜드의 정체성이 뚜렷하다고 볼 수 있다. 브랜드 연상은 브랜드 이미지와도 직결된다. 브랜드 연상이 결합하여 브랜드에 대한 전체적 인상이 형성된다.

바람직한 연상이 갖춰지기 위해서는 (1) 호의적이고, (2) 강력하고, (3) 독특한 연상이면 좋다. 부정적 연상 단서보다는 긍정적 연상일 때 좋은 이미지가 형성될 것이다. 강력하다는 것은 어떤 브랜드를 제시했을 때 약간의 망설임도 없이 즉각적으로 떠오르는 것이

파타고니아의 브랜드 연상

파타고니아라는 브랜드를 떠올리면 '아웃도어 의류', '친환경', '옷을 사지 말라는 독특한 광고'를 떠올리게 된다. 파타고니아는 환경 보호를 위해서 새 옷을 사지 말고 헌 옷을 입으라는 광고 캠페인을 오랫동안 해 왔다. 또한 매출의 일정 금액을 환경 보호를 위해 사용하면서 말과 행동이 일치하는 모습을 보이면서, 사람들은 기업의 진심을 믿게 되었다.

2009년 금융 위기 이후 미국의 월가에서는 캐주얼 복장이 유행했다. 정장을 하지 않는 금요일에는 금융 회사의 간부나 사원 할 것 없이 누구나 파타고니아 조끼를 입고 돌아다니는 모습을 시내 곳곳에서 볼 수 있었다. 어느덧 이 조끼는 금융인의 상징이자 자부심이 되어 갔다. 그러나 파타고니아 입장에서는 이런 모습이 거북하기만 했다. 금융 회사들은 돈 불리기가 존재의 이유인데, 파타고니아의 브랜드 이미지와는 모순되기 때문이다. 상황을 심각하게 여긴 파타고니아는 금융 회사는 물론 식품 업체, 정치단체 등 환경에 피해를 주는 기업에게는 조끼를 팔지 않겠다고 선언했다. 매출보다는 브랜드 가치(이미지)를 선택한 것이다(한정수, 2019).

출처: 파타고니아 홈페이지.

있어야 한다는 의미이다. 연상은 소비자의 기억 속에 그물처럼 연결되어 있어서, 하나의 연상이 활성화되면 다른 연상이 연속적으로 떠오른다. 경쟁 브랜드와 차별성이 큰 단서일 때 독특한 연상이 된다. 제품의 속성(성분, 성능, 디자인, 용도 등)과 관련한 연상은 비슷한 제품을 만드는 경쟁사가 쉽게 모방할 수 있다. 따라서 제품 속성에 기초한 연상보다는 감성적, 심리적 연상이 경쟁사와 차별성이 크다.

브랜드 개성

어떤 브랜드를 떠올리면 연상되는 이미지의 한 유형이 '브랜드 개성(Brand personality)'이다. 브랜드 개성이란 브랜드를 하나의 인격체라고 가정했을 때, 그 브랜드의 인간적 특성으로서, 성품, 성별, 연령, 사회계층과 관련한 특징을 의미한다. 남성적인, 여성적인, 성실한, 신사적인, 부유한, 아름다운, 귀여운, 건강한, 섹시한, 지적인, 단아한 등의 형용사를 연상시키는 브랜드가 있다면 그것이 브랜드 개성이다. 말보로 담배와 버지니아 슬림은 전혀 다른 브랜드 개성을 가지고 있다. 말보로는 남성적 이미지를, 버지니아 슬림은 여성적 이미지를 갖는다. 대한항공이 남성적이라면, 아시아나 항공은 여성스럽다.

브랜드 개성을 표현하는 수단은 인적 요소와 비인적 요소로 구분된다. 인적 요소로는 기업의 CEO, 고객, 캐릭터, 광고 모델 등이 있다. 애플 하면 고인이 된 스티브 잡스를, 현대자동차 하면 고 정주영 회장을 떠올리듯이 CEO는 브랜드의 개성을 표현한다. CEO의 리더십이 강력할수록 브랜드에 강한 개성을 부여할 수 있

브랜드 개성 사례

브랜드 개성을 구현하는 구체적 방법으로는 제품(속성, 디자인 등)에 브랜드 개성을 입히는 것과 광고를 통한 방법으로 구분하기도 한다. 일반적으로는 광고를 통해 브랜드 개성을 심는 것이 수월하고 효과적이다.

제품을 통한 브랜드 개성 사례: 놋토 시계

일본의 시계 브랜드 '놋토(Knot)'는 제품 속에 '합리적이며 패션 감각이 좋은 사람'이란 개성을 심었다. 이 세계는 특이하게 완제품을 팔지 않고, 시계 본체, 줄, 버클을 모두 따로 판매한다. 가격은 10만 원대로 합리적 수준이다. 고객은 자신의 취향대로 본체와 줄, 버클을 조합하여 구매하게 된다. 이를 통해 자신의 취향과 패션 감각이 뚜렷한 브랜드 이미지를 형성하는 데 성공했다(인터비즈, 2019-02-26).

광고를 통한 브랜드 개성 사례: 청정원 광고

청정원은 '요리를 좋아하는 건강하고 깨끗한 여성' 이미지를 추구한다. 2014년에 방송된 '건강한 프러포즈' 광고에서 배우 장동건은 "정원아, 나랑 결혼해 주겠니?"라는 메시지를 던진다. 브랜드명을 마치 사람 이름처럼 활용하면서 건강한 여성의 이미지를 소비자에게 전달하고자 했다.

다. 말보로 담배는 남성 고객을 유인하고자 마초스러운 카우보이 광고 모델을 기용하면서 강한 남성미를 브랜드에 입혔다.

브랜드 개성을 표현하는 비인적 요소로는 상품 디자인, 브랜드명, 심벌과 로고, 판매 공간 등이 해당된다. LG생활건강의 '더 히스토리 오브 후' 화장품은 왕후의 이미지를 브랜드 개성으로 삼았다.

이를 위해 전통악기 해금에서 모티브를 얻은 로고, 왕실 도자기 형상의 화장품 용기, 황금색과 보석을 이용한 제품 디자인을 선보였다. 또한 왕실의 여성 문화를 알리기 위한 궁중 문화 캠페인을 전개하거나, 고궁에서 뷰티클래스를 진행하면서 왕후의 이미지와 브랜드 이미지를 결합하고자 노력했다(인터비즈, 2019).

브랜드 개성은 무생물체인 브랜드에 인격적 요소를 입히는 것이기 때문에 인적 요소가 보다 중요하다. 그중에서도 일관된 이미지의 광고 모델 기용한 광고 캠페인 전개가 큰 몫을 담당한다.

[3] 브랜드 충성도

상표 자산의 핵심적 요체는 '브랜드 충성도'이다. 충성도는 고객이 이 브랜드, 저 브랜드 기웃거리지 않고, 특정 브랜드에 대해 꾸준한 애정을 가지고 반복 구매하는 것을 의미한다. 어떤 브랜드의 소비자 유형을 분석했을 때 신규 고객에 비해 재구매 고객이 월등히 많다면 브랜드 충성도가 높다고 말할 수 있다. 충성스런 소비자가 많다는 것은 브랜드 자산을 키우는 데 있어서 결정적이다.

브랜드 충성도 사례

할리 데이비슨

할리 데이비슨(Harley-Davidson)만큼 소비자 충성도가 높은 상표는 드물다. 경쟁사들은 '할리 소유자는 화강암과 같이 견고하다'면서 부러움을 토로한다. 1990년대 후반 주식 상장 후 몇 년 만에 주가는 7000배가 뛰었다. 할리 이용자는 검정색 가죽 재킷을 걸친 젊은 남성이 아니다. 오히려 중상위 소득자, 도시 거주 50대 중년 남성이 일반적인 구매자이다. 할리에 대한 높은 충성도는 할리 데이비슨이 가진 남다른 이미지와 강력한 브랜드 연상이 있기 때문이다. 자유분방한 독립심, 넘치는 에너지가 할리의 주된 매력이다.

아이폰

애플의 아이폰은 타사의 스마트폰보다 브랜드 충성도가 높기로 유명하다. 매년 조사 결과를 보면, 아이폰 사용자는 아이폰을 재구매할 것이라는 응답이 90%를 상회한다. 가격이 비싸도 아이폰을 고집하는 소비자가 많다. 아이폰의 높은 충성도는 다음과 같은 이유 때문이다.

- 상징성: 아이폰은 최초의 스마트폰이라는 상징성이 강하다.
- 차별성: 스티브 잡스의 유산인 아이폰은 타사의 것과 차별성이 크다.
- 직관성: 사용자 경험(UX)에서 아이폰이 다른 폰보다 더 직관적이다.
- 디자인: 깔끔하고 세련되고 질리지 않는다.
- 익숙함: 아이폰을 사용하면 그 생태계에 익숙해져서 다른 폰으로 갈아타지 못한다.

4장

참고 문헌

은종성(2018). 「마케팅의 정석」. 책길.

이데일리(2021). 「알아두면 쓸모있는 미래기술 25」. 이데일리.

이승윤(2020). 「구글처럼 생각하라」. 넥서스BIZ

이승윤(2016). 「디지털·소셜 미디어 마케팅」. 시그마프레스.

인터비즈(2019). 5.7. 인적 요소 활용한 브랜드 개성화 전략.

한상만·하영원·장대련(2018). 「경쟁우위 마케팅 전략」. 박영사.

한정수(2019). 월가를 패닉에 빠뜨린 파타고니아 조끼. TTimes, 4. 11.

Kotler, P.(2003) 「Marketing Management」, 11th ed. NJ: Prentice-Hall.

기타 기업 홈페이지(파타고니아, LG생활건강 등)

세 상 에 서

가 장 쉬 운

마케팅

5장

가격과 유통 전략

E A S Y
MARKETING

1. 가격 전략

가격 결정 요인

가격이란 제품(또는 서비스)을 구매하는 대가로 지불하는 금액이다. 마케팅 믹스(4P) 중에서 기업이 유일하게 수익을 창출하는 요소가 가격이다. 나머지 제품, 유통, 촉진 전략은 기업의 수익을 직접 결정하지는 않는다. 그러나 가격은 어떻게 책정되는가에 따라 이익이 날 수도 있고 적자가 날 수도 있기 때문에 가격 전략이 중요하다. 가격은 4P 중 변화와 신축성이 가장 크다는 점에서도 다른 마케팅 요소와 차이점이 있다. 한번 생산된 제품을 변경하거나, 유통 경로를 바꾸긴 어려운 데 반해, 가격은 원재료 가격, 경제 상황, 경쟁사 동향에 따라 자주 조정된다.

가격 전략은 마케팅 믹스, 즉 제품, 유통, 촉진 전략에 따라서 달라진다. 만약 제품 전략이 명품을 지향한다면 가격은 고가 전략으로 가야 할 것이다. 많은 중간 유통 단계를 거쳐 판매되는 구조라면 최종 소비자가격은 높아질 것이다. 기업의 마케팅 목표에 따라서도 가격 결정은 달라진다. 단기 이익률을 높이고자 한다면 가격을 높여서 조기에 이익을 실현해야 한다. 그러나 시장점유율을 높이고자 한다면 경쟁사보다 낮은 가격으로 판매해야 한다.

가격에 영향을 미치는 일반적 요인은 다음과 같다.

[1] 원가

제품을 생산하는 데 드는 비용이 원가이다. 제품을 생산하기 위해서는 고정비와 변동비가 소요된다. 원가는 고정비와 변동비를 합한 값이다. 고정비란 생산량이나 판매량에 상관없이 항상 일정하게 투입되는 비용을 의미한다. 사무실 임대비, 관리비, 직원 월급은 생산량이 많거나 적거나 늘 일정하게 지출되는 고정비이다. 고정비는 말 그대로 고정되어 있기 때문에 소비자 수가 많든 적든 영향을 받지 않는다. 신문을 100부 찍어내든, 1,000부 찍어내든 인쇄와 생산에 들어가는 비용은 고정되어 있다. 텔레비전 프로그램도 마찬가지이다. 시청자가 만 명이든, 100만 명이든 프로그램 제작비는 변하지 않는다. 영화와 잡지도 마찬가지이다. 고정비가 높은 비중을 차지하는 사업은 대표적으로 항공, 호텔, 소매업 등이다. 2020년 전 세계를 충격에 빠뜨린 코로나 사태로 항공사, 호텔, 식당이 타 업종에 비해 더 큰 타격을 받은 것은 고정비 비중이 큰 업종이기 때문이다. 고정비를 효율적으로 관리하여 원가를 줄이는 것이 가격 전략에서는 매우 중요하다.

반면 변동비는 생산/판매량에 따라서 증감하는 비용이다. 원자재 구입비, 전기세, 판매 수수료, 유통/배송비가 변동비에 속한다. 원가는 제품 가격의 최저선이 된다. 따라서 원가는 가격을 결정하는 데 있어서 중요한 기준점이 된다. 제품 가격을 원가 이하로 정하면 제품을 팔 때마다 손해를 보게 된다.

원가는 소비자의 수에 따라 달라진다. 생산량(혹은 판매량)이 늘어날수록 제품 단위당 들어가는 고정비는 감소한다. 가령 고정비인

경험 곡선 효과(Experience curve effect)

생산량이 늘어날수록 원가가 낮아지는 이유는 '경험 곡선 효과'로 설명할 수 있다. 다른 말로 '학습 효과'라고 부르기도 한다. 생산량이 늘어날수록 직원의 경험이 쌓이면서 숙련도가 높아진다. 숙련도가 높을수록 생산 효율성도 좋아진다. 가령 한 시간에 5개 제품을 만들던 직원이 숙련도가 높아지면 한 시간에 10개도 만들 수 있을 것이다. 그렇게 되면 제품 단위당 들어가는 비용(원가)은 감소하게 된다. 즉 제품을 생산하는 데 필요한 경험이 쌓일수록 제품 한 개를 만드는 데 필요한 시간과 노력이 감소하면서 원가가 감소하게 된다.

규모의 경제(Economy of scale)

생산량이 늘어나면 생산에 들어가는 여러 비용(원가)이 감소한다는 것을 설명하는 또 다른 이론이 '규모의 경제'이다. 일반적으로 생산량이 두 배가 되면 제품 단위당 원가는 20% 정도 인하된다. 가령 하루에 100개의 제품을 만들 때 제품 단위당 원가가 1만 원이라면, 200개를 만들 때 원가는 8천 원으로 내려간다.

직원 월급은 일정하게 나가지만, 제품을 100개 생산하다가 200개를 만든다면 제품 한 개당 드는 인건비는 반으로 주는 셈이다. 사무실 임대료나 관리비도 마찬가지 논리로 해석할 수 있다. 따라서 생산량과 판매량이 늘어날수록 원가는 낮아진다. 제품 가격을 정할 때는 현재의 원가를 계산하기보다는 앞으로 예상되는 판매량을 기준으로 원가를 책정하게 된다. 원가를 낮출수록 경쟁사보다 낮은 가격으로 시장을 공략할 수 있기 때문에 제품의 가격 경쟁력은 높아진다. 가격 경쟁력이 높을수록 시장점유율도 커진다.

[2] 소비자의 인식 가치

가격은 기업이 정하지만, 가치는 소비자가 결정한다. 제품의 효용성이 얼마나 되는지, 나에게 어느 정도 가치 있는 것인지를 평가하는 것은 소비자의 몫이다. 이것을 소비자가 지각하는 효용 가치, 혹은 '소비자 인식 가치'라고 한다. 소비자가 제품을 구매한다는 것은 자기에게 가치가 있는 무엇(제품을 사용함으로써 얻는 이점)을 얻기 위해 돈(가격)을 주고 교환하는 행위이다. 따라서 제품 가격은 소비자가 지각하는 가치와 부합해야 한다. 제품 가격이 가치보다 높다고 지각하면 수요는 감소할 것이다.

일반적으로 가격이 높을수록 소비자의 수요는 감소한다. 가격은 이익이 남지 않을 정도로 낮아서도 안 되고, 수요가 없을 정도로 높아서도 안 된다. 제품 가격은 원가와 소비자의 인식 가치 사이에서 책정되어야 한다. 원가는 가격의 하한선이고, 소비자 인식 가치는 가격의 상한선이 된다. 소비자의 인식 가치 이상으로 가격을 매기면 판매가 어렵다. 그러나 일반적인 가격 법칙(가격이 높을수록 수요가 감소함)과 다르게 작동하는 제품도 존재한다. 개인의 명성/체면과 관련된 제품은 가격이 비쌀수록 수요가 증가한다. 악기나 골동품 등 희소성이 높은 제품도 가격이 낮으면 소비자의 구매 욕구가 떨어진다. 개인의 지위와 관련한 제품이나 희소성이 중요한 제품은 소비자의 인식 가치와 부합하도록 가격을 높게 책정하는 것이 효과적이다.

[3] 수요의 가격탄력성

수요의 가격탄력성이란 '가격 변화에 따라 수요가 얼마나 민감하게 반응하는가?'를 의미한다. 가격이 조금만 올라도 수요가 급격히 낮아진다면 가격탄력성이 높은 것이다. 반대로 가격의 변화와 상관없이 수요가 일정하다면 가격탄력성이 낮은 것이다. 일상 생활용품, 휴지나 세재, 샴푸 등은 수요의 가격탄력성이 높은 제품이다. 평소 쓰지 않던 브랜드라도 할인 행사나 '1+1'을 해서 산다면 가격탄력성이 높다고 볼 수 있다. 수요의 가격탄력성이 높은 제품은 가격을 낮게 매길수록 시장 경쟁에서 유리하다.

한편 쌀과 같은 생필품은 수요의 가격탄력성이 낮은 편이다. 쌀값이 올랐다고 해서 밥을 먹지 않을 수는 없기 때문이다. 그밖에도 독특한 제품, 품질이 우수한 제품, 대체품이 없는 제품, 사회적 명성/체면과 관련한 제품은 가격탄력성이 낮다. 이 경우에는 가격이 올라도 구매가 감소하지 않는다.

[4] 경쟁사의 가격

경쟁사가 가격을 어떻게 책정하는가도 우리 제품 가격을 산정하는 데 영향을 미친다. 시장 경쟁이 치열할수록, 경쟁사가 많을수록 자사 제품 가격은 경쟁사보다 낮아야 유리하다.

[5] 경기 요인

경기가 나쁠수록 소비자는 지갑을 닫아 버린다. 불경기에는 가격을 낮게 책정하는 것이 일반적이다.

〈표 5-1〉 가격 결정 요인

요인	특징
원가	가격의 하한선
소비자의 인식 가치	가격의 상한선
수요의 가격탄력성	가격탄력성이 큰 제품은 저가 전략으로
경쟁사의 가격	경쟁사가 많을수록 저가 전략으로
경기	불경기엔 저가 전략으로

신제품 가격 전략

시장에 처음 출시된 신제품의 가격 전략은 크게 고가 전략으로 갈 것인가 아니면 저가 전략으로 갈 것인가를 고민하게 된다.

[1] 시장 흡수 가격: 고가 전략

신제품의 표적시장이 고소득층이라면 고가 전략이 유리하다. 고소득층은 제품 가격에 덜 예민하기 때문이다. 그밖에도 신제품 개발을 위한 초기 투자 비용이 많이 들어갈 때(예: 자동차), 혹은 시장 진입 초기에 많은 이익을 내고자 할 때 고가 전략을 사용하게 된다. 새로운 기술이 적용된 혁신적 신제품은 표적시장의 크기가 작기 때문에(예: 혁신층, 조기 수용층) 고가 전략을 취한다. 신제품 수용에 적극적인 이들은 가격이 얼마인가는 개의치 않는 집단인 바, 고가 전략이 가능하다.

시간이 지나서 판매량이 늘어나고, 경쟁사가 비슷한 제품을 만들어서 시장에 들어오는 시점이 되면 차츰 가격을 내리게 된다. 이 시기에는 가격에 민감한 일반 구매자(조기 다수층과 후기 다수층)를 끌어들여야 한다. 결국 시장 흡수 가격은 초기에는 고가 전략을, 후기에는 저가 전략을 펼치는 방식이다. 시장 흡수 가격은 제품의 품질과 이미지가 고가 전략과 부합할 때 특히 효과적이다. 제품 개발에 비용이 많이 들어간 산업(예: 자동차, 고급 가전제품)일수록 시장 흡수 가격을 취하게 된다.

[2] 시장 침투 가격: 저가 전략

신제품 가격을 저가로 책정해서 시장 침투를 용이하게 하는 전략이다. 주로 다음과 같은 조건일 때 저가 전략을 사용하게 된다.

- 시장 진입 초기에 가능한 많은 구매자를 확보하여 시장점유율을 높이고자 할 때는 낮은 가격으로 제품을 판매한다.
- 소비자들이 가격에 민감하게 반응할 때(수요의 가격탄력성 높을 때)는 저가격으로 공략하는 것이 좋다.
- 생산과 유통에 드는 비용이 판매량 증가에 따라 현저히 감소할 때, 즉 대량생산, 대량 유통에 따른 원가 하락 폭이 클 때(규모의 경제 효과가 클 때)는 이익을 적게 보는 대신 많이 파는 것이 유리하다.
- 시장에서 활동하는 경쟁사가 많을 때는 경쟁사보다 낮은 가격이 유리하다.

월마트의 저가 전략

월마트는 1962년 첫 점포를 연 이후 2001년 이후 매출액 기준으로 세계 1위 유통 기업으로 자리매김하고 있다. 미국 내 다른 오프라인 유통 업체인 코스트코, 타깃 등의 매출을 모두 합쳐도 월마트의 매출에 미치지 못할 정도로 유통 업계의 절대강자이다. 월마트의 성공 비결은 철저한 저가격 전략에 있다.

미국에서는 "서민들이 한 주의 저녁 식사로 무엇을 먹느냐는 월마트가 결정한다"는 말이 있다. 월마트는 자주 'Buy one get one free(1+1)' 행사를 하는데, 월마트를 이용하는 고객이 워낙 많다 보니 월마트가 어떤 품목으로 '1+1'을 하는가에 따라 그 지역 주민의 일주일치 반찬이 달라진다는 것이다.

월마트는 언제 어디서나 가장 저렴한 가격에 제품을 공급한다는 것을 경영 철학으로 삼는다. 월마트는 1995~2004년 미국의 소비자 물가를 3.1%, 식료품 물가를 9.1% 내렸다는 평가를 받고 있다. 월마트의 광고 캠페인 슬로건을 보면 그들의 경영 전략을 엿볼 수 있다. '언제나 저렴한 가격(Always low prices)', '돈을 아껴서 더 나은 삶을 살아라(Save money. Live better)' 등의 슬로건을 사용하고 있다(머니투데이. 2007.9.18).

최근 월마트는 온라인 시장에도 진출하면서 온라인 커머스 유통 업체인 '제트닷컴(jet.com)'을 인수했다. 제트닷컴의 최대 강점도 '가격 경쟁력'이다. 제트닷컴은 전자 상거래의 최대 강점은 저렴한 가격이라고 판단하여, 물건을 대량으로 구입하는 만큼 할인 폭을 늘리는 판매 방식을 구사했다. 자체 개발한 소프트웨어를 통해 가장 저렴한 가격을 고객에게 제시하는데, 물건을 장바구니에 담거나 수량이 변경될 때마다 가격도 달라진다. 월마트는 제트닷컴의 가격 전략이 월마트의 경영 철학과 부합한다고 여겨서 인수하게 되었다(윤준탁, 2017).

- 우리 제품이 모방 신제품일 때는 가격 경쟁력을 높이는 것이 좋다. 즉 가격을 낮게 책정하는 것이 좋다.

기존 제품의 가격 조정 전략

시장에서 상품을 판매하는 중에도 자주 가격을 조정하게 된다. 이론적으로 보면 가격 조정에는 가격 인상과 할인을 모두 포함한 개념이지만, 대개는 '가격 할인'을 의미한다.

[1] 가격 할인

가격 할인을 많이 하는 제품 수명 주기 단계는 '성숙기'이다. 성숙기에는 신규 소비자가 없어서 매출이 정체되는 시기이다. 기업 입장에서는 어떻게든 매출을 늘리기 위해 할인된 가격으로라도 제품을 팔아야 한다. 그밖에 시장에서 가격 경쟁이 치열할 때는 우리 회사도 가격을 내려야 한다. 경쟁사가 가격을 할인하는데 우리 회사만 정가를 고집한다면 금세 시장점유율을 빼앗길 우려가 있다. 그밖에 자사의 시장점유율이 낮아지는 추세라면 제품 가격을 내려서 시장점유율 하락을 막아야 할 것이다.

그러나 가격 할인은 단기간에 걸쳐 최소한으로 해야 한다. 가격 할인을 길게, 자주 하면 브랜드 이미지가 나빠진다. 장기간 할인을 한 경우 할인이 끝나고 정상 가격으로 돌아왔을 때 소비자의 저항에 커진다. 또 가격 할인을 자주 하면 정상 가격에 대해 거품이 많은 가격이라는 인상을 주게 된다. '조만간 가격 할인을 또 하지 않을

박싱 데이(Boxing day)
과거엔 크리스마스 다음날인 12월 26일을 '박싱데이'라고 불렀다. 과거 영국에서 이 날을 휴일로 삼고 하인들에게 선물(박스)을 한 데서 유래한다. 지금은 파격적인 할인가로 제품을 판매하는 크리스마스 전후부터 연말까지의 쇼핑 시즌을 의미한다(이한영, 2016).

까?'라는 기대심도 생기게 되어 정상 가격에는 구매를 꺼리게 된다.

할인에는 현금 할인을 비롯하여 수량 할인(예: 10개 사면 10% 할인), 계절 할인(비수기 할인), 공제(신제품 구매 시 사용하던 제품을 가져오면 일정 금액을 할인해 줌) 등이 있다.

[2] 가격 세분화 전략

동일 제품이지만 시기나 장소, 소비자에 따라 가격을 다르게 적용하는 것을 '가격 세분화 전략'이라고 부른다. 대표적 사례로 지하철 요금의 경우 어린이, 성인, 노인 요금이 다르다. 동일 제품(지하철)이지만 고객에 따라 요금이 다른 셈이다. 동일 제품을 사람에 따라, 혹은 시기나 장소에 따라 다른 값을 매기는 이유는 판매 극대화를 위한 것이다. 고객에 따라, 시간에 따라, 장소에 따라 다른 가격을 매기면 수요를 키울 수 있어서 결과적으로 총매출을 높일 수 있다. 이를 두고 업계에서는 '이익 관리' 내지 '수익 관리(Yield management)'라고 부르기도 한다. 그밖에도 가격을 세분화하면 연중 일정한 매출을 유지하는 데도 도움이 된다. 만약 제품 구매가 성수기, 비수기로 크게 나뉜다면 시기에 따라 매출이 들쭉날쭉하게 될 것이다. 이런 경우 기업은 안정적인 조직 관리가 어려울 것이다. 이런 이유로 연중 고른 매출과 이익을 유지하기 위해서 수요의 많고 적음에 따라 가격을 달리 책정하게 된다.

가격 세분화의 유형은 다음과 같다.

- 고객별 차별 가격: 극장, 지하철, 박물관, 놀이공원, 미용실 등에서 학생, 성인 요금이 다르다.
- 장소별 차별 가격: 백화점과 할인점의 가격 차이, 콘서트홀의 S석과 A석, B석의 가격 차이, 항공권 비즈니스석과 일반석의 요금 차이 등.
- 시기별 차별 가격: 심야 시간 전기 요금 할인, 수영장의 겨울철 할인, 방학이나 성수기의 항공료 할증, 크리스마스 시즌 여행 상품의 할증 등.

가격 결정 방법

신제품의 가격을 책정하는 방법은 여러 가지가 있다. 전통적인 가격 책정 방식과 디지털 시대의 대표적 가격 책정 방식을 비교해서 소개한다.

[1] 원가 가산법

제품을 생산하는 데 드는 원가에 일정한 마진을 더해서 가격을 책정하는 방법이다. 원가가 1만원이라고 할 때 거기에 20%의 마진을 붙여서 12,000원의 가격을 산정하는 것이다. 원가 계산이 쉽고, 가격 결정이 단순하여 많은 기업에서 선호하는 방법이다. 그러나 소비자의 수요가 얼마나 되는지, 경쟁사의 가격은 어떤지 등을 고려하지 않기 때문에 이상적인 가격 결정 방식은 아니다.

[2] 손익 분기 가격 결정법

'목표 이익 가격 결정법'이라고도 한다. 기업이 추구하는 수익률이 있다면 그 수익률을 달성할 수 있는 손익분기점*을 계산하여 가격을 결정하는 방식이다. 가장 과학적이고 이상적인 가격 결정 방식이다. 외국 기업이 주로 많이 사용하는 방법이다.

[3] 경쟁사 중심의 가격 결정

경쟁사의 가격을 비슷하게 모방하는 가격 전략이다. 시장의 선도 기업의 가격을 따라 가거나, 그것보다 약간 낮추어 가격을 책정하는 방식이다. 제품 간 차이가 없을 때 이 방식이 유용하다. 불필요한 가격 경쟁을 피할 수 있는 장점이 있다. 그러나 경쟁사가 우리 기업보다 더 낮은 가격으로 유사 제품을 판매한다면 어떻게 할 것인가? 우리도 함께 가격을 내리면 가격 전쟁이 시작되고, 이익률이 낮아져서 우리 회사와 경쟁사 모두 힘들어진다. 차라리 경쟁사보다 가격을 높게 매기고, 우리 제품이 가격 이상으로 가치 있는 제품이라

---

* 일정 기간의 매출액을 계산했을 때 그동안 투자했던 비용을 다 회수해서, 이익과 손실이 같아지는 시점이다. 손익분기점을 넘어야 매출액이 수익으로 연결된다.

는 인식을 광고로 심어 주는 것이 바람직하다.

[4] 심리적 가격 결정

제품마다 소비자가 생각하는 준거 가격을 이용하는 방법이다. 준거 가격이란 소비자 마음속에 참고로 하는 가격이다. 과거에 비슷한 제품을 사용했을 때의 경험이나 주변 사람들이 이야기하는 가격 등이 소비자의 준거 가격이 될 수 있다. 그러나 소비자마다 준거 가격은 상이할 수 있어서 가격 책정이 어려울 수 있다.

소비자 심리를 이용해서 가격의 끝자리 수를 조정한 것도 심리적 가격 책정 방법이다. 만 원짜리 제품을 9,900원에 판매하거나, 10만 원짜리를 98,000원에 판매하는 기법이다.

[5] PWYW 모델

PWYW(Pay What You Want)는 디지털 시대의 혁신적인 가격 책정 방식이다. PWYW를 한마디로 정의하면 소비자가 원하는 만큼만 가격을 지불하는 방식이다. 과거에는 기업이 주도가 되어 '수요'와 '판매량'을 고려하여 가격을 책정했다. 그러다 보니 소비자가 원하는 가격을 책정하기는 어려운 점이 있었다. 그러나 디지털 시대에 접어들면서 소비자는 최적의 가격을 제공하는 기업이 어디인지, 클릭 몇 번으로 최저가 제품을 금방 확인할 수 있다. 결국 가격 결정의 주도권이 공급자인 회사에서 소비자로 이동한 셈이다.

PWYW 모델은 소비자가 가격 통제권을 갖는다. 영국의 록밴드 라디오헤드(Radiohead)는 7번째 엘범을 발표하면서 실험적 시도로 팬들이 곡을 다운 받을 때 가격을 스스로 정하게 했다. 그 결과 공짜로 음악을 받은 사람도 간혹 있긴 했지만, 전체적으로 보면 앨범의 평균 구매 가격은 6$였다. 전통적인 유통 경로를 없애고, 입소문 효과까지 거두어 전 세계적으로 300만 장 이상 앨범이 팔리면서 최고의 상업적 성공을 거두었다.

PWYW 모델이 기업에 주는 장점은 다음과 같다.

첫째, 소비자에게 가격 통제권을 주면서 SNS에서 입소문 효과를 일으킨다. '당신이 원하는 만큼만 지불하세요'라는 문구는 강력한 홍보 효과를 가졌다. 라디오헤드 바이럴 효과가 커서, 많은 사람이 자신이 얼마를 냈는지, 왜 그 가격을 지불했는지에 대한 끊임없는 토론이 이어졌다.

둘째, 소비자에게 가격 선택권을 줬을 때 예상 외로 많은 사람이 사회적 규범(Social norm)을 따랐다. 대다수 사람이 사회적으로 바람직한 기준에 따라 행동하는 경향을 보인 것이다. 한 연구 결과를 소개하면, 2개의 레스토랑과 1개의 극장을 선택해서 특정 기간에 고객이 원하는 만큼만 돈을 낼 수 있는 PWYW 정책을 실시했다. 600명 이상의 이용객 행동을 분석한 결과 돈을 전혀 내지 않은 사람은 없었다. 정상 소비자 가격보다 평균 15% 정도 낮은 가격을 지불하긴 했으나, PWYW 정책이 실시된 기간에 두 레스토랑은 평균 이상의 수익을 내었다. 많은 이용객이 자신에게 가격 선택권을 준 점을 높이 평가해서, 정직과 공정에 바탕을 둔 행동을 하였고, 강력한 입소문 효과를 거두어, 궁극적으로 회사에게 이득을 안겨주었다(이승윤, 2020).

2. 유통 전략

유통이란 생산자(기업)가 만든 제품을 소비자에게로 이동하는 과정이다. 구체적으로 보면 소비자가 원하는 제품을 원하는 장소와 원하는 시간에 구입할 수 있도록 하는 것이 유통의 기능이다. 유통의 기능을 원활하게 효과적으로 수행하도록 계획하고 관리하는 것이 유통 전략이라고 할 수 있다. 유통 전략은 '상적 유통'과 '물적 유통'을 포함한다. 상적 유통은 매매를 통해서 소유권을 생산자에게서 소비자가 넘기는 것이다. 물적 유통은 제품을 보관, 운송하는 기능을 의미한다.

유통을 담당하는 조직을 '중간상'이라고 한다. 생산자와 소비자 사이에 존재하는 조직이다. 온라인에서는 소비자가 생산자와 직접 거래할 수도 있지만, 오프라인에서 구매할 경우는 중간상의 존재가 필수적이다. 중간상은 상품을 판매하는 기능 뿐 아니라 생산과 소비의 시간 격차와 장소 격차를 파격적으로 감소시킨다. 여름철 과일을 겨울에 먹을 수 있고, 제주도 감귤을 서울에서 구입할 수 있도록 한다. 중간상은 소유권 이전 효용(상품 판매 기능), 시간 효용(상품의 보관 기능), 장소 효용(운송 기능)을 제공한다.

유통 경로

제품에 따라, 기업에 따라 제품이 유통되는 경로는 상이하다. 유통 경로는 크게 직접 마케팅과 간접 마케팅으로 구분된다. 직접 마케팅은 생산자와 소비자 사이에 매개 업자가 없는 경로로, 생산자가 소비자에게 직접 판매하는 것을 의미한다. 소비자가 온라인이나 모바일을 통해 제조업자 상품을 직접 구매한다면 직접 마케팅이다. 델컴퓨터, 아마존, 이베이(EBay)는 직접 마케팅으로 큰 성공을 거둔 기업이다.

간접 마케팅이란 생산자와 소비자 사이에 중간상을 두고 제품을 판매하는 것이다. 중간상이 몇 개 있는가에 따라 1수준(중간상 1개)부터 2, 3수준까지 존재한다. 많은 기업은 혼합 유통 경로(하이브

인터넷 유통으로 성공한 델컴퓨터

당시 19세 대학생이었던 델이 자본금 1000달러를 가지고 1984년에 설립한 회사가 델컴퓨터이다. 델은 데이터베이스를 활용하여 인터넷으로 직접 마케팅을 전개하여 대성공을 거둔 기업이다. 기존의 컴퓨터 회사는 오프라인에서 중간 유통 단계를 거치는 구조였으나, 델컴퓨터는 직접 메일, 인터넷 등의 직접 판매 방식을 취하여 유통에 드는 비용을 크게 줄인 덕분에 동일한 품질의 제품을 경쟁사보다 저렴하게 공급했다. 또한 중간 유통 단계를 없앰으로써 소비자가 제품을 주문해서 배송받는 시간을 3일 내로 단축하였다(LG주간경제, 1997-09-10).

리드 유통 경로)를 활용한다. 두 개 이상의 유통 경로를 이용하는 것이다. 가령 기업이 온라인으로 직접 마케팅을 하면서, 동시에 대형 소매상(예: 이마트)을 통해 판매한다면 혼합 유통 경로에 해당한다. 디지털/온라인 판매가 활성화되면서 오프라인 유통 기업이 온라인으로 경로를 확장하기도 하고, 온라인 유통 업체가 오프라인으로 확장하기도 하는 추세이다.

2018년 아마존은 미국 시애틀 지역에 '아마존 고(Amazon Go)'라는 세계 최초의 무인 식품 매장을 오픈했다. 스마트폰에 앱을 설치한 후 매장 출입구에서 폰을 스캔하고 입장하기만 하면 된다. 매장 천장에는 수백 개 카메라가 설치되어 소비자의 움직임과 쇼핑 행동을 관찰한다. 소비자는 자유롭게 쇼핑하면서 구매할 상품을 들고 나오면 자동으로 결재가 이뤄진다. 계산대를 거치거나 신용카드를 꺼낼 필요가 없다. 쇼핑을 마치고 나오면 스마트폰으로 쇼핑 내역과 결재 금액이 전송된다.

〈표 5-2〉 유통 경로 수준

구분	유통 경로	내용
직접 마케팅	0수준	생산자 → 소비자
간접 마케팅	1수준	생산자 → 소매상(대리점) → 소비자
	2수준	생산자 → 도매상 → 소매상 → 소비자
	3수준	생산자 → 1차 도매상 → 2차 도매상 → 소매상 → 소비자

유통 경로 결정 시 고려 사항

제품의 특성과 기업 여건에 따라서 유통 경로의 수준(길이)은 길어지기도 하고 짧아지기도 한다. 유통 경로의 길이를 결정할 때 고려해야 하는 사항을 소개하면 다음과 같다.

[1] 제품 특성

가구와 같이 제품의 부피가 크면 유통 단계가 짧아야 한다. 보관, 배송하는 중간 유통비가 많이 들기 때문이다. 또한 농수산물과 같이 부패 가능성이 큰 제품도 유통 단계를 줄이는 것이 좋다. 유통 단계가 길어질수록 신선도에 문제가 생기기 때문이다. 그밖에 단가가 매우 비싼 제품도 유통 단계가 간소하게 한다. 중간상이 많이 개입할수록 비용이 증가하기 때문이다.

[2] 소비자의 특성

소비자가 전국에 광범위하게 흩어져 있으면 유통 경로는 길어진다. 소비자가 지리적으로 넓게 분산되어 있다면 이들에게 제품을 판매하는 소매상도 지리적으로 넓게 분포한다. 이런 경우 생산자 - 1차 도매상 – 2차 도매상 – 소매상1, 소매상 2, 소매상 3 …, 이런 식으로 유통 경로가 길어진다. 그래야 어느 지역에 거주하던 소비자가 거주지 가까운 곳에서 제품을 구입할 수 있다. 전국적으로 퍼져 있는 소비자를 대상으로 하는 생필품이나 일상 생활용품은 직접 판매보다 다단계 중간상을 거친 간접 판매가 효과적이다.

[3] 생산자 특성

생산자의 규모가 작거나, 자금력이 약하거나, 제품 계열과 품목 수가 적을 때는 유통 경로가 길어진다. 생산자가 자본력이 영세할수록 중간 유통상에 의존하게 된다. 농수산물은 부패 가능성이 큰 제품이어서 유통 단계가 짧아야 하지만, 생산자가 영세하다 보니 유통 단계가 길어진다. 산지에서는 배추 값이 폭락하여 배추를 갈아엎기도 하지만, 소비자 가격은 금값이라는 뉴스를 접하는 것도 유통 단계가 길기 때문이다. 유통상 마진이 많아질수록 생산자 가격과 소비자 가격의 괴리가 커진다.

[4] 경제 상황

경기가 나빠질수록 유통 단계를 짧게 해서 소비자 가격이 오르지 않도록 하는 것이 바람직하다. 경기가 나빠지면 소비도 줄고

〈표 5-3〉 유통 단계의 고려 요인

고려 요인	유통 단계
생필품, 일반 생활용품	길다
제품 계열이 적을 때	길다
고객이 전국에 분산되어 있을 때	길다
생산지에서 소비지까지 장거리	길다
제품의 가격과 이윤이 높을 때	짧다
생산자의 재무 능력이 약할 때	길다

출처: 김범종·박승환·송인암·조용한, 2017.

수요의 가격탄력성(가격 민감도)이 커진다. 비싼 제품은 소비자가 외면하기 때문에 가격 경쟁력을 높이기 위해서 유통 단계를 간소하게 한다(김범종·박승환·송인암·조용한, 2017).

상적 유통 기관: 중간상

[1] 도매상과 소매상

유통 기관은 도매상(Wholesaler)과 소매상(Retailer)으로 구분된다. 도매상은 생산자로부터 제품을 구매하여 다른 도매상이나 소매상에게 판매하는 조직이다. 도매상의 고객은 산업용(제조용)이나 업무용으로 구매하는 기관이나 기업이다. 일반 소비자를 상대로 하지 않는다는 점이 특징이다. 도매상은 제조업자로부터 엄청난 물량을 확보해서 보관, 운송해야 하는 바 많은 자본을 필요로 한다.

소매상은 소비자를 상대로 제품을 판매하는 조직이다. 도매상인가 소매상인가의 구분은 조직의 규모에 따라 결정되는 것이 아니라, 고객이 사업을 목적으로 한 사람인가, 일반 소비자인가에 따라 결정된다. 가령 서울에 있는 동대문시장과 남대문시장은 동일하게 옷을 판매하는 대형 시장이다. 그렇지만 동대문시장에 오는 새벽 고객은 주로 지방에서 옷가게를 운영하는 상인들이고, 남대문시장을 찾는 낮 시간대 고객은 주부가 많다. 그렇다면 동대문시장은 도매상의 기능을 하는 것이고, 남대문시장은 소매상으로 분류할 수 있다. 과거 도매상은 제조업자와 소매상 사이에서 큰 영향력을 행사하였으나, 지금은 대형 소매상이 도매상의 기능을 대신하고 있다. 소매상이지만 대규모 자본과 창고 시설 등을 갖춘 대형 소매상이 등장하면서 도매상이 설 자리를 잃었다.

디지털 시대의 새로운 소매업

전통적인 관점에서 보면 오프라인에 매장을 가지고 있어야 소매상이라고 불렀지만, 최근에는 점포가 없는 형태의 소매업이 급성장했다. 오프라인에 점포는 없지만, 인터넷이나 TV 홈쇼핑, 모바일, 통신판매를 통해 제품을 판매하는 소매업자도 적지 않다. 온라인이나 모바일 구매가 활성화되는 것은 갈수록 증가 추세이다. 소비자 입장에서 보면, 거리, 시간, 장소의 구애를 받지 않고 상품 정보 검색부터 대금 지불, 배송까지 편리하게 처리할 수 있다. 뿐만 아니라 제품 가격도 훨씬 더 저렴하기 때문이다.

'정보 중간상'도 디지털 시대에 나타난 신유형이다. 소비자 스스로 정보를 탐색하면 아무래도 비효율적이고 비전문적인 문제가 생길 수 있다. 특히 보험이나 예금과 같이 상세하고 전문적인 정보를 필요로 하는 상품일수록 소비자의 노고와 스트레스가 크다. 정보 중간상은 소비자 대신 각종 정보를 모아서 제공하고 비교해 주는 역할을 한다. 가격 비교 사이트, 정보 비교 사이트, 인터넷 쇼핑몰이 정보 중간상에 해당한다.

한편 '중개상'이란 상품에 대한 소유권을 갖지 않고, 대신 상품 거래를 중간에서 연결시켜 주는 대가로 수수료를 받는 조직이다. 부동산 중개인, 보험 중계인, 증권 브로커는 중개상으로 활동하는 사람들이다. 온라인을 기반으로 하는 '오픈 마켓'도 중개상의 일종이다. 오픈 마켓이란 판매자와 구매자에게 모두 개방되어 있는 온라인 장터(웹 사이트)이다. G마켓, 옥션, 인터파크 등이 대표적인 오픈 마켓이다. 이들은 플랫폼을 제공한 대가로 판매자로부터 수수료를 받는 것으로 수익을 낸다. 아마존도 기본적으로 오픈 마켓의 형태를 띠고 있지만 포장 및 배송을 판매자가 아닌 아마존에서 직접 한다는 점에서 다른 오픈 마켓과 차이가 있다(insight.stockplus.com).

[2] 소매업의 종류

소매 업종의 세부 유형(소매 업태)은 다음과 같다. 한 가지 제품 범주만 취급하는 전문점(안경점, 문구점, 의류점), 다양한 제품 구색을 갖추고 높은 서비스를 제공하는 백화점, 일상 생활용품을 손쉽게 구매할 수 있는 슈퍼마켓과 편의점, 가격 경쟁력을 가지고 다양한 제품을 판매하는 대형 할인점 등이 있다. 이마트, 롯데마트, 홈플러스는 대형 할인점에 속한다. 특정한 단일 제품 범주를 취급하되 온갖 브랜드와 상품의 구색을 맞춰 다 구비해 두었다면 '카테고리 킬러(Category killer)'에 해당한다. 장난감 백화점 '토이저러스(Toy's R us)'나 '교보문고'가 여기에 해당한다.

'프랜차이즈' 형태의 소매업도 인기를 끌고 있다. 프랜차이즈는 본점(Franchiser)과 가맹점(Franchisee)의 계약에 따라 운영하게 된다. 본점은 경영 노하우 일체를 제공하는 대신 가맹점으로부터 매월 판매액의 일정 비율을 가맹료(Royalty)로 받는다. 그밖에 시설비, 임대료 등을 계약 초기에 받는다. 본점의 주요 사업은 공동 광고와 판촉 활동, 원재료 공급, 기술 제공, 경영 지도 등이다. 우리나라는 개인 사업자가 1년 내 폐업하는 경우가 높아서, 상대적으로 안전한 프랜차이즈 사업이 유행이다. 피자, 치킨, 햄버거, 편의점, 미용실, 부동산, 여행사, 자동차 렌트 등 다양한 제품 영역에서 프랜차이즈가 운영된다.

프랜차이즈가 인기를 끄는 이유는 다음과 같다.

- 본사에서 개발한 제품, 포장, 상표를 사용하기 때문에 사업 경험이 없이도 매장 운영이 가능하다. 따라서 실패의 위험이 낮다.
- 본사에서 일괄적으로 영업, 광고, 판매 촉진을 지원하기 때문에 개별적인 촉진 활동보다 더 큰 효과를 얻을 수 있다.
- 시장 변화, 소비자 변화에 따라 본사가 제품을 개선하거나 신제품을 공급해 주기 때문에 시장 변화에 능동적으로 대처할 수 있다.
- 본사에서 법류, 매장, 디스플레이. 경영 등 여러 분야의 전문가를 두고 있어서 이들의 지도와 도움을 받을 수 있다.
- 판매 외의 사무 처리, 노무 관리 등도 본사에서 대행해 준다.

그러나 프랜차이즈의 문제점도 유념해 둬야 한다.

- 본사의 사세가 기울거나, 본사의 이미지가 나빠지면 가맹점은 치명적 타격을 받게 된다.
- 본사와 가맹점의 이해가 상반되는 경우 가맹점의 의사는 무시된다. 가령 가맹점은 인테리어 교체를 원치 않더라도 본사에서

요구하면 수용해야 한다.

- 불리한 조건으로 가맹 계약을 체결한 경우 계약을 해지할 때 손해를 입게 된다(김범종·박승환·송인암·조용한, 2017, pp.398-399).

[3] 소매업의 성공 요인

소매점의 성공 요인은 뭐니뭐니 해도 입지 조건이 중요하다. 유동 인구가 많은 곳에 위치해야 방문객이 많아진다. 또한 유사 업종의 상점이 몰려 있을수록 고객 유인력이 커진다. 맛집이 몰려 있는 골목에 사람이 몰린다. 스타벅스가 미국에서 사업을 확장하던 시기에 가장 신경 쓴 점도 매장의 위치 선정이었다. 매장 위치를 정하기 위해 부동산 전문가 수십 명을 고용했다. 주로 번화가나 중심가에 유동 인구가 많고 간판의 노출 빈도가 높은 지역에 매장을 열었다. 고급스런 이미지를 심어 주는 데도 번화가가 유리했다.

다만, 상권은 변화한다는 점에 유의해야 한다. 현재 인기 있는 상권이라도 오래 지속된다고 판단해서는 안 된다. 상권의 변화 추이를 고려해서 매장 위치를 정해야 한다.

그밖에 소매점 매출을 좌우하는 데는 업종에 맞는 매장 분위기, 주목도 높은 간판, 편안하고 세련된 인테리어 등 물리적 조건도 고려해야 한다. 또한 고객을 응대하는 판매원의 말투와 태도, 복장, 청결함 등 인적인 요소도 중요하다.

[4] 소매업 수명 주기와 새로운 판매 방식

소매업 수명 주기

소매점도 제품과 비슷하게 수명 주기를 가지고 있다. 즉 시간

월마트의 국내 진출 실패: 유통 전략의 실패

세계 1위의 유통 업체 월마트는 1998년 국내시장에 들어왔으나 2006년에 철수했다. 세간의 기대와는 달리 월마트가 국내시장에서 실패한 이유는 '유통 전략'을 잘못 쓴 때문이다. 세부적인 이유는 다음과 같다.

매장 위치 선정 실패

유통 업체는 부지 선정이 가장 중요하다. 미국에서는 대부분의 가정이 자동차를 여러 대 가지고 있지만, 한국은 대중교통을 이용하는 가정이 많다. 그러나 월마트는 넓은 매장을 갖기 위해서 도심이 아닌, 외곽의 저렴한 부지를 선정했다. 대중교통이 불편한 곳에 매장이 있었기 때문에 소비자의 접근성이 떨어졌다.

대량 묶음 포장의 실패

소비자의 구매 행위는 제품의 묶음 단위에 따라서 선택이 달라지는 경우도 많다. 핵가족화 내지 1인 가구가 늘면서 ㅁ니 사이즈나 소포장 제품에 대한 선호도가 커지는 것도 같은 맥락이다. 미국의 소비자는 여러 가지 이유로 대량 묶음 단위를 사길 좋아하지만, 한국인은 소량 낱개 포장을 선호한다. 그러나 월마트는 미국식의 대량 묶음 단위를 고수했던 것이다.

매장 내 분위기와 인테리어의 실패

한국인은 백화점 식의 밝고 깔끔한 실내 분위기를 선호한다. 그러나 월마트는 창고형 매장인 바, 콘크리트 바닥과 사람 키보다 높은 선반을 만들어서 위압적이고 답답한 분위기를 자아냈다.

불친절한 판매원

저렴한 가격을 유지하기 위해 판매 직원을 최소한으로 배치하고 소비자가 알아서 제품을 찾아가라는 식의 판매 방식을 고수했다. 한국 문화는

월마트의 국내 진출 실패: 유통 전략의 실패

판매원에게 제품이 어디 있는지 물어 보면, 해당 위치까지 친절히 안내할 정도인데 이와는 거리가 멀었던 것이다.

높은 물류비

월마트는 세계 각지에서 제품을 받아 와서 판매한다(글로벌 소싱). 그러다 보니 해외에서 싼 가격으로 물품을 사더라도 한국으로 들여오는 과정에서 운송비와 관세 부담이 커서 가격 경쟁력을 상실했다(이덕형, 2008).

이 흐름에 따라 성장하고 쇠퇴하는 소매상이 존재한다는 것이다. 소매상의 변화는 '저가격-낮은 서비스'에서 점차 '고가격-높은 서비스'를 제공하는 업태로 진전하다가, 다시 '저가격-낮은 서비스'로 돌아가면서 사이클이 반복된다. 대형마트는 '저가격-낮은 서비스'의 업태라면, 백화점은 '고가격-높은 서비스'의 업태이다.

소매점의 수명 주기는 점차 단축되는 추세이다. 즉 인기를 끄는 소매점의 성숙기가 짧고, 곧 새로운 소매점 형태가 등장한다는 의미이다. 그 이유로는 경제 발전, 소비자의 라이프스타일의 변화, 쇼핑 행동의 변화 등을 들 수 있다. 백화점은 수명 주기상 성숙기에 도달하는 데 100년 걸렸지만, 창고형 대형소매점(예: 코스트코)은 성숙기까지 10년밖에 걸리지 않았다(Kotler, 2003, p.513).

새로운 판매 방식

① PWYW 모델과 역경매

전통적인 거래 방식 중 하나인 경매는 동일 물건을 사겠다는 사람이 여럿일 때 가장 비싼 값을 부르는 사람에게 물건을 파는 방식이다. 그러나 최근에는 가격에 대한 정보 탐색이 쉬워지고, 클릭 몇 번으로 손쉽게 최저가 제품을 찾아낼 수 있게 되면서 거꾸로 역경매 방식이 부상했다. 역경매는 동일한 제품을 파는 사람이 여럿일 때 가장 싸게 팔겠다는 사람에게서 물건을 구입하는 방식이다. 디지털 시대에는 가격 통제권이 기업에서 소비자로 넘어오면서 소비자가 원하는 만큼 가격을 지불하는 PWYW(Pay What You Want) 모델이 급성장하면서, PWYW 모델과 결합한 역경매 방식이 도입되고 있다.

프라이스라인(Priceline)은 2014년 기준으로 약 500억$(약 11조 1천억 원)의 매출을 달성한 거대 온라인 여행사이다. 이 회사는 PWYW 모델을 역경매 방식에 담아내면서 획기적인 매출 성장을 이뤘다. 간단히 설명하면, 소비자가 먼저 원하는 가격을 제시하면, 공급자(호텔)는 이 소비자를 잡기 위해 경쟁하는 방식이다. 프라이스라인은 먼저 호텔로부터 호텔 할인 가격을 제공받는다. 이때 소비자는 물론 경쟁 호텔들도 상대 회사가 얼마를 제시했는지 알지 못한다. 한편 소비자는 원하는 여행 날짜와 원하는 장소, 신용카드 번호를 프라이스라인에 등록한다. 이때 소비자에게는 '원하는 가격을 적어 주세요'라는 메시지와 함께 가격 창이 뜨게 된다. 프라이스라인은 소비자가 적어 낸 가격대와 부합하는 호텔을 찾아 10분 내 거래를 성사시킨다. 프라이스라인은 거래를 성사시킨 호텔로부터 수수료를 받아 수익을 얻게 된다.

프라이스라인 입장에서 수수료를 많이 얻기 위해서는 거래를 많이 성사시켜야 하며, 그렇다면 가능한 소비자들이 비현실적으로 낮은 가격을 써내지 않도록 하는 것이 중요하다. 적절한 가격을 써낼수록 거래 성사률이 높기 때문에. 이를 위해 프라이스라인은 원하는 가격을 써내는 가격 창에서 "여러분이 찾고자 하는 샌프란시스코 지역의 3성급 호텔의 평균 가격은 160$입니다"라는 메시지를 자연스럽게 제시하여, 소비자로 하여금 기준 가격을 삼도록 유도한다. 이렇게 하면 아무 단서가 없을 때보다 160$에 근접한 가격을 적어 내게 되어 거래 성사률이 높아진다(이승윤, 2020).

② 소셜 커머스

소셜 커머스란 사람들이 일정 수 이상 모여서 공동 구매를 하는 조건으로 파격적인 할인된 가격으로 제품을 살 수 있는 서비스이다. 2010년 스마트폰이 대중화되는 시점과 동시에 쿠팡, 티몬, 위메프가 소셜 커머스 업체로 등장했다. 소셜 커머스 업체는 상품 제공자와 구매자를 연결시켜 주는 대가로 판매 수수료를 받아 수익을 발생시키는 일종의 중개상이다. 일상 생활용품부터 식품, 동네 맛집, 유명 레스토랑까지 할인된 가격으로 서비스를 제공하면서 한동안 큰 인기를 끌었다. 그러나 불과 몇 년 만에 소셜 커머스 업체는 대부분 문을 닫았다. 제품 품질에 대한 소비자의 불만, 고가 상품의 소셜 커머스 기피, 업체의 수수료 수입 하락 등의 이유로 수익이 급격히 떨어졌기 때문이다. 쿠팡은 2017년 2월 소셜 커머스 서비스를 중단했고, 티몬과 위메프도 겨우 명맥만 유지한 상태이다(한경 비즈니스, 2019-01-14).

③ 구독 경제와 큐레이션 서비스

구독 경제(Subscription economy)란 제품 판매가 아닌, 서비스 제공을 통해 반복적인 매출을 창출하고 고객을 구매자에서 구독자(Subscriber)로 전환하는 산업 환경을 의미한다. 구독의 사전적 의미는 책, 신문, 잡지 등을 정기적으로 구매해서 읽는 것을 뜻이지만, 지금은 다양한 제품이나 서비스를 사지 않고 정기적으로 이용하는 최근의 비즈니스 형태를 가리키는 용어로 사용된다. 일종의 렌탈 서비스인 셈이다.

최근에는 보다 발전된 구독 서비스로 '큐레이션 서비스'가 유행이다. 2010년 하버드 MBA 출신들이 만든 '버치 박스(Birch Box)'*가 최초의 큐레이션 서비스라고 한다. 큐레이션은 구독료를 지불하고 제품을 주기적으로 배송받는다는 점에서는 기존의 구독 서비스와 동일하지만, 제품 유형이 다양하고 전문가의 조언과 개인별 맞춤화가 가미되었다는 점이 특징적이다. 명품 의류, 화장품, 액세서리, 식재료, 커피, 장난감을 비롯하여 최근에는 자동차 업계에서도 정기적으로 모델을 바꾸면서 갈아탈 수 있는 구독 서비스

* 매월 한 번씩 4~5개의 화장품 샘플(스킨케어, 향수, 유기농 화장품 등)을 배송하는 서비스.

〈표 5-4〉 큐레이션 서비스 사례

제품 종류	업체	특징
자동차	롯데렌터카	월정액(50만 원 이상)에 따라 다양한 등급의 국산차나 수입차를 선택하여 3개월간 3회 차종 교체 가능
침구 세트	클린베팅	월정액을 내면 호텔 침구류 전문 세탁 업체가 향균 세탁한 침구를 한 달 단위로 교체함
수건	노블에이드	월 7만 원대로 호텔식 타월 10장을 매주 배송함
양말	미하이삭스	월 9900원에 매달 3켤레 패션양말 배송
커피	프릳츠	커피원두, 콜드브루, 커피티백, 커피드립백 등 정기 배송
면도날	와이즐리	월 8900원에 독일산 리필 면도날 4개 정기 배송
수제맥주	벨루가	월 5만5천 원에 안주용 스낵과 수제맥주 2종을 2주 간격으로 배송
전통주	술담화	월 3만9천 원에 100만 원까지 와인 등급 및 병 수를 선택해서 정기 배송
과일/채소	만나박스	주 1만8900원에 제철 과일 5~6종을 정기 배송
꽃	꾸까	다양한 상품을 선택하여 2주나 4주 단위로 정기 배송
그림	오픈갤러리	그림 크기에 따라 월정액(3만9천 원부터)을 내고 3개월마다 그림 교체
화장품	애경산업	피부 상태에 맞는 기초 화장품을 골라 원하는 날짜에 정기 배송
미용실	월간 헤어	월정액을 내고 한 달에 파마, 커트, 염색, 투피 관리 중 한 가지씩 선택하여 이용

출처: 주간동아, 2019-05-24.

(Subscription service)를 도입했다. 초기에는 의류, 가방, 액세서리 등 여성 고객을 위주로 한 제품이 많았으나 점차 남성용 제품까지 다양하게 확대되는 추세이다. 많은 자동차 회사가 구독 서비스를 본격화했으며, 가구 업체 이케아는 젊은 층을 대상으로 가구 구독 비스니스를 출범했다. 젊은 층 중에서는 집의 소유에 대한 필요성이나 가치를 내려놓고, 원하는 가구를 빌려 쓰길 원하는 사람이 많아지는 추세이다. 이케아는 스위스, 스웨덴, 네덜란드, 폴란드 등 4개국에 시험 사업을 시작했다(한국능률협회컨설팅, 2019).

현대자동차의 구독 서비스

현대자동차는 미국에서 '현대 플러스'란 이름으로 구독 서비스를 시작했다. 소비자가 매달 일정 금액을 내고 구독 서비스에 가입하면 현대차에서 생산하는 차량 중 원하는 모델을 선택하여 바꿔 가며 탈 수 있다. 월 정액 요금은 약 30만 원부터 시작한다. 이 금액에는 차량 임대비, 보험료, 유지보수비가 모두 포함된다. 세계적인 자동차 회사들, 예컨대 벤츠, BMW, 포르쉐는 이미 구독 서비스를 실시하고 있다. 결국 해외시장에서 자동차 판매는 소유의 개념에서 공유와 구독으로 대체해 가는 추세이다(한국경제신문, 2018-09-03, A15).

현대자동차는 2019년부터 국내 소비자를 대상으로 제네시스 자동차의 여러 모델을 다양하게 바꿔 탈 수 있게 하는 구독 서비스 '제네시스 스펙트럼'을 시작했다. 일정 기간 동안 하나의 차를 임대하는 리스와 달리 구독 서비스는 제네시스의 전 라인을 골라 탈 수 있고, 원하는 차를 수시로 바꿀 수 있다는 장점을 가진다.

스마트 백화점 '더 현대'

2020년에 개관한 현대백화점(더 현대)은 아마존과 협력하여 스마트 백화점으로 설계되었다. 아마존 고(Amazon Go)의 '저스트 워크 아웃(Just walk out)' 기술을 활용한 무인 슈퍼마켓(쇼핑 후 매장을 나오면 자동 결재), 드론으로 매장 내 식음료 배달, 인공지능 로봇을 활용한 무인 안내 시스템, 고객 분석 시스템으로 고객의 구매 패턴, 온/오프 활동 정보를 분석하여 고객이 구매를 희망하기 전에 미리 구매를 유도하는 맞춤형 서비스, 가상 피팅 서비스 등을 제공한다.

물적 유통

[1] 물적 유통이란

유통이라 하면 상적 유통과 물적 유통을 합한 개념이다. 상적 유통은 제품을 거래/판매하는 활동을 의미한다. 물적 유통이란 제품의 보관, 운송, 하역, 포장과 관련한 활동을 말한다. 물적 유통은 전체 마케팅 비용의 20%가량을 차지할 정도로 비용 부담이 큰 영역이다. 따라서 물적 유통의 핵심 전략은 비용을 최소화하면서 생산자로부터 소비자에게 신속하게 제품을 배송하는 것이다. 그러자면 신속한 주문 처리, 제품의 보호와 배송을 고려한 완벽한 포장, 제품의 분실을 방지할 수 있는 안전한 보관, 신속한 운송, 정확한 재고 관리가 필요하다. 이것을 물적 유통 시스템의 선진화 작업이라고 부르고, '마케팅 로지스틱스(Logistics)'라고 지칭한다.

아마존의 물류 혁명

아마존의 본질은 전자 상거래이지만, 스스로를 '운송 서비스 업체'라고 규정하고 있다. 유통으로 버는 수익이 온라인 상거래 매출을 넘어선 상태이기 때문에 자사를 물류 기업이라고 본 셈이다. 아마존은 최근 선박과 항공기를 구매하면서 빠른 배송에 주력하고 있다.

아마존의 혁신적인 배송 시스템 중 대표적인 것은 '결재 예측 배송(Anticipatory shipping)'이다. 빅 데이터 분석을 통해 고객이 결제하기 이전에 결제 여부를 예측한 뒤 자동으로 창고에 있는 제품을 포장하여 고객이 위치한 지역의 물류 창고로 보내는 기술이다. 인공지능 덕분에 결재 예측 배송은 95%의 정확도를 자랑한다(https://brunch.co.kr).

아마존은 배송 시간 절감을 위해 다양한 옵션을 제공한다.

- 아마존 프라임(Amazon Prime): 연회비 $99, 무료 2일 배송
- 아마존 프라임 프레시(Amazon Prime Fresh): 신선식품 배송, 연회비 $299, $50 이상 무료 배송
- 아마존 플렉스(Amazon Flex): 우버 형태의 1~2시간 배송
- 아마존 주말 배송(Amazon Saturday/Sunday Delivery)
- 아마존 프라임 회원 당일 배송(Amazon Same Day Delivery): $35 이상 주문 시
- 아마존 식품 박스(Amazon Prime Pantry): 박스당 $5.99에 식료품 배송
- 아마존 프라임 나우(Amazon Prime Now): 프라임 회원에 한해 2시간 무료 배송
- 아마존 글로벌(Amazon Global): 국제배송
- 아마존 프라임 에어(Amazon Prime Air): 드론을 이용하여 2.25kg 이하의 상품을 주문 후 30분 내 배송.

주문 접수와 처리는 인터넷(혹은 판매원)을 통해 고객이 쉽게 편리하게 주문할 수 있도록 하는 것이 중요하다. 인터넷으로 주문할 때 주문하는 과정이 복잡하거나, 오류가 반복해서 뜨면 소비자는 구매를 포기하게 된다. 창고(보관) 기능은 생산과 소비의 주기가 대개 일치하지 않은 점을 감안하여, 제품을 제대로 보관해야 한다. 제품의 선도 및 청결 상태를 주의를 기울여야 한다. 재고 관리에 있어서는 너무 많은 재고도, 너무 적은 재고도 아닌 적절한 분량의 재고를 유지하는 것이 중요하다. 수송은 창고에 있는 제품을 판매상이나 고객에게 신속하고 안전하게 운반하는 기능이다.

[2] 코로나 시대의 물적 유통

2020년 세계적 대유행을 불러온 코로나 사태로 오프라인에서 이뤄지던 물적 유통이 온라인으로 급격히 이동했다. 온라인으로의 이동은 코로나 이전부터 진행되고 있었으나, 코로나를 계기로 급속한 변화가 진행된 셈이다. 소비자의 외부 활동이 줄어들면서, 대신 온라인 쇼핑액은 급증했다. 나아가 온라인 쇼핑의 품목, 빈도, 이용자 연령층도 확대되어, 온라인 배송은 2020년에 전년 대비 70%나 증가했다. 그동안 온라인 구매가 활발하지 않던 50대 이상 연령층에서도 코로나 사태로 자의 반, 타의 반 온라인 구매로 유입되었고, 온라인 공간에서 생필품, 생활용품, 식품 구매가 큰 폭으로 증가했다. 신선 식품은 온라인 침투가 가장 낮았던 품목이었는데, 소비자의 외출이 극도로 제한되면서 신선 식품에 대한 온라인 주문도 늘어났다. 장보기는 소득에 상관없이, 반복적으로 구매해야 하는 소비이기 때문에 타 제품에 비해 학습 효과가 더 크다. 이런 이유로 코로나가 끝나도 온라인 장보기는 일반적인 소비 패턴으로 굳어질 것으로 예측된다.

온라인 쇼핑의 또 다른 특징은 기존 유통 업체가 아닌 인터넷 플랫폼 기업이 이커머스에 진입했다는 점이다. 네이버와 카카오가 대표적인데, 두 업체 모두 검색 포털과 메신저라는 강력한 트래픽 유입이 강점인 인터넷 회사이다. 두 회사는 온라인 쇼핑을 위한 앱을 개편하고, 커머스 분야를 대대적으로 정비하면서 쇼핑 이용자를 끌어들이고 있다. 이커머스 시장은 비교적 충성도가 낮은 경향을 보이는데, 네이버와 카카오는 충성도 높은 사용자를 가진다는 점도 유리하게 작용한다(이데일리 편집보도국, 2020).

이커머스에서 중요한 경쟁력으로 부각되는 것이 '배송'이다. 온라인에서 주문한 제품은 반드시 구매자에게 신속, 정확하게 배송되어야 하기 때문이다. 쿠팡의 로켓배송, 마켓컬리의 샛별배송 등 코로나 이전부터 차별화된 배송 서비스가 시작되었기 때문에 소비자의 배송에 대한 기대 수준은 매우 높은 편이다. 따라서 기업으로서는 신속하고 차별화된 배송 전략이 그 어느 때보다 중요한 과제가 되었다.

쿠팡과 마켓컬리가 익일 배송(주문 다음날 제품 배송)을 할 수 있는 것은 두 업체 모두 상품을 이미 가지고 있어서 신속한 출고가 가능하기 때문이다. 그러나 모든 유통 업체가 이처럼 제품을 미리 준비해 두기는 어려운 현실이다. 이런 문제를 해결해 줄 수 있는 방법으로 포스트 코로나 시대에는 '풀필먼트 서비스(Fulfillment service)'

가 확대될 전망이다. 풀필먼트 서비스란 물류 회사가 제품 판매사의 위탁을 받아 배송, 보관, 포장, 재고 관리, 교환/환불 등 모든 과정을 대행하는 물류 일괄 대행 서비스를 의미한다. 즉 운송 회사는 제품 판매사를 대신하여 물류 창고를 제공해서 재고를 보관해주고, 온라인 주문이 들어오면 제품을 골라서 포장하고, 배송까지 해준다. 운송 업체의 풀필먼트를 이용하면 빠른 배송이 가능해진다. 2020년 네이버가 CJ대한통운과 전략적 파트너십을 체결한 것도 풀필먼트 사업을 추진하기 위함이다. 이를 통해 재고 관리의 최적화, 자율 주행, 물류 로봇 등 스마트 물류 시스템을 구축해 간다는 계획을 가지고 있다.

배달의 민족 운영사인 우아한 형제들은 2020년 주력 사업으로 식료품 배송 서비스 'B마트'를 시작했다. '극소량 번쩍 배달'을 강조하여 B마트에서는 (1) 상품을 묶음이 아닌 1개 단위로 구매할 수 있고, (2) 1시간 내 배송, (3) 최소 주문 금액이 5천 원인 점이 특징이다. 샛별배송, 로켓프레시, 쓱배송처럼 온라인으로 식품을 배송하는 점은 같지만, 배송 시간이 더 단축되고 소규모 장보기가 가능하다는 점이 차별점이다. 1인 가구의 증가세를 고려하여 소량 구매에 초점을 둔 것이다. B마트로 주문이 들어오면, 영수증에 주문 상품 위치가 찍혀서 나오고, 이것을 바탕으로 직원(혹은 아르바이트생)이 B마트 점포 안 선반 사이를 돌아다니면서 장바구니에 제품을 담아온다. 장바구니에 담긴 상품은 냉동, 냉장, 상온별로 구분하여 냉동제품은 아이스팩에, 냉장 제품은 보냉팩에 포장하여, 이것들을 한

데 포장해서 라이더에게 전달하면 물류 센터 작업이 완료된다. 이런 과정을 '마이크로 풀필먼트' 혹은 '퀵커머스'라고 불린다(이데일리 편집보도국, 2020). 요기요도 '요마트'를 열어서, 서울 일부 지역에서 시범 운영하고 있다.

5장

참고 문헌

김범종·박승환·송인암·조용한(2017). 「디지털 시대의 마케팅 관리」. 대경 출판사.

윤준탁(2017). 월마트와 아마존의 온라인 커머스 경쟁. verticalplatform.kr.

이덕형(2008). 월마트 실패 요인 3가지. m.cafe.daum.net.

이데일리 편집보도국(2020). 「키워드 2021」. 이데일리.

이승윤(2020). 「구글처럼 생각하라」. 넥서스BIZ.

이한영(2016). 「너 이런 경제법칙 알아?」. 21세기북스.

한국능률협회컨설팅 (2019). 경영매거진 CHIEF EXECUTIVE 3월호.

Kotler, P.(2003) 「Marketing Management」, 11th ed. NJ: Prentice-Hall.

LG주간경제. 1997. 9. 10).

머니투데이. 2007.9.18.

주간동아. 2019. 5. 24.

한국경제신문, 2018.9.3. A15.

세 상 에 서
가 장 쉬 운
마케팅

6장
촉진 전략

E A S Y
MARKETING

촉진(Promotion) 전략이란 제품 판매에 도움이 되도록 소비자와 소통(커뮤니케이션)을 강화하는 계획이다. 이러한 활동이 궁극적으로 매출을 촉진한다는 의미에서 촉진 전략이라고 부른다. 제품 판매를 촉진하기 위해서는, 현재 고객과 미래의 잠재 고객에게 브랜드를 알려야 하고, 브랜드 이미지를 좋게 하거나, 브랜드 정체성을 형성하고, 타사가 갖고 있지 않은 자사 제품의 특장점을 알려야 하는 등 다양한 활동이 요구된다. 신제품인 경우는 시장에 새 브랜드가 출시되었음을 알리는 것이 무엇보다 중요할 것이다. 반면 기존 제품인 경우는, 브랜드 선호도를 높이고 경쟁 제품과 차별성을 강조해야 하는 바, 시장과 제품 특성에 따라서 촉진 전략은 달라진다.

촉진 전략은 '광고(Advertising)', 'PR(Public Relation)', '판매 촉진(Sales promotion)', '인적 판매(Personal selling)' 네 요소를 포함한다. 이들 네 가지 요소를 합하여 '촉진 믹스(Promotion mix)'라고 부른다.

1. 광고

매년 한국은 12조 원 이상의 광고비를 집행하는 광고 대국이다. 이러한 광고비 규모는 세계 10위권에 드는 수준이다. 그만큼 광고 산업이 발달한 국가이며, 광고 시장이 넓다는 의미이고, 국내외 기업들이 한국에서 광고를 많이 집행하고 있음을 시사한다.

광고의 구성 요건

광고란 기업이 대중매체(또는 미디어)를 통해서 대중(또는 개인)을 대상으로 브랜드를 알리고 설득하는 행위이다. 적어도 광고라고 명명하기 위해서는 몇 가지 요건이 충족되어야 한다. 다만 전통적인 관점에서 광고의 구성 요건과 최근 디지털 환경에서의 광고의 구성 요건은 약간 변화된 양상을 보이고 있어, 이를 종합하여 살펴본다.

[1] 광고주의 명시

광고하는 기업이 누구인지 이름을 밝혀야 한다. 기업의 인지도와 브랜드 가치를 높이기 위해서 광고를 하는 것인데, 광고주를 밝히지 않는다면 광고라고 할 수 없다.

[2] 유료의 광고비

어떤 미디어든 광고를 집행하기 위해서는 광고비를 지불해야 한다. 다만 공익광고는 공익적 목적이 있기 때문에 무료로 TV 광고

〈표 6-1〉 2020년 국내 총광고비

구분	매체	광고비(억 원)	구성비(%)
방송	지상파TV	12,200	9.7
	라디오	2,350	1.9
	케이블/종편	19,830	15.7
	IPTV	1,280	1.0
	기타(위성, DMB 등)	1,858	1.5
	방송 계	37,518	29.7
인쇄	신문	13,85	11.0
	잡지	2,687	2.1
	인쇄 계	16,537	13.1
디지털	PC	18,730	14.8
	모바일	37,520	29.7
	디지털 계	56,250	44.5
OOH (Out Of Home)	옥외	3,800	3.0
	극장	2,200	1.7
	교통	4,600	3.6
	OOH 계	10,600	8.4
제작		5,379	4.3
총계		126,284	100.0

출처: 제일기획.

를 한다. 여기서 유료라는 의미는 일반 기업이 집행하는 상업광고(제품 광고, 기업광고)를 전제로 한다.

[3] 대중매체(또는 미디어) 이용

대중매체를 통해서 광고를 하게 된다. 직접 기업의 광고 담당자가 나와서 대중에게 신제품 출시를 알린다면 광고가 아니라 '인적 판매'에 해당한다. 과거에는 대중매체(TV, 라디오, 신문, 잡지)를 통해서 광고를 하는 것이 일반적이었으나, 최근에는 유튜브 등 소셜미디어와 SNS, 휴대폰/모바일 등 광고 매체가 다양해졌다. 뉴미디어는 전통적인 대중매체와는 차이가 크다. 따라서 광고의 개념도 '대중매체를 통해서'가 아닌 '미디어를 통해서'라고 바뀌어야 할 것이다.

위에서 미디어라는 것은 사실상 디지털 매체를 의미하는 경우가 많은데, 그중에서도 유튜브와 인스타그램, 네이버 블로그와 네이버 광고(검색 광고와 배너 광고), 카카오톡이 광고주의 사랑을 받는 광고 매체에 해당한다.

[4] 대중(또는 개인)

전통적인 광고의 개념은 익명의 다수 대중을 상대로 커뮤니케이션하는 활동으로 정의되었다. 그러나 최근에 부상한 뉴미디어는 특정한 소집단 내지 개인을 표적으로 메시지를 전달하기도 한다. 과거에는 대중매체로 광고를 할 때 광고 메시지를 보는 사람이 누구인지 전혀 알 수 없었다는 점에서 익명성을 강조했다. 그러나 초디지털 시대에 접어든 지금은 수용자에 대한 방대한 데이터를 가지고 전략적으로 광고를 집행하게 된다. 내가 오전에 검색한 브랜드가 있는 경우 하루 종일 해당 브랜드 광고가 나를 따라다니는 것을 누구나 한 번쯤 경험했을 것이다. 이런 맥락에서 '익명의 대중'이라는 전통적인 광고 개념은 수정되어야 할 것이다.

[5] 설득 행위

광고는 현재 고객과 잠재 고객에게 영향을 미치는 활동이다. 시장에 나와 있는 많은 브랜드 중 우리 브랜드를 좋아하도록 설득하고, 우리 브랜드를 기억하도록 하고, 우리 브랜드를 구매하도록 하고, 우리 브랜드를 반복 재구매하도록 설득한다.

광고는 한, 두 번 해서 효과를 보기 어렵다. 따라서 광고는 캠페인 성격으로 장기간 집행하는 것이 일반적이다.

광고의 기능 및 효과

대표적인 광고의 기능 및 효과는 다음과 같다.

[1] 브랜드 인지도

광고는 많은 사람이 브랜드 로고나 브랜드명을 알도록 한다. 남녀노소 많은 대중에게 알려진 브랜드는 브랜드 파워 내지 브랜드 가치가 크다. 이 말은 또 브랜드 이름이 갖는 자산적 가치가 크다는 의미로 해석된다. 참고로 2020년 통계를 보면, 삼성전자의 브랜드 가치는 504억$(60조 1020억 원)으로 세계 8위에 해당한다. 1위 애플의 브랜드 가치는 2412억$, 2위 구글 2075$, 그 다음으로 마이크로소프트(1629$), 아마존(1354$), 페이스북(703$) 순이다. 결국 광고를 통해 브랜드 인지도를 높이는 것은 광고의 중요한 기능이자, 기업의 가치를 높이는 데 핵심이 된다.

[2] 제품 특성에 대한 정보 제공

광고는 브랜드에 대한 상세한 정보를 제공한다. 왜 우리 상품이 좋은지, 경쟁 상품과 어떤 차별적 우위점이 있는지 알려준다. 제품 성분, 가격, 원산지, 품질, 디자인, 특허, 신기술 적용, 용도, 구매 장소, 등 다양한 측면에서 제품의 특, 장점을 알려준다. 이러한 정보를 바탕으로 소비자는 해당 브랜드를 신뢰하게 되고, 구매 결정을 쉽게 내릴 수 있게 된다.

소비자의 이성적 판단에 영향을 미치는 광고 제작 기법을 이성적 소구라고 한다. 제품의 특징, 강점을 실제로 증명해 보이는 '실증형 광고', 전문가나 소비자가 광고 모델로 등장하여 제품의 장점이나 사용 경험을 솔직하고 객관적 관점에서 서술하는 '증언형 광고', 객관적 측면에서 경쟁사 제품과 나란히 놓고 비교해서 우리 제품의 강점을 드러내는 '비교광고'가 대표적으로 제품에 대한 정보 제공을 목적으로 한 광고라고 볼 수 있다.

[3] 브랜드 선호도

브랜드 이름은 널리 알렸지만, 브랜드를 좋아하지 않는다면 기업이 원하는 광고 효과를 거둘 수 없다. 궁극적으로 기업은 광고를 본 소비자가 제품을 구매하길 기대한다. 그러나 브랜드를 좋아하지 않는 소비자가 그 제품을 구매할 가능성은 거의 없다. 따라서 광고를 본 소비자가 브랜드를 좋아하도록 하는 것도 광고의 중요한 기능이다. 이런 의미에서 광고 메시지의 표현적 요소(광고 모델, 슬로건, 카피 등)는 매우 중요하다. 따뜻한 감성을 자극하는 광고, 위트와 유머가 들어간 재미있는 광고, 짜릿한 흥분과 각성을 유발하는 광고 메시지는 소비자의 호감을 얻는다. 광고에 대한 호감은 브랜드 선호로 이어진다. 따라서 참신하고 기발한 아이디어를 바탕으로 소비자의 감성을 자극하는 광고는 브랜드 선호도를 높이는 데 결정적 역할을 한다.

[4] 브랜드 이미지

브랜드 선호도와 비슷하면서도 차이가 분명한 것으로 브랜드 이미지가 있다. 브랜드 선호도는 호/불호(좋아하는가, 싫어하는가)의 방향성 차원의 평가이지만, 브랜드 이미지란 특정 브랜드에 대한 종합적 인상이다. 볼보자동차는 호두 같은 단단함, 견고함의 이미지를 가지는 반면 BMW는 세련됨, 젊음, 도시적 이미지를 가진다. 대한항공이 남성적 이미지가 강하다면 아시아나 항공사는 여성적 이미지가 강하다.

브랜드 이미지는 본래 제품이 가지는 속성에서 기인한 측면도 있지만, 그보다는 광고가 만든 이미지인 경우가 많다. 성능, 품질, 디자인이 비슷해도 소비자가 브랜드에 대해 다른 이미지를 갖는 것은 광고가 그렇게 만들었기 때문이다. 더욱이 광고를 단발성으로 하지 않고 장기적 캠페인으로 지속하면 견고한 브랜드 이미지를 구축할 수 있다. 인공 조미료임에도 불구하고, 오랜 기간 자연의 맛, 고향의 맛 콘셉트로 다시다 광고를 집행한 덕분에 다시다는 자연 조미료에 가까운 이미지를 쌓게 되었다.

브랜드 이미지와 유사 개념

브랜드 이미지는 브랜드 연상과도 긴밀히 연결되어 있다. 브랜드 연상이란, 브랜드를 떠올렸을 때 단편적으로 떠오르는 단상들이다. 브랜드와 관련한 특정 색상이나 광고 모델, 원산지, 판매 장소 등 제품과 직, 간접적으로 관련된 것이라면 무엇이든 브랜드 연상에 해당한다. 브랜드 이미지는 종합적인 측면의 인상이라면, 브랜드 연상은 브랜드 이미지에 녹아 있는 파편화된 이미지 요소라고 볼 수 있다.

브랜드 개성은 브랜드 연상과 비슷하지만, 좀 더 사람이 갖는 인성/성품에 가까운 이미지를 뜻한다. 브랜드 개성이란 브랜드와 결부된 인간적 특징들을 의미한다. 소비자에게 좀 더 잘 기억되는 브랜드로 각인시키기 위해 인간적인 성품을 입히는 것이다. 어떤 브랜드를 제시했을 때, 멋지다, 성실하다, 상냥하다. 신념이 강하다, 논리적이다, 매혹적이다, 순수하다, 진취적이다, 즐겁다 등과 같이 사람의 성품에 비유되는 단어가 떠오른다면 브랜드 개성이 잘 만들어졌다고 볼 수 있다. 그러나 첨단적인, 낡은, 저렴한 등을 떠올린다면 이것은 브랜드 개성이라고 말하기는 어렵다. 대신 브랜드 이미지에 해당한다. 브랜드 개성을 측정하는 척도로 많이 사용되는 항목은 능력(Competence), 흥미(Excitement), 세련됨(Sophistication), 진

〈표 6-2〉 브랜드 개성의 측정

브랜드 개성 차원	측정 항목
진실함	진실한, 다정한, 신뢰할만한
능력 있음	지적인, 현실적인, 전문적인, 자신감 있는
흥미로움	상상력이 풍부한, 독특한, 독립적인, 현대적인
활동적임	남성적인, 터프한, 야외 지향적인

실성/성실함(Sincerity), 강인함(Ruggedness), 정감(Affection), 열정(Excitement) 등이다.

브랜드 개성, 브랜드 연상, 브랜드 이미지는 약간의 의미 차이는 있지만, 브랜드에 대한 인상을 표현하는 요소들이다. 학계의 연구 결과에 따르면 브랜드 연상과 개성이 명확할수록 브랜드 구매 가능성이 커진다는 것이 공통된 결론이다. 어떤 느낌이나 이미지가 떠오르지 않는 브랜드보다는 개성과 느낌이 있는 브랜드를 소비자는 좋아한다.

[5] 브랜드 충성도

브랜드 선호도가 발전하면 브랜드 충성도가 된다. 대인 관계에서 좋아하는 감정이 발전하면 사랑하게 되는 것과 비슷하다. 좋아하는 상대는 여러 명일 수 있지만, 상대를 사랑하게 되면 다른 사람에게는 눈길을 주지 않고 오직 그 사람만 보이고, 그 사람에게만 충성스럽게 애정을 쏟게 된다. 마찬가지로 브랜드 선호도는 여러 브랜

〈표 6-3〉 광고의 기능 및 효과

광고의 기능 및 효과	인지 효과	정서 효과	설득 효과
제품에 대한 관심	○		
브랜드 인지	○		
제품에 관심 유발	○		
제품 정보 제공	○		
브랜드 기억, 회상	○	○	
브랜드에 대한 신뢰	○		
브랜드 정체성	○		
브랜드 포지셔닝	○		
브랜드 연상, 개성, 이미지		○	
정서적, 심리적 설득		○	
브랜드 호감		○	
브랜드에 대한 구매 욕구		○	
행동(주문, 클릭, 방문 등) 자극			○
브랜드 구매 의사			○
브랜드 태도 변화			○
브랜드 충성도			○
구전 효과 생성			○
브랜드 지지, 추천 생성			○

출처: 강미선 (2015).

드에 대한 호감이 가능하기 때문에, 이번 달에는 A브랜드를 구입했다가 다음 달에는 B브랜드를 구입할 수도 있지만, 브랜드 충성도는 오직 한 브랜드만 고집하게 된다. 브랜드 충성도는 다른 브랜드에는 관심을 주지 않고 한 브랜드만 지속적으로 반복 구매하게 되는 행동을 의미한다. 특정 브랜드를 애용하는 단골 고객이나 VIP 고객이 많다면 브랜드 충성도가 높은 셈이다.

기업 입장에서는 신규 고객을 많이 유치해서 매출을 올리는 것보다 충성도 높은 고객을 많이 확보하는 것이 비즈니스 면에서 이득이 된다. 신규 고객을 끌어들이는 데 드는 마케팅 비용이 기존 고객을 유지하는 비용보다 5배 이상 더 들기 때문이다. 따라서 마케팅 효율 측면에서 볼 때 단골 고객 유지는 신규 고객 유치보다 훨씬 중요하다. 제품력이 뒷받침되는 한, 꾸준한 광고 캠페인은 브랜드 충성도를 높이는 데도 도움을 준다.

2. PR

공중관계(Public Relations: PR)란 기업과 공중 사이의 쌍방적 커뮤니케이션을 통해 기업에 대한 호의적 이미지와 신뢰도를 높이기 위한 활동이다. 여기서 '공중'이란 기업 활동에 직, 간접적 영향을 미치는 모든 집단을 의미하는 것으로, 소비자, 미디어(언론), 정부, 투자자, 지역사회, 시민 단체, 직원들까지 포함한 개념이다. 또 '쌍방적'이라는 의미는 기업과 공중이 서로 혜택을 얻는 활동이라는 의미를 가진다. 기업이 지역사회를 위해 자선 공연 행사를 진행했다면 기업과 공중(지역사회)에게 윈윈이 되는 셈이다.

PR 활동은 대상 공중이 누구인가에 따라 다양한 용어가 존재한다. 소비자를 대상으로 한 PR은 '마케팅 PR'이라고 하고, 기사나 뉴스를 생산하는 미디어(방송사, 신문사 등)를 대상으로 한 PR을 '언론홍보(Publicity)', 정부를 대상으로 한 PR은 '로비(Lobby)', 투자자를 대상으로 한 PR은 'IR(Investor Relations)', 기업 내부 종사자를 대상으로 한 PR을 '직원관계(Employee relations)'라고 부른다. 공중별로 PR의 명칭 및 내용이 달라진다.

PR 활동 중에서 가장 중요하게 취급되는 것은 '언론홍보(Publicity)'이다. 뉴스나 기사를 생산하는 언론사(신문사, 방송사 등)를 대상으로 한 PR 활동이다. 구체적으로 보면, 기업이 기사 형식으로 작성한 보도 자료를 언론사에 제공하여 우호적인 기사를 싣도록 독려하는 활동이다. 많은 기업에서 보도 자료를 언론사에 전달하기 때문에 보도 자료가 채택되어 기사화되기는 그리 쉽지 않다. 보도 자료가 기사로 채택되면 기업의 인지도는 올라가고, 제품 판매에도 도움이 되기 때문에 언론홍보는 매우 중요한 촉진 수단이다.

기사나 뉴스는 광고보다 신뢰도가 높고, 콘텐츠 접촉 측면에서 열독률(기사를 읽는 비율)이 광고 주목도(광고를 보는 비율)보다 높다. 뿐만 아니라 보도 자료 제공을 통해 기사화되는 데는 비용이 들지 않지만, 광고는 고비용 활동이라는 점에서 언론홍보의 장점이 많다. 다만 보도 자료가 채택될지 안 될지 모르고, 기사로 나간다고 해도 기사량 및 내용에 대한 통제권은 오로지 언론사에 있기 때문에 기업이 개입할 여지가 없다. 언론사가 보도 자료를 채택할 때는 뉴스 가치가 있는가를 바탕으로 하게 된다. 따라서 기업에서는 뉴스 가치가 높은 보도 자료를 제공해야 한다. 보도 자료를 만드는 대표적 주

〈표 6-4〉 광고와 언론홍보의 비교

항목	광고	언론홍보
대상	소비자	언론사와 독자
메시지의 형태	광고 메시지	기사
메시지의 노출 효과	낮다	높다
메시지의 신뢰도	낮다	높다
메시지 통제권	광고주(기업)	언론사(신문사, 방송사)
메시지 비용	유료(광고비)	무료(기사)
마케팅 효과	브랜드 가치(브랜드 인지도와 이미지) 제고	기업의 신뢰도와 명성 제고

제로는 기업의 사회 공헌 활동, 역대 매출액 달성, 신제품 출시, 신기술 개발, 신사옥 건축, 새로운 CEO 영입 등이 있다. 그밖에도 기업과 관련해서 새로운 소식이면서 독자나 소비자에게 알릴만한 가치가 있는 것은 무엇이든 보도 자료가 될 수 있다.

3. 판매 촉진

판매 촉진(Sales promotion)이란 소비자가 우리 브랜드에 신속하게 관심을 가지고 즉각적으로 구매하도록 하는 단기적인 유인책을 의미한다. 샘플 제공, '1+1'이나 가격 할인, 경품, 공제, 할인쿠폰이나 포인트 등이 단기적 유인책이다. 쇼핑 현장에서 접하게 되는 구매시점광고(POP)는 광고이자 판매 촉진에 속한다. 쇼핑의 66%를 점포에서 결정하고, 53%는 비계획적 구매자이기 때문에 POP는 구매를 자극하는 주된 요인이 된다(한상만·하영원·장대련, 2018). POP뿐만 아니라 판매 촉진 활동은 구매 현장에서 실시하는 경우가 많아서 소비자의 즉각적인 구매로 이어진다는 장점을 가진다. 가령 마트에 세제를 사러 간다고 가정할 때 마음 속에 특정 브랜드를 염두에 두지 않은 상태에서 '1+1' 행사를 보면 그 제품을 선택하게 될 가능성이 커진다. 설령 기존에 사용하던 브런드가 있다고 해도 다른 브랜드에서 가격 할인을 하면 브랜드를 바꿔서 구매하게 된다.

그러나 판매 촉진을 장기간, 자주 하는 경우 브랜드 이미지가 나빠지고, 정상 가격으로 돌아갔을 때 소비자의 저항이 클 수 있다. 이런 이유로 광고를 '항생제'라고 본다면 판매 촉진은 '마약'이라고 부르기도 한다. 광고는 중장기적으로 브랜드 가치를 높이는 데 기여하는 반면, 판매 촉진은 당장엔 매출 증대에 기여하지만, 자주 사용하면 싸구려 이미지를 심거나 브랜드 가치를 훼손시킨다.

판매 촉진을 유용하게 활용할 수 있는 조건은 다음과 같다.

〈표 6-5〉 소비자 대상의 판매 촉진 수단

종류	특징
특별 할인	• 단골(VIP)에게만 한정된 기간 동안 가격 할인이나 무료 상품을 제공함
보너스 팩	• 정상 가격에 추가 상품을 제공함 • 비사용자로 하여금 특정 상품을 사용해 보도록 유인함
프리미엄	• 제품을 구매하면 무료 내지 싼값으로 함께 주는 인센티브 • 어린이 대상 업종에서는 캐릭터(장난감)를 많이 제공함 • 예시: 햄버거 구매 시 캐릭터 장난감 제공
회원제 카드	• 개인의 사용량에 따라 현금 또는 상품 제공 • 사례: SK 텔레콤, 해피 포인트 카드, 주유소 카드, 항공사 마일리지 카드 등
견본품 (Sample)	• 소량의 상품 또는 시험적 사용 상품을 무료로 제공 • 신상품을 출시했을 때 효과가 크지만, 기업으로선 비용 부담이 있음
쿠폰	• 특정 상품을 구입할 때 할인 혜택을 주는 증서 • 쿠폰에 할인율이나 할인 금액이 적혀 있어서 쿠폰은 준가격의 성격을 가짐
리베이트 (Rebate)	• 고객이 상품을 구매했다는 서류를 기업에 보내면 기업이 상품 가격의 일부를 반환해 줌
경품 (Sweepstakes)	• 상품 구매 시 무료 또는 저렴한 가격으로 제공되는 제품 • 일종의 사은품
경연	• 소비자가 어떤 문제를 풀거나 재주를 보이도록 하여 성과가 뛰어난 사람을 뽑아 상품을 제공
구매시점광고 (POP)	• POP는 Point of Purchase의 약자 • 대형마트나 점포 내에서 제품을 전시하거나, 광고하는 유사 광고물을 의미 • 매장의 진열물, 장식 리본, 포스터, 제품 사진, 견본품, 인쇄물 등이 POP에 해당

- 신제품의 시험적 사용을 유도할 때: 소비자가 모르는 브랜드에 대해서는 구매를 꺼리게 된다. 그때 샘플을 나눠주면 신제품을 사용할 기회를 갖게 된다. 만약 제품의 품질이 월등히 좋다면 샘플을 사용해 본 소비자는 정식으로 제품을 구매하게 될 것이다.
- 재원이 부족한 중소기업에서: 광고는 장기간 캠페인으로 집행해야 어느 정도 효과를 볼 수 있다. 그런 경우 광고비가 상당히 필요하다. 그러나 판매 촉진 활동은 기업의 자금 여력에 따라 얼마든지 신축적으로 운용할 수 있다.
- 재고를 소진하고자 할 때: 창고에 쌓여 있는 많은 재고를 단시간에 털어 버리고 싶을 때 판매 촉진이 효과적이다. 만약 신제품 개발이나 설비 구입을 위해 당장 현금을 회수해야 하는 경우 판매 촉진을 하는 것이 효과적이다.
- 제품이 성숙기 단계일 때: 제품의 성숙기 단계에서는 신규 구매자가 거의 없어서 매출이 정체되는 시기이다. 이 시기에 판매 촉진을 실시함으로써 매출을 높이는 데 도움을 줄 수 있다. 일반적으로 고가격/고할인 전략이 단일 가격으로 판매할 때보다 더 많은 이익을 준다.
- 계절의 수요 격차를 조정하고자 할 때: 제품에 따라 성수기, 비수기가 극명하게 구분되는 경우 시기별로 매출의 편차가 크다. 기업 운영을 위해서는 매출을 안정적으로 유지해야 하므로, 비수기에 판매 촉진을 실시하면 도움이 된다.

〈표 6-6〉 광고와 판매 촉진의 효과 비교

구분	광고	판매 촉진
표적고객	• 기존 고객 • 브랜드를 모르는 소비자	• 브랜드 전환자 • 경쟁 브랜드에 호의적인 소비자
단기적 효과(긍정)	• 브랜드 인지 • 브랜드 정보(지식) • 브랜드 기억 • 제품 구매 욕구	• 구매 행동 유인 • 즉각적 매출 증가 • 소비자 상점 방문 • 시험 사용 유도 • 구매 빈도 및 구매량 증가
장기적 결과(긍정&부정)	• 브랜드 충성도 형성(긍정) • 브랜드 이미지와 개성 구축(긍정) • 브랜드 가치 향상(긍정)	• 브랜드 가치 손상(부정) • 브랜드 이미지 하락(부정) • 준거 가격의 변화 및 정상 가격에 대한 저항(부정) • 소비자의 구매 연기(부정)

플랫폼 기업의 판매 촉진

네이버, 토스 등 플랫폼 기업(온라인 기업)들은 모바일 앱의 방문을 유인하기 위해 참신한 보상 시스템을 시도하고 있다. 모바일 금융 앱 '토스'는 1000걸음을 걸으면 10원을 준다. 미션 장소에 도착하면 최대 100원을 주기도 한다. 금융 통합 앱 '모니모'는 출석 체크와 만보기 등을 통해 돈을 환전할 수 있는 젤리를 준다. 네이버의 마이플레이스는 영수증을 스마트폰으로 스캔하여 방문 인증을 하면 첫 방문에 50원, 두 번째 방문부터 10원을 준다.

모바일 앱의 보상에 만족한 소비자는 해당 플랫폼에 더 자주 방문하게 될 것이다. 결국 플랫폼 기업이 제공하는 각종 보상은 형태는 다르지만 목적은 하나같이 월간 방문자 수(MAU: Monthly

데이 마케팅과 시간 마케팅

많은 기업이 판매 촉진의 일환으로 데이 마케팅과 시간 마케팅을 시행하고 있다. 데이 마케팅이란 기업이 특정 기념일을 지정하여 자사 상품을 알리고, 판매를 제고하는 마케팅 방식이다. 이것을 '브랜드 데이'라고 부르는데, 베스킨라빈스의 31데이, 11월 11일 빼빼로 데이가 대표적 예이다. 그밖에 3월 3일 삼겹살 데이와 같이 특정 브랜드보다는 양돈 농가 전체를 위한 판촉 기념일도 있다. 제품 출시일을 기념하는 데이 마케팅도 있다. 삼양라면은 1963년 9월 15일에 처음 출시되어, 9월 15일을 라면 데이로 지정하고 할인된 가격에 라면을 판매한다.

시간 마케팅은 특정한 요일, 특정 시간대에만 상품을 할인된 가격으로 팔거나, 특별한 혜택을 제공하는 판매 촉진 활동이다. 소비자 입장에서는 시간만 잘 맞추면 할인된 가격으로 제품을 구매할 수 있어 장점이 있고, 기업 입장에서는 특정 시간대를 이용하여 매출을 늘릴 수 있다. 시간 마케팅은 소비자로 하여금 이 시간이 지나면 할인 가격으로 제품을 살 수 없다는 심리적 긴장을 주어, 당장 필요하지 않는 물건을 사도록 만든다. 시간 마케팅을 잘 활용하면 재고를 소진하는 데 도움이 된다. 대형마트에서는 주부들이 많이 방문하는 요일이나 시간대에 유통기한이 얼마 남지 않은 가공식품이나 식재료를 1+1 행사를 하는 것도 재고를 신속하게 없애려는 목적을 가진다.

시간 마케팅에서 중요한 것은 소비자의 생활 시간대를 잘 파악하여 소비자가 제품을 구매하는 데 적합한 시간대로 정해야 한다는 점이다. 패스트푸드 업체들이 젊은 직장인과 학생들이 가장 많이 방문하는 점심시간에 할인 혜택을 제공하는 것이 그 예이다.

Active Users)를 늘리기 위함이다. 소비자가 앱에 접속하여 다양한 행위를 할 때마다 보상을 줘서 소비자가 다른 앱으로 빠져 나가지 못하도록 하고, 소비자의 앱 만족도를 높이고, 구매 여력이 부족한 사람도 앱이 제공하는 서비스를 이용할 수 있게 한다. 나아가 소비자의 여러 활동이 고스란히 데이터로 남아 앱 서비스의 경쟁력으로 이어지기 때문에 기업 입장에서도 득이 많다. 앱의 보상 체계가 갖는 장점이 많아서 오프라인 기업도 이를 따라가는 추세이다. 앞으로 리워드 앱의 진화는 계속될 것으로 전망된다.

4. 인적 판매

인적 판매(Personal selling)는 '대인 판매'라고 부르기도 한다. 제품을 판매하는 사람이 소비자와 직접 대화하면서 구매를 설득하고 판매하는 활동을 의미한다. 인적 판매에는 통신판매도 포함된다. 따라서 대면 대화는 물론 비대면 대화도 인적 판매에 해당한다. 인적 판매의 장점은 고객이 필요로 하는 정보를 즉각적으로 제공하거나, 고객의 취향에 맞게 제품을 추천할 수 있다는 점이다. 고객에 대한 설득 효과도 인적 판매가 광고보다 크다. 인적 판매는 촉진 믹스 중에서 제품에 대한 구매 결정에 미치는 효과도 가장 크다. 화재보험을 들려고 마음먹은 소비자가 있다고 할 때 광고를 보거나, PR성 기사를 접하거나, 홈쇼핑에서 경품을 준다고 해도 결국에는 영업 사원을 만나서 상담 후 계약하는 경우가 많다. 보험 산업은 판매 직원에 해당하는 유능한 보험설계사를 확보하는 것이 매출에 있어서 무엇보다 중요하다. 따라서 인적 판매에서는 영업 사원의 자질과 전문성을 위한 직원 교육이 선행되어야 한다.

인적 판매가 효과적인 상황은 다음과 같다.

- 제품에 대한 상세한 정보가 필요할 때: 보험, 예금/적금, 악기 등 전문품, 골동품을 살 경우는 영업 사원과 상담을 거쳐서 구매를 결정하게 된다.
- 고가의 제품일 때: 항공기, 선박, 무기 등. 가령 항공기는 대당 7만$ 이상이 되는 고가 제품이라서 제품 구매를 위한 사전 협

상에만 2~3년이 걸린다.

- 산업재일 때: 제품을 구입하는 사람이 개인이 아닌 기업이며, 구입 목적이 제품의 재생산일 때는 인적 판매를 통해 상담과 구매 계약이 진행된다.
- 제품 구매 후 AS가 중요할 때: 정수기, 자동차, 렌탈 상품은 구매가 끝나도 지속적인 유지/관리가 필요하기 때문에 인적 판매로 구매가 이뤄지는 경우가 많다.
- 고객이 소수일 때: 전국적으로 많은 고객이 흩어져 있다면 대면 접촉은 비용 부담이 크다. 이런 경우는 통신판매가 낫다.

4차 산업혁명 시대에 접어든 이때 인적 판매에 의존한 업종과 직업은 어떻게 될 것인가? 대다수 전문가가 미래 산업은 기계화, 자

〈표 6-7〉 광고와 인적 판매의 조건 비교

조건	광고 vs. 인적 판매
고객이 전국적으로 퍼져 있고 고객 수가 많을 때	광고 > 인적 판매
고객의 정보욕구가 클 때	인적 판매 > 광고
구매량 및 구매액수가 클 때	인적 판매 > 광고
제품이 복잡할 때	인적 판매 > 광고
구매 후 AS가 필요할 때	인적 판매 > 광고
가격 협상이 필요할 때	인적 판매 > 광고
(협상에 따라) 가격 변화 폭이 클 때	인적 판매 > 광고

출처: 안광호·하영원·박흥수, 2001, p.404. 저자 수정.

동화, 로봇, 인공지능을 이용하게 되면서, 머지않은 미래에는 없어지는 직업이 상당히 많을 것으로 예견된다. 지금은 인적 판매로 비즈니스가 이뤄지지만 미래에는 사람이 필요하지 않는 산업으로 꼽히는 것으로 대출 등 금융업, 부동산 중개업, 농수산물 검사 및 과학 기술자, 자전거나 자동차 수리업, 우체국, 자동차나 트럭 운전, 택배원, 비행사, 관광 가이드 등이 있다. 소비자에게 제품을 설명하고 판매하는 소매업도 쇼핑을 돕는 로봇으로 대체될 것이고, 유인매장도 무인 매장으로 바뀌는 등 비대면 소매업이 크게 증가할 것으로 예상된다.

5. 통합적 마케팅 커뮤니케이션

앞에서 소개한 촉진 믹스의 네 요소는 독립적으로 시행하기보다는 통합적으로 관리, 운영할 때 효과가 커진다. 이런 취지에서 등장한 것이 통합적 마케팅 커뮤니케이션(Integrated Marketing Communication: IMC)이다.

통합적 마케팅 커뮤니케이션은 1980년대 후반부터 기업에서 본격적으로 시행하게 되었다. 소비자에게 일방적으로 제품을 강요한다고 판매가 올라가는 것이 아니라는 문제의식에서 출발하여, 소비자와 커뮤니케이션을 잘 해서 마케팅 성과를 높이자는 취지이다. 커뮤니케이션이 마케팅 활동에서 차지하는 중요성을 깨닫게 된 것이다.

통합적 마케팅 커뮤니케이션이란 그동안 해왔던 다양한 촉진 활동을 통일성 있게 일관되게 전개하면 시너지 효과를 거둘 수 있다는 점에 초점을 둔 개념이다. 예컨대 광고, PR, 판매 촉진, 직접 마케팅, 구매시점광고(POP) 등 소비자와 커뮤니케이션하는 방안들을 기업의 여러 부서에서 운영할 경우 예산을 낭비할 소지도 크고 통일된 브랜드 정체성을 심어 주는 데 방해가 될 수 있다. 가령 광고 부서에서는 고급스런 이미지의 제품 광고를 하는데 판촉 부서에서는 '1+1 행사'를 기획한다면 브랜드 이미지와 상충된다. 따라서 다양한 촉진 믹스 활동은 통합적으로 운영하는 것이 따로 따로 집행하는 것보다 높은 성과를 거둘 수 있다는 것이 IMC의 핵심 내용이다.

구체적으로 IMC의 도구를 살펴보면, 기업광고, 옥외광고(OOH: Out Of Home), 인적 판매, PR 및 퍼블리시티, 판매 촉진, DM(Direct mail), 이벤트, POP, 기업의 사회 공헌 활동, 스포츠 행사 후원, SNS, 기업 웹 사이트, 모바일 사이트, 기업 블로그 등 실로 광범위하고 다양하다. 기업을 알리거나 제품 판매에 도움이 되는 모든 매체를 포함한다고 볼 수 있다.

대표적인 IMC 수단은 신제품 수용 과정이나 소비자의 구매의사 결정 과정에서 단계별로 그 효율성을 달리한다. 따라서 어느 단계에서 어떤 IMC 도구가 더 효과적인지 검토해서 효용을 극대화해야 한다. 신제품 수용 과정 내지 제품 구매 의사 결정 과정은 일반적으로, 브랜드 인지 → 브랜드에 대한 지식 → 브랜드 호감 → 브랜드 선호 → 구매 확신 → 시험 구매 → 재구매로 이어진다. 신제품이 시장에 출시되었을 때 새로운 브랜드를 알리고 호감을 갖게 하는 과정에서는 광고가 효과적이다. 브랜드에 가치를 부여하고 이상적인 이미지를 부여하는 것은 광고만큼 효과적인 도구가 없다. 언론

〈표 6-8〉 IMC의 여러 수단

구분	광고	홍보	인적 판매	판매 촉진
목적 및 효과	브랜드 인지도 제고 이미지 제고	기업의 신뢰 형성	판매 설득	매출 증대 재고 처리
활동 기간	장기	지속적	장/단기	단기
비용/예산	고비용	무/저비용	저비용	탄력적/상대적

출처: 김동훈·안광호·유창조, 2006.

홍보는 뉴스나 기사를 통해 제품에 대한 상세한 정보(지식)를 제공하는 데 기여한다. 소비자는 광고보다 뉴스 내용을 더 신뢰하고 전문성을 높게 평가하기 때문이다.

인적 판매는 대면 접촉을 통해 소비자에게 구매 확신을 주거나 구매를 설득하는 데 적합하다. 미디어가 아무리 좋은 이야기를 한다고 해도 사람이 옆에서 설명해주고 설득하는 것에 따라가기는 어렵다. 특히 고가의 제품인 자동차, 금융상품, 주택 구입을 하는 경우는 광고를 보고 마음에 둔 제품이 있다고 해도 다시 영업 사원을 만나 상담과 추천, 설명을 듣고 구매 결정을 내리게 된다. 판매 촉진은 소비자의 시험 구매 및 재구매를 유도하는 데 적합하다. 가격 할인, 1+1, 경품 행사, 사은품 증정 등 판매 촉진 행사가 있다면 소비자가 잘 모르는 신제품이라도 선뜻 시험 구매를 하게 된다. 또한 당장 사용할 제품이 아니라고 해도 미리 사두거나 물량을 넉넉히 사는 등 재구매와 반복구매가 이뤄지게 된다.

〈표 6-9〉 구매 결정 과정에 따른 IMC 도구의 효과

구매 의사 결정 과정	효과적인 IMC 도구
브랜드 인지	광고
브랜드 지식	언론홍보
브랜드 호감 및 선호	광고
구매 확신	인적 판매
구매 행동(시험 구매, 재구매)	인적 판매 & 판매 촉진

편 마케팅과 게이미피케이션

의외로 많은 항공사가 고객에게 즐거운 체험을 제공하는 펀(Fun) 마케팅을 전개한다. 미국의 사우스웨스트 항공사는 미국에서 가장 저렴한 항공료로 알려져 있으면서, 동시에 코믹 경영으로 유명한 기업이다. 코믹 경영을 주창한 켈러허 회장의 사고는 단순하면서도 분명한 경영 철학을 담고 있다. 대부분의 항공사가 제공하는 기내 서비스가 유사하기 때문에 승객에게 웃음과 재미를 선사한다면 특별한 서비스가 될 것이다. 재미를 준다는 것은 곧 탑승객의 지루함을 덜면서 기내 서비스 만족도를 높여서, 항공사의 차별화된 이미지 확립 및 고객의 충성도 제고에 도움이 될 것이라고 경영자는 판단했다. 이러한 취지에서 어릿광대 복장의 승무원이 노래와 춤을 추면서 승객에게 서비스하거나, 기내 화장실에 몇 명이 들어갈 수 있는지 콘테스트를 개최하는 등 기발한 아이디어가 돋보이는 펀 서비스를 실시했다.

핀란드 항공사 핀에어(Finnair)는 2011년 세계적으로 인기 있는 모바일 게임 '앵그리버드(Angry Bird) 아시아 챌린지' 대회를 기내에서 개최했다. 온라인으로 희망 참가자를 모집해 헬싱키에서 싱가포르로 향하는 비행기 안에서 앵그리버드 행사를 진행했다. 재미를 극대화하기 위해 비행기 본체에 앵그리버드 캐릭터 그림을 그리고, 기내에서도 승무원들이 앵그리버드 앞치마를 착용했다.

최근에는 재미와 경쟁이라는 두 가지 특징을 가진 게임적 요소(게이미피케이션, Gamification)를 적용해서 자사의 앱 사용을 촉구하거나, 캠페인을 전개하기도 한다. 던킨도너츠는 '모닝스타트업'이라는 앱을 만들어 소비자에게 홍보했다. 작동 원리는 다음과 같다. 가령 앱을 다운로드한 이용자가 아침 8시에 기상 알람을 설정해 놓았다면, 다음날 아침 8시 알람이 울린 후 3시간 이내 가까운 던킨 매장에 들르면 과제를 완수하는 것이다. "김

편 마케팅과 게이미피케이션

OO님, 미션을 완수했습니다"라는 메시지가 전송되고, 그 날 친구 중 누가 미션을 완수했는지, 매달 얼마나 할인받았는지 순위까지도 나와서 친구들과 결과를 공유하게 된다. 알람 후 3시간 내 매장에 도착해야 하는 게임을 즐긴다는 재미와 친한 친구끼리 경쟁하는 요소를 섞은 셈이다. 캠페인 기간 소비자 반응은 폭발적 이었다. 모닝콤보 판매율이 18%나 늘었고, 입소문 효과도 커서 앱의 다운로드 수가 급증했다.

과거부터 기업은 체험 마케팅을 전개해 왔지만, 그중에서도 '재미있는 체험'을 제공하자는 것이 펀 마케팅의 요체이다. 그래야 소비자의 참여를 이끌어 낼 수 있고, 마케팅 효과도 거둘 수 있기 때문이다. 지금은 재미와 웃음이라는 코드가 새로운 소비 트렌드가 되었다. 이런 환경에서 등장한 펀 마케팅이란 재미와 즐거움을 광고나 판촉 활동 등에 담아 소비자의 관심과 흥미를 유발하여 브랜드에 대한 만족도를 높이는 마케팅 활동이다. 광고에 오락적 요소를 삽입한 애드테인먼트(Ad + Entertainment)를 비롯하여, 기발한 아이디어를 바탕으로 한 판촉 활동, 재미와 체험을 함께 제공하는 체험 마케팅, 제품 속에 재미있는 이미지와 디자인을 가미한 제품, 첨단기술(Technology)에 재미를 더한 퍼놀로지(Funology) 상품이 모두 펀 마케팅의 유형이다.

다소 유치한 재미를 선사하는 키덜트 제품도 펀 마케팅에서 비롯된 것이다. 키덜트란 어린이(Kid)와 성인(Adult)을 합친 말로 20~30대 어른이 어릴 때 향수를 떠올리며 관련한 제품을 소비하는 현상을 의미한다. 20~30대 여성이 키덜트 제품의 주요 대상이 된다. 귀여운 캐릭터 디자인의 가방, 핸드백, 화장품 등은 소녀 때 경험과 감성을 자극시키기에 충분한 펀 제품이다. 과자 냄새가 나는 바디로션, 립글로스 열쇠고리, 아이스크림과 빙수

편 마케팅과 게이미피케이션

콘셉트의 '플레이 네일' 제품 등 독특하고 감성적 외양의 키덜트 화장품이 대거 출시되었다. 립스틱에 '부끄러운 코랄', '애태우는 베이지' 등 재미있는 이름을 붙여 화장을 놀이로 연계시키는 시도도 있었다. 컴퓨터 업체 애플에서 출시한 아이맥 시리즈도 어린이 장난감 같은 모양에 알록달록한 색상을 입혀 키덜트 소비자의 관심을 끌었다.

이와 같이 재미를 추구하는 소비 성향이 부각되는 이유는 사회문화적 구조가 그렇게 가고 있기 때문이다. 사회구조가 정치, 경제 등 무겁고 진지한 이슈보다는 가볍고 재밌는 연예, 오락을 추구한다. 둘째, 일명 밀레니얼 세대나 Z세대가 사회의 중심 집단으로 성장하면서 기성세대와는 다른 사고와 문화를 향유한다. 특히 이들은 감성적 구매나 소비 경향이 크다. 셋째, SNS, 유투브 등 소셜 미디어의 이용도 하나의 요인으로 작용한다. 소셜 미디어에서는 가볍고 재미있는 콘텐츠일수록 공유와 확산이 빠르기 때문이다.

많은 기업이 펀 마케팅을 전개하고 있지만, 실질적 효과에 대해 부정적 의견이 없는 것은 아니다. 펀 마케팅이 오락적인 홍보에 치중하는 경향이 강해서 일회성 이벤트로는 적합할 수 있지만, 기업의 장기적 효과(브랜드 가치 증대, 소비자 충성도 제고, 시장점유율 확대 등)는 미지수이다. 게다가 펀 마케팅의 대상이 젊은 층이다 보니 대상이 제한적이라는 한계도 가진다. 그러나 이들이 기성세대가 될 것이고, 재미에 대한 각별한 관심과 추구 성향은 유지된다면 단점은 장점이 될 수도 있다. 결국 펀 마케팅이 지속적인 기업의 마케팅 활동으로 전개되기 위해서는 참신한 아이디어가 바탕이 되어야 할 것이다.

6. 광고 기획

광고 기획이란 효과적인 광고 집행을 위해 광고 전략을 수립하는 과정을 의미한다. 그렇다면 광고 전략을 짜는 활동이란 무엇인가? 광고 기획은 누구를 대상으로 하며(표적소비자), 어떤 효과를 거두고자 하는지(광고 목표), 광고의 주제와 내용은 어떻게 구성하며(크리에이티브), 어디에 광고를 실어 나를 것인가(매체)를 계획하는 것이다. 광고 기획의 세부 내용으로는 기업과 제품을 둘러싼 환경 분석, 문제점 도출, 광고의 표적소비자 선정, 광고 목표 선정, 광고 메시지의 콘셉트 구상, 광고 매체 선정, 기타 촉진 전략(IMC)에 대한 계획을 담아야 한다. 이것을 정리한 보고서(PPT)를 '광고 기획서'라고 부른다. 제일기획을 비롯한 대형 광고 회사와 여러 광고 관련 단체에서 매년 대학생을 대상으로 광고 기획 공모전을 개최하고 있다.

[1] 1단계: 상황 분석(환경 분석)

광고 기획에 있어서 가장 먼저 해야 할 작업은 제품을 둘러싼 환경을 분석하는 것이다. 환경 분석에서는 자사 기업과 제품, 경쟁사와 경쟁 제품, 시장 상황, 소비자 분석을 위주로 하게 된다. '우리 제품의 강점과 약점은 무엇이고, 경쟁 제품과 어떤 차이가 있는지?' '제품이 주는 물리적/심리적/감성적 혜택은 무엇인지?' '시장의 수명 주기는 어느 단계에 있는지?' '제품을 구매하는 소비자의 심리적 동기는 무엇인지?' '소비자가 제품을 통해 추구하는 가치는 무엇인지?' 등을 분석한다.

[2] 2단계: 문제점 도출

과거에는 상황 분석을 마치고 SWOT 분석을 하는 경우가 많았다. SWOT 분석이란 기업 내부 요인을 분석하여 강점(Strength)과 약점(Weakness)으로 제시하고, 기업 외부 요인을 가지고 기회(Opportunity)와 위협(Threat)으로 제시한 표를 의미한다. 강점과 기회는 긍정적 요인, 약점과 위협은 부정적 요인에 해당한다. 최근에는 SWOT 분석 대신 문제점 내지 핵심 쟁점만 간단히 도출하는 식으로 바뀌었다. 문제점이란 상황 분석을 통해서 광고로 해결해야 할 중요한 쟁점을 의미한다. 여기서 주의해야 할 것은 광고로 해결할 수 있는 문제여야 한다는 점이다. 가령 제품의 품질이 나쁘다, 가격이 비싸다, 매장이 없어서 소비자의 접근성이 떨어진다는 식의 문제는 기업이 마케팅으로 해결해야 할 것이지, 광고로 해결할 수 있는 것은 아니다. 광고란 소비자와 커뮤니케이션하는 촉진 활동이다. 따라서 소비자에게 메시지를 전달함으로써 설득할 수 있는 것, 메시지를 통해서 소비자의 인식을 바꿀 수 있는 문제점을 도출해야 한다.

[3] 3단계: 광고 목표 설정

상황 분석을 통해 도출한 문제점을 해결하는 방향으로 광고 목표를 수립하게 된다. 만약 상황 분석을 열심히 했지만 제품이나 소비자와 관련해서 아무런 문제점을 도출하지 못했다면 광고 캠페인이 불필요할 것이고, 광고 목표도 존재할 수 없다. 이런 문제가 있으니, 광고를 통하여 이렇게 해결하자고 제안하는 것이 광고 목표 설정이다. 가령 A브랜드가 출시된 지 시간이 꽤 경과했음에도 불구하고 브랜드를 알지 못하는 소비자가 많다는 문제점이 도출되었다면, 브랜드 인지도를 높이자는 광고 목표를 내세우게 된다.

광고 목표는 광고 캠페인을 시행했을 때 어떤 효과를 거두고자 하는가를 의미하기도 한다. 광고 목표와 광고 효과는 동전의 양면과도 같아서, 광고 목표는 '예상하는 광고 효과'에 해당한다. 표적소비자가 광고를 본 후 어떤 반응을 얻기를 원하는가를 고려해서 광고 목표를 세우면 된다.

일반적인 광고 목표로는 브랜드 인지도, 브랜드 선호도, 부정적 브랜드 태도의 긍정적 변화, 브랜드 기억도, 구매 욕구 자극, 브랜드 연상 강화, 브랜드 정체성 수립 등 매우 다양하다. 그중에서도 가장 중요한 광고 목표는 '브랜드 인지도'와 '브랜드 선호도'이다. 브랜드를 알지 못하고는 브랜드를 좋아하기 어렵고 브랜드 구매 가능성도 희박하다. 그런 의미에서 브랜드 인지도는 광고 효과의 시발점에 해당한다. 만약 브랜드 인지도는 높지만, 부정적 태도를 가지고 있다면 구매 가능성은 낮을 것이다. 브랜드를 알리고(인지도) 브랜드를 좋아하도록 하는(선호도) 것이 광고의 역할이자 광고를 집행하는 목표이다.

[4] 4단계: 표적소비자 선정

모든 광고는 표적소비자 계층을 명확하게 선정해서 광고 전략을 수립해야 한다. 어떤 소비자 집단이 광고를 볼지에 따라 광고 메시지의 내용이나 광고 매체가 달라진다. 전국의 모든 사람을 대상으로 광고를 만드는 경우는 드물다. 제품마다 주 이용자나 구매자가 제한되어 있기 때문이다. 광고의 표적소비자는 마케팅의 표적시장 내에서 선정되어야 한다. 마케팅 전략에서 남자 성인을 표적시장으로 선정했다면 광고 기획에서는 남자 성인을 표적으로 할 수도 있고, 남자 성인 중 일부 계층(예: 사무직에 종사하는 30~40대 남성)을 표적소비자로 선정할 수도 있다. 빅 데이터 분석이 가능한 디지털 시대인 만큼 표적소비자는 갈수록 세밀해지고 있다. 가령 '경기도 OO시 OO구에 사는 한 자녀를 둔 40~50대 가장으로, 조기축구회 동호회에 가입되어 있는 사람'과 같은 표적소비자를 대상으로 광고를 집행할 수 있게 되었다.

[5] 5단계: 크리에이티브 전략

'크리에이티브 전략'이란 광고물을 어떤 주제와 내용으로 구성할 것인가에 대한 계획 수립이다. 여기서 크리에이티브란 '독창적인 광고물' 혹은 '잘 만든 광고물'를 의미한다. 전문가 관점에서 볼 때 좋은 광고물이란 독창성과 예술성을 갖춘 것이다. 그러나 본질적으로 광고는 상업적 활동이고, 설득해야 할 소비자 계층이 존재하고, 논리적이고 전략적 접근을 취한다는 점에서 순수한 예술작품과는 다르다. 크리에이티브 전략을 짠다는 것은 광고물의 주제, 슬로건, 헤드 카피 등을 정하는 것이다. 다르게 표현하면 크리에이티브 전략은 완성도 높은 광고를 만들기 위해, 광고 기획자가 제작팀에게 광고 메시지에 대한 가이드라인을 제공하는 것이다.

광고 메시지는 독창성과 주목성, 관련성을 갖추어야 한다. 다른 광고물을 모방하지 않고 독특한 것이어야 하고(독창성), 광고를 보는 소비자의 주목을 끌 수 있어야 하며(주목성), 제품의 특징이나 장점과 연관된 내용일 때(관련성) 높은 광고 효과를 기대할 수 있다. 그러기 위해서는 무엇보다 표적소비자에 대한 이해가 전제되어야 한다. 즉 표적소비자의 인구학적 특성(성별, 연령별, 소득 등)은 물론이고 그들의 심리적 특성과 라이프스타일, 평소 구매/소비 행동 등을 분석해서 소비자가 공감할 수 있는 광고를 만들어야 브랜드 인지도를 높이고, 원하는 브랜드 이미지를 쌓아갈 수 있다.

[6] 6단계: 매체 전략(매체 기획)

광고 기획의 꽃은 '크리에이티브 전략'이라고 말하는 이가 많다. 광고 캠페인이 성공을 거두기 위해서는 소비자를 설득할 수 있는 좋은 광고물을 만들어야 하기 때문이다. 그러나 경제적 관점에서 보면 광고 전략의 성패를 좌우하는 것은 '매체 전략'에 달려 있다고 해도 과언이 아니다. 기업이 지불하는 총광고비 중 매체를 구입하는 데 드는 비용이 70%나 되기 때문이다. 매체 전략이 잘못되면 아무리 독창적이고 감동적인 광고물을 만들었다고 해도 예산을 잘못 쓴 것이 된다.

매체 전략은 '미디어 믹스 전략'과 '매체 스케줄 전략'으로 구성된다. '미디어 믹스 전략'은 어떤 매체와 어떤 매체를 섞어서 광고를 할 것인가를 정하는 작업이다. 한 매체에 광고비를 전부 투입하기보다는 여러 매체에 골고루 광고를 집행하는 것이 광고의 노출 효과를 높일 수 있다. '매체 스케줄 전략'은 광고를 집행하는 시기와 광고량을 결정하는 것이다. 일 년 12개월에 광고를 고르게 분산시켜 할지, 아니면 특정 시기에 광고를 몰아서 할지 등을 고민해야 하는 작업이다. 대학생이 한 학기 강의 시간표를 짤 때 스케줄을 효율적으로 짜야 성공적인 학습과 성적을 기대할 수 있듯이 매체 스케줄을 잘 짜야 원하는 광고 효과를 얻을 수 있다.

매체 전략을 어떻게 짤 것인가의 문제는 광고 예산에 의해 좌우된다. 광고 예산이 넉넉할 때는 광고 단가가 비싸더라도 광고 노출이 많이 되는 매체에 광고를 할 수 있지만, 광고 예산이 적을 때는 비용이 저렴하면서 효율성이 높은 매체를 찾아야 한다. 매체 스케줄에 있어서도 예산이 많으면 일 년 내내 광고를 꾸준히 집행할 것을 추천하지만, 예산이 부족하면 시기별로 광고량을 조절해야 한다.

과거에는 지상파 TV(KBS, MBC, SBS)와 유력 일간지(조선, 중앙, 동아)를 중심으로 매체 전략을 짰지만, 최근에는 모바일, SNS, 1인 미디어의 비중을 늘리는 추세이다. 광고 매체를 유형화해 보면 Paid Media(유료 미디어: TV, 신문 등), Owned Media(소유 미디어: 기업의 홈페이지), Earned Media(입소문 미디어: 소셜 미디어)로 구분할 수 있는데, 이것을 '트리플 미디어'라고 부른다. 최근에는 유료 미디어의 비중을 줄이는 대신 모바일과 소셜 미디어의 이용을 크게 늘리는 추세이다. 트리플 미디어 중 유료 미디어는 일반 소비자에게 브랜드를 알리고, 기업 홈페이지로 고객 유입을 도모하고, 소셜 미디어로 입소문 효과를 내면서 브랜드에 충성스런 고객을 만드는 매체 전략을 엿볼 수 있다(은종성, 2018).

기존의 대중매체는 '광고 혼잡도(Advertising clutter)'*가 심하고 광고 집중도는 약하다. TV를 틀어 놓고서 폰으로 메신저를 주고받거나, SNS 활동을 하는 등 두 가지 활동을 한 번에 하는 멀티태스킹이 보편화되면서 광고의 실질적 효과는 더욱 낮아졌다. 그럼에도 불구하고 대중매체는 다수 대중에게 브랜드 인지도를 제고하는 데는 효과가 크다. 온라인 유통 업체(예: 마켓컬리)나 모바일 게임 업체들이 TV 광고를 집행하는 것은 브랜드 인지도를 높이고, 나아가 브랜드 이미지를 좋게 하기 위함이다.

매체 전략을 수립하기 위해서는 광고 효과(시청률, 열독률, 조회 수, 클릭 수 등)에 대한 면밀한 분석이 선행되어야 한다. 구체적으로 어떤 프로그램에 광고할지, 어떤 웹 사이트에 광고할지를 결정하기 위해서는 프로그램 시청률이 얼마나 되는지, 어떤 시청자가 주로 보는지, 그 시청자가 자사 제품의 소비자와 일치하는지 등을 분석해야 한다.

[7] 7단계: IMC 전략

IMC(Integrated Marketing Communication) 전략이란 다양한 매체를 통합적으로 활용하여 광고 및 판매 효과를 높이자는 것이다. 전통적인 대중매체 외에도 소셜 미디어나 SNS, 옥외매체, 교통매체 등을 활용하여 마케팅성 PR를 하거나 대면/비대면 접촉을 통한 제

*차량이 많아서 교통이 혼잡하듯이, 신문의 동일 지면, TV의 동일 프로그램에 광고가 많이 몰려 있는 상태를 의미한다. 게다가 동일 업종의 경쟁 브랜드가 나란히 광고를 이어서 하게 되면 소비자가 느끼는 광고 혼잡도는 더욱 심해진다. 광고 혼잡도가 높을수록 광고 효과(광고 기억도, 브랜드 인지도 등)는 감소한다.

품 시연이나 공연, 제품을 체험할 수 있는 기회 제공 등 마케팅에 도움이 될만한 것이면 가능한 다양하게 광고 기획에 포함시키자는 것이 IMC 전략의 취지이다.

IMC 전략은 시간이 갈수록 광고 기획에서 차지하는 비중이 커지는 추세이다. 그 이유는 다양한 신매체와 디지털 기술의 확산, 온라인 공간에서의 구전효과 및 인플루언서의 영향력, 소비자의 제품 체험에 대한 욕구가 커지면서 온/오프라인 매체, 대면/비대면 접촉, 광고/PR/판매 촉진 프로그램을 통합적으로 기획하게 되었다.

광고 기획의 순서를 표로 제시하면 다음과 같다. 앞서 〈표 6-10〉에서 보듯이 마케팅 기획(마케팅 전략)과 광고 기획(광고 전략)의 과정은 중복되는 부분이 적지 않다. 마케팅 기획의 순서는 이 책의 2장을 참고하면 된다.

〈표 6-10〉 마케팅 기획과 광고 기획 순서

단계	마케팅 기획 (마케팅 전략)	광고 기획 (광고 전략)
1단계	상황 분석	상황 분석
2단계	SWOT 분석/핵심 쟁점 도출	SWOT 분석/핵심 쟁점 도출
3단계	마케팅 목표 선정	광고 목표 선정
4단계	시장세분화	표적소비자 선정
5단계	표적시장 선정	크리에이티브 전략
6단계	포지셔닝 전략	매체 전략
7단계	4P전략(제품, 가격, 유통, 촉진 전략)	IMC 전략

6장

참고 문헌

강미선(2015). 「사례 중심의 광고 기획론」. 커뮤니케이션북스.

김동훈·안광호·유창조(2006). 「촉진관리」. 학현사.

안광호·하영원·박흥수(2001). 「마케팅원론」. 학현사.

세 상 에 서
가 장 쉬 운
마 케 팅

7장
디지털 시대의 주류 마케팅

E A S Y
MARKETING

4차 산업혁명 기술이 시장에 도입되면서 기업의 마케팅 전략과 실행에도 큰 변화를 가져왔다. 2016년 다보스에서 열린 세계경제포럼에서 논의되면서 본격적으로 회자되기 시작한 4차 산업혁명이란 용어가 이제는 시대의 화두가 되었다. 블록체인, 인공지능과 빅 데이터, 사물 인터넷, 가상현실, 자율 주행차, 인공지능 로봇이 모두 4차 산업혁명을 대표하는 기술이다. 3차 산업혁명이 디지털 혁명을 불러왔다면 4차 산업혁명은 보다 새롭고 다양한 방식의 기술이 결합된 혁신적 변화를 의미한다.

4차 산업혁명 시대란 어떤 사회인가? 무엇보다 우선적으로 하루 24시간 디지털을 일상적으로 사용하는 디지털 사회이다. 디지털을 기반으로 한 마케팅 활동이 전면에 부각될 것이다. 둘째, 초연결 사회이다. 소셜 미디어의 영향력이 막강해지면서 온라인에서 대인간 소통이 활발해진다. 인간과 인간은 물론이고, 사람과 기계, 사물과 사물이 모두 연결되면서 사람의 조작 없이도 기계가 데이터를 주고받는 시대가 되었다. 이에 사물 인터넷, 빅 데이터, 인공지능 기술이 마케팅에서 큰 역량을 발휘하게 되었다. 셋째, 기업의 수명 주기가 급격히 감소하는 대신 플랫폼을 기반으로 한 혁신적 기업이 사회를 지배할 것이다. 1980년 포춘(Fortune)이 선정한 500대 기업은 35년 동안 리스트에 이름을 올렸으나, 지금은 500대 기업이 리스트에 이름을 올리는 기간이 평균 15년에 불과하다. 이들 기업 중 40%는 20년 전에는 존재하지 않았던 혁신적 기업이다(강미선·김운한, 2020).

1. 모바일 마케팅

다양한 광고 형태로 발전

이승윤(2006)은 그의 저서 「디지털 소셜 미디어 마케팅」에서 주류가 된 디지털 마케팅의 유형으로 모바일 마케팅을 소개하고 있다. 모바일 마케팅이란 한마디로 스마트폰을 메시지 전달 매체로 한 마케팅 활동이다. 스마트폰은 PC와 달리 개인별로 소유한 개별 매체이기 때문에, 그만큼 개개인을 위한 맞춤형 마케팅 활동이 가능하다는 강점을 가진다. 노트북이나 PC는 여러 사람이 함께 사용하기도 하지만 스마트폰을 가족이나 지인들이 공동으로 사용하는 경우는 없다.

초창기 모바일 마케팅은 제품과 관련한 간단한 문자 발송을 주로 하였으나 지금은 스팸 문자로 치부되는 경향이 크다. 이후에는 모바일 배너 광고, 검색 연동형 광고, 네이티브 광고 등으로 진화된 광고 형태로 발전해 왔다. 배너 광고와 검색 연동형 광고는 온라인에서 흔히 볼 수 있는 것과 동일한 형식이다. 배너 광고는 주로 포털 사이트에 접속했을 때 화면 상단에 작은 박스 형태로 나타난다. 배너 광고는 온라인 접속이 많은 시간대에 광고를 노출시켜야 광고 효과를 높일 수 있다. 온라인 방문이 많은 시간대는 점심시간 직후나 퇴근 전 오후 3시 ~ 5시대이다.

검색 연동형 광고는 검색 포털 사이트 접속자가 키워드를 입력하면 키워드와 관련성이 큰 제품 광고가 나타나는 방식이다. 기업이 제품과 관련한 검색 키워드를 구매하면 포털 사이트의 검색 결과 상단에 광고가 노출된다. 제품에 관심을 가진 유저에게 광고가 노출되기 때문에 정확한 타깃팅이 가능하다. 이런 이유로 기업에게 인기가 높은 광고 방식이다.

한편 네이티브 광고는 비교적 최근에 등장한 것으로, 외견상 기사나 정보의 형태를 보이지만, 내면을 들여다보면 광고의 성격을 가진다. 즉 콘텐츠 형태의 광고이다. 대표적인 예로 페이스북 타임라인에서 볼 수 있는 '스폰서 마크'를 달고 있는 게시물이다. 페이스북에 접속한 이용자는 새로 업데이트 소식들을 뉴스피드(News feed)를 통해 읽는 도중에 자연스럽게 노출하는 것이 스폰서 마크를 단 네이티브 광고이다. 네이티브 광고는 타임라인 사이사이에 콘텐츠 형태로 배치되어 있어서 시각적 거부감이 적은 장점이 있다. 소비자는 일반적인 배너 광고에 비해 네이티브 광고에 대해서는 훨씬 긍정적 태도를 보이는 바, 광고 효과가 배너 광고보다 최대 10배가량 크다는 연구 결과도 있다.

모바일 웹보다는 모바일 앱

모바일 환경에서는 모바일 웹보다 모바일 앱에서 많은 트래픽이 발생한다. 자연히 모바일 앱을 활용한 마케팅 활동이 중요하게 취급된다. 모바일 앱에 기초한 마케팅 활동은 크게 두 가지 방법이 가능하다. 첫째는 인기 있는 모바일 앱에 광고를 노출시키는 것이다. 카카오 채팅 창 상단에 광고를 집행하는 것이 이런 유형에 속한다. 둘째는 기업이 자체 모바일 앱을 개발하여 앱을 기반으로 소비자와 소통하고 마케팅 활동을 전개할 수 있다. 성공적인 모바일 앱 개발 사례로는 페인트 제조사인 벤자민 무어 페인트(Benjamin Moore Paints) 회사가 만든 '벤 컬러 캡처(Ben Color Capure)' 앱이 있다. 이용자는 앱을 실행하여, 아름다운 색상의 물건이나 꽃, 벽 등 무엇이든 사진을 찍고, 사진의 특정한 컬러 부분을 클릭하기만 하면 앱에서 그 색상이 어떤 컬러인지 알려주고, 회사에서 판매하는 3천 개 이상의 페인트 중 가장 유사한 색상의 페인트를 추천한다. 구매를 원하면 클릭 한 번으로 구매를 할 수 있다. 앱 덕분에 이 회사는 지역 페인트 가게에서 전국 수준의 대형 상점으로 성장했다(이승윤, 2016, p.180).

〈그림 7-1〉 하와이안 셔츠 네이티브 광고

출처: blog.naver.com/istyle403

2. 블로그 마케팅

소비자와 소통 채널

블로그란 웹(Web) + 로그(Log)를 합친 단어로, 기업 내지 개인이 관심을 둔 주제와 관련하여 자유롭고 편안한 문체로 글을 적어 올리고, 방문자들이 그 글을 보면서 서로 의견을 주고받는 하나의 플랫폼이다. 큰 틀에서 보면 블로그는 소셜 미디어의 일종이면서, 기업 홈페이지와도 유사하다. 그러나 기업들이 홈페이지를 두고도 별도로 블로그를 운영하는 경우가 많은 것은 차이가 있기 때문이다. 기업 홈페이지는 기업의 정보 전달 매체로 활용하기 때문에 딱딱한 느낌을 주고, 소비자와의 소통도 일방향이다. 반대로 블로그는 기업의 홍보 중심적인 글보다는 소비자의 관심과 참여를 이끌어 낼 수 있는 일상적 주제와 편안한 글들을 올린다. 소비자의 참여를 유도하기 위해서는 쌍방향적인 소통이 중요하다. 따라서 기업 블로그는 기업이 중심이 아닌, 소비자들이 서로 소통하도록 하는 커뮤니케이션 채널이라는 점을 유의해서 운영해야 한다.

기업이나 제품을 직접적으로 홍보하는 메시지는 블로그의 취지에 맞지 않다. 기업 블로그임에도 마치 개인 블로그 같은 느낌을 주도록 하는 것이 좋다. 게시하는 메시지 주제도 여행, 음식 등 일상적인 내용을 많이 담고, 그 속에 기업 관련한 내용이 자연스럽게 녹아 있도록 해야 한다. 즉 소비자의 관심을 끌어서 소비자 참여를 유도하면서도 기업의 정체성과 색깔이 묻어나는 스토리 개발이 무엇보다 중요하다. 결국 블로그 취지에 적합한 좋은 콘텐츠를 개발하는 것이 블로그 마케팅에서 가장 중요하고 전제가 되어야 한다.

블로그의 콘텐츠 개발

그렇다면 어떤 스토리를 만들어야 하는가? 스토리를 결정할 때는 상품과 서비스의 특징, 타깃 소비자의 성향을 고려해야 한다. 상품의 특징을 꼼꼼하게 파악하고, 타깃 소비자가 좋아할 만한 이야기 주제가 무엇인지 살펴본 후, 이 두 가지를 결합할 수 있는 콘텐츠를 개발해야 한다. 현대카드 & 현대캐피탈은 두 가지 요소를 잘 갖추어 성공적으로 블로그를 운영하고 있다. 2010년 오픈한 블로그는 문화라는 큰 주제 아래 슈퍼 시리즈(매년 주최하는 음악 콘서트), 기업 문화, 사회 공헌, 금융공학 등 여러 주제를 다루면서 기업 블로그를 운영한다. 동종 업계의 콘텐츠와 차별화하기 위해 사업의 본질인 금융보다는 '문화' 코드를 중심으로 20~30대 젊은 층이 관심을 가질만한 문화 콘텐츠와 이벤트를 개발하였다. 현대카드의 경쟁사 블로그는 주로 카드 결재 내역 결산 팁이나, 스페셜 혜택 확인하기, 특가 청구 할인 등 카드 관련한 메시지 위주로 되어 있는 점과 비교해 볼 때 현대카드의 블로그는 차별성이 크다.

파워 블로거 유입

블로그 마케팅을 효과적으로 전개하기 위해서는 '파워 블로거'를 끌어들이는 것도 필수이다. 파워 블로거는 당연히 기업이 속한 제품 범주와 관련한 분야의 전문 블로거들이다. 파워 블로거는 개인 그 자체가 하나의 미디어에 맞먹는 영향력을 행사하기 때문에 이들과 친밀한 관계를 맺으면 블로그 마케팅을 원활하게 전개할 수 있게 된다. 기업 블로그의 운영 목적이 기업에게 중요한 사람과 친밀한 관계를 맺는 것이기 때문에 인기 블로거가 기업을 대신하여 목소리를 내어 준다면 소비자와의 소통이 수월하다. 그런 이유로 기업 블로그는 파워 블로거와 협업하여 마케팅을 전개하는 것도 좋은 방법이 된다(이승윤, 2016).

3. 온라인 비디오 마케팅

온라인 동영상의 강점

사람들은 글을 읽는 것보다는 영상을 보는 것을 더 선호한다. 정보를 읽는 것보다는 영상 정보로 전달받는 것이 인간의 주의와 노력을 덜 요구하기 때문이다. 이런 이유로 유튜브와 같은 온라인 비디오가 인터넷 이용자의 사랑을 받고 있다. 메시지의 효율적 전달이라는 측면에서 볼 때도 인쇄광고보다는 동영상 광고가 더 효과적이다. 미국 텍사스대학교에서 실시한 실험결과에 따르면, 청각 형태의 메시지를 전달받은 사람은 일정 시간이 흐르면 내용의 20%만 기억했다. 시각을 이용한 경우는 본 내용의 30% 정도를 기억했다. 시각과 청각을 모두 이용한 경우는 일정 시간이 흐른 후에도 50% 이상 내용을 기억했다. 결국 동영상 광고는 시청각적 감각 경로를 동시에 이용하여 소비자에게 효과적으로 메시지를 전달할 수 있다.

유튜브 활용

기업이 홍보 목적으로 온라인 동영상을 만들어 페이스북, 블로그 등 여러 SNS에 전파하고자 한다면 반드시 거쳐야 할 곳이 유튜브이다. 웹 동영상은 역사상 가장 빨리 발전한 미디어 형식이다.

웹 트래픽의 70% 이상이 웹 동영상 시청으로 발생한 것으로 추정된다. 이런 점에 비추어 볼 때 유튜브와 같이 온라인 동영상 콘텐츠를 생산하는 플랫폼의 폭발적 성장은 지극히 자연스러운 현상이다.

유튜브에서 동영상을 제작하고 올리는 사람을 크리에이터라고 부른다. 유튜브에서는 누구나 영상을 만들어 올릴 수 있는 만큼 인터넷 이용자라면 누구나 크리에이터가 될 수 있다. 평범한 시민이지만, 인기 동영상을 꾸준히 올리다 보면, 어느 순간 연예인 못지않은 유명세를 떨치는 유튜버가 되기도 한다. 동영상이 누적되면 하나의 채널을 구축하게 된다. 유튜브에서 동영상을 모아 놓은 일종의 크리에이터의 홈페이지를 채널이라고 부른다. 온라인 접속자가 특정 채널에서 나오는 메시지를 계속 자동으로 받겠다면 '구독' 옵션을 선택하게 된다. 구독자로 전환되면 그 채널을 통해 다른 구독자와 소통할 수 있고, 채널에서 발생하는 다양한 행사에 참여할 수 있다.

유튜브가 광고를 노출시키는 방식은 유튜브 방문자가 보기 원하는 동영상을 클릭했을 때 기업광고를 먼저 보여준다. 유튜브는 시청자의 광고 노출에 대한 거부감을 줄이기 위해 매우 짧은 시간만 광고를 보면 '건너뛰기' 버튼을 눌러 동영상을 시청할 수 있도록 설계하였다. 더욱이 유튜브 광고는 기존의 TV 광고와 달리 데이터에 기반하여 정확한 타깃팅이 가능하다. 만약 광고주가 '국내 거주하는 20~30대 여성 중 유기농 식품에 관심 있는 집단'이라고 타깃 고객을 설정하면, 특정 채널을 방문하거나 특정 동영상을 시청한 사람만 골라서 광고를 노출시킬 수 있게 된다. 이런 이유로 유튜브와 같은 온라인 동영상 광고는 디지털 시대에 있어서 가장 중요하고도 효과적인 광고가 되었다. 유튜브는 본질적으로 시청자가 자유롭게 동영상을 감상할 수 있는 소셜 미디어 플랫폼이지만, 동시에 강력한 광고 플랫폼이 되었다. 광고 매체로서 비약적으로 발전하는 배경에는 '스킵 광고' 혹은 광고 '건너뛰기' 옵션처럼 시청자의 심리적 저항을 줄이면서 광고를 노출시키는 효과적인 마케팅 전략이 자리하고 있기 때문이다.

웹 동영상의 트래픽 조건

웹 트래픽이 많은 웹 동영상의 조건은 무엇인가? 웹 트래픽이 많다는 것은 많은 사람이 동영상을 보고, 공유하고, 전파시킨다는 것이다. 따라서 바이럴 효과가 높은 동영상 조건으로 이해할 수 있다. 이에 대해 이승윤(2016)은 다섯 가지 조건을 제시했다.

① 동영상 길이는 2분을 넘지 않도록 한다. 웹 동영상을 만드는 것은 시간당 비용이 증가하지 않기 때문에 동영상 길이가 상대적으로 자유롭다. 그렇지만 길이가 길다고 좋은 것은 아니다. 오히려 길면 길수록 보지 않을 가능성이 커진다. 동영상 시작 첫 10초 이내 시청자의 1/3가량이 떠나고, 동영상이 1분 재생될 때까지 시청자의 절반 이상이 떠나고, 2분이 재생될 때까지 시청자의 2/3가 떠난다. 따라서 동영상 길이는 2분을 넘지 않는 것이 좋다.

② 사람의 감정을 자극하도록 만들어야 한다. 감정을 자극한다는

것은 생리적 각성 상태를 만들어 주는 것이다. 생리적 각성을 높이는 감정 요소는 경외심(공경하면서 두려워하는 마음), 흥분, 즐거움(유머)과 같은 긍정적 감정과, 분노, 불안과 같은 부정적 감정이 있다. 만족감, 슬픔 등은 상대적으로 각성이 낮은 감정이다. 감정이 중요한 이유는 크게 두 가지이다. 감정이 행동을 유발하기 때문이다. 감정에 따라 웃기도 하고, 언성을 높이기도 하고 눈물을 흘리기도 한다. 따라서 구매 욕구나 구매 행동을 유발하기 위해서는 감정 없이는 어렵다.

두 번째 이유는 감정을 유발하면 자신이 느낀 감정을 외부에 알리거나 나누고 싶은 마음이 생기게 된다. 결국 전염성이 강한 콘텐츠를 만들기 위해서는 감정을 자극하는 콘텐츠를 만들어야 한다. 기업이 온라인 동영상을 만들었을 때 '과연 이 콘텐츠를 사람들이 보고 재미와 감동을 느끼는가?' '이것을 주변 사람에게 이야기하고 싶은 마음이 드는가?'를 점검해 볼 필요가 있다.

③ 동영상의 투명성을 높이자. 상업적인 TV 광고를 그대로 동영상으로 올리면 사람들의 외면을 받게 된다. 사람들이 보길 원하는 동영상은 나와 비슷한 평범한 사람이 등장하여 그들의 실제 생활 장면, 일상적인 모습이다. 가급적 상업적인 광고 느낌을 배제하고 진실하고 자연스러운 동영상이 효과적이다.

④ 스토리에 자연스럽게 제품의 핵심 편익을 드러나게 하라는 것이다. 동영상을 감동적이고 재미있게 만들면서도, 동시에 동영상을 본 후 동영상에 나온 제품을 사고 싶도록 해야 한다. 따라

서 동영상의 스토리 전개상 자연스럽게 제품이 제공하는 혜택, 편익이 자연스럽게 드러나도록 만들어야 한다.

⑤ 온라인 동영상은 흥미로운 소재일 때 소비자에게 급속히 퍼진다. 사람들 간에 바이러스처럼 입소문을 낼 목적으로 만든 온라인 동영상을 온라인 바이럴이라고 부른다. 바이럴 효과를 내기 위해서는 재미있게 만들어야 하고 사람의 호기심을 자극하는 내용이어야 한다. 이런 맥락에서 등장한 것이 '애드버테인먼트(Advertainment)'라는 개념이다. 광고(Advertising)와 엔테테인먼트(Entertainment)의 합성어로, 광고에 다양한 오락적 요소를 결합시킨 마케팅 기법이다. 애드버테인먼트의 유명한 성공 사례는 BMW의 '고용인'이라는 짧은 영화 형태의 광고 캠페인이다. 10분짜리 영화인데 해외 유명 배우들을 기용하여 광고 동영상을 만들어 배포한 결과 4개월 만에 1만 건 이상의 조회 수를 기록했고, 4년간 1억 명이 시청하는 기록을 만들었다.

4. 버즈 마케팅과 콘텐츠 마케팅

버즈 마케팅의 장단점

버즈 마케팅은 구전 마케팅, 바이럴 마케팅, 입소문 마케팅과 유사한 의미로 사용되며, 경우에 따라서는 동일한 용어로 해석되기도 한다. 버즈(Buss)는 벌의 앵거리는 소리를 표현한 것이다. 벌이 꽃에서 꽃으로 꽃가루를 나르듯이, 버즈는 소비자의 입을 통해 전달되는 구전을 의미한다. 다만 버즈 마케팅은 인터넷에서 퍼져가는 입소문을 지칭하는 데 반해, 전통적인 구전 마케팅(입소문 마케팅)은 인터넷 등장 이전에 사용된 개념으로, 오프라인 공간에서 아는 사람들끼리 입소문으로 메시지를 교류하는 것을 의미한다. 바이럴(Viral) 마케팅은 Virus + Oral의 합성어로, 바이러스가 전염되어 나가듯이 어떤 정보가 인터넷을 통해 확산된다는 뜻이다. 바이럴 마케팅은 기업의 사전 계획에 따라서 브랜드를 알리는 활동인데 반해, 버즈 마케팅은 소비자가 주도적으로 상품을 이용해 보고 SNS나 블로그를 통해 자연스럽게 소문낸다는 점에서 약간의 차이가 있다.

SNS의 발달로 버즈 마케팅은 기업의 마케팅 커뮤니케이션 활동에서 중요한 수단으로 간주된다. 버즈란 "사람들 사이에서 특정 제품에 대해 주고받는 모든 말의 합산"이라고 정의된다. 버즈 마케팅의 특징은 다음과 같다.

- 다른 커뮤니케이션과 달리 사람이 주체가 된다. 광고는 B2C(Business to Consumer)인데 비해 버즈는 P2P(Person to Person)이다.
- 버즈는 모든 말의 합산인 만큼 좋은 말뿐 아니라 나쁜 말도 버즈에 포함된다. 사람들은 나쁜 소문에 더 많은 관심을 보이고 확산시키는 경향이 있기 때문에 때론 기업에게 치명타를 주기도 한다. 제품에 불만스러운 고객이 바이럴 영상을 만들어 유튜브에 올리면 기업의 주가가 폭락하고 매출이 하락하는 일이 손쉽게 발생할 수 있다. 한 제품의 판매 여부를 떠나 기업의 명성을 관리하고, 위기에 대처하기 위해서도 소셜 미디어 전략이 중요해졌다.
- 버즈는 과거의 구전과 달리 확산 속도가 빠르다. 전통적인 구전은 서로 아는 사람끼리 정보를 교환되는 수준이어서 확산 속도가 더디다. 그러나 온라인에서 퍼지는 버즈는 모르는 사람 간에도 급속도로 확산되기 때문에 파급력이 월등하다. 개인이 SNS를 운영하고 많은 팔로워를 가지게 되면서 버즈의 힘도 더욱 강력해졌다.

버즈 마케팅의 성공 사례

방탄소년단도 버즈의 힘을 얻은 경우에 해당한다. BTS는 다른 그룹에 비해 SNS 활동을 많이 했고, 노래뿐 아니라 사회적 쟁점에 대한 의견도 많아서 팬들과 소통이 활발했다. 팬들은 스스로 아미(ARMY)라는 팬클럽을 만들어 SNS에서 왕성한 활동을 한 덕분에 방탄소년단의 인기를 확산시키는 데 큰 기여를 했다. 허니버터칩도 버즈 마케팅으로 성공한 사례이다. 일반인들이 SNS를 통해 바이럴을 일으키면서 허니버터칩은 장기간 품절 사태를 빚기도 했다.

도브 화장품의 '진정한 미(Real Beauty)' 캠페인도 버즈 마케팅으로 성공한 경우에 해당한다. 도브는 그릇되고 성형된 미의 개념을 타파하고 일반인에게 '내면의 미' 개념을 전파하기 위해 캠페인을 기획해서 나온 결과물이 유튜브의 "Evolution" 광고이다. 이 광고의 내용은 평범한 여성이 진한 화장과 사진 편집으로 자신의 얼굴 모습을 쉽게 바꿀 수 있음을 보여주고 "'진정한 미'가 무엇인가?"라는 의문을 제기했다. 유튜브에서 이 광고를 본 네티즌이 무려 1,200만 명이 넘었다. 도브는 매체 비용을 거의 들이지 않고 큰 반향을 일으켰고, 브랜드에 대한 높은 인지와 긍정적 태도를 형성하게 되었다(한상만· 하영원· 장대련, 2018).

단기간에 중국 내 스마트폰 시장점유율 1위를 기록한 샤오미도 버즈 마케팅을 활발히 전개한 기업이다. 단기간에 큰 성과를 거둔 데는 가성비 좋은 제품과 더불어 '미팬'이라고 불리는 열성 사용자 계층을 확보한 것이 크게 작용했다. 샤오미는 사내 규정을 만들어 모든 직원이 고객과 하루 30분 이상 SNS로 소통하도록 권장할 정도로 SNS 마케팅을 중요시했다. 샤오미는 광고를 전혀 하지 않은 대신 SNS를 통해 들어온 고객 의견을 제품 개발에 반영했다는 점이 특징적이다. 샤오미는 최고의 제품을 만들기 위해 내부 직원뿐 아니라 수천만 명의 고객이 제공하는 아이디어를 반영하는 것이 얼마나 중요한지 일찌감치 지각한 기업이다. 일반적으로 기업은 제품 출시 후 발생하는 문제나 개선 사항에 대해 고객 의견을 접수하여 차기 모델에 반영한다. 그러나 샤오미는 제품의 생산 단계부터 고객 의견을 수렴해서 매주 새로운 버전의 업데이트를 진행했다. 고객의 의견에 따라 제품의 완성도가 결정되었다. 고객은 자신의 의견이 반영된 제품에 애정을 느끼게 되면서 적극적인 버즈 마케터가 되어 갔다. 샤오미 제품은 중국어를 비롯해서 50개 언어로 서비스되는데, 이 또한 상당 부분 열성적인 사용자가 개발한 것이다(이혜령, 2017).

버즈 마케팅의 콘텐츠

그렇다면 자연스럽게 고객의 버즈를 창출하기 위해서는 무엇이 필요한가? 기업은 어떤 노력을 해야 하는가? 일차적으로 재미있고 유용한 콘텐츠를 개발해야 한다. 고객이 전통적인 광고 메시지를 좋아하지 않게 되면서 마케터가 느끼는 부담은 가중되었다. 마케터는 자신의 브랜드가 표방하는 가치를 제안해야 하고, 광고 같지 않은 콘텐츠로 창의적이고 재미있는 메시지를 전달해야 한다. 이러한 콘텐츠를 '브랜디드 콘텐츠', '스폰서드 콘텐츠'라고 부른다. 브랜디드 콘텐츠가 매력적이지도, 유용하거나 재미있지 않다면 아무도 콘텐츠를 확산하지 않을 것이다.

콘텐츠가 광고인 점은 맞지만, 기존 광고와는 완전히 다른 성격이다. 광고에는 제품과 서비스 판매에 도움이 되는 내용, 광고주가 전하고 싶은 정보가 들어있다. 반면 콘텐츠에는 고객이 개인적, 직업적 목적을 달성하기 위해 필요로 하는 정보, 누군가에게 이야기해 주고 싶은 재미있는 내용이 들어가야 한다. 결국 버즈 마케팅의 성패는 콘텐츠 마케팅과 직결된다. 콘텐츠 마케팅은 분명한 표적 집단에게 흥미롭게 적절하고 유용한 콘텐츠를 창조하고 배포하는 마케팅 활동이다. 콘텐츠에 대해 고객 간의 활발한 대화를 이끌기 위한 수단이기도 하다. 또한 브랜드와 고객 간의 연결을 심화사키는 브랜드 저널리즘이기도 하다. 콘텐츠 마케팅은 고객에게 고품질의 독창적 콘텐츠를 제공하는 과정에서 브랜드에 얽힌 흥미로운 이야기를 들려주는 것이 핵심이다(Kotler, Kartajaya & Setiawan, 2017).

가치 있는 콘텐츠 개발

기업은 자사의 브랜드 자산이나 판매 실적에 즉각적인 도움이 되지 않더라도 고객에게 가치 있는 콘텐츠를 제공해야 한다. 그래야만 고객과 접촉을 이어갈 수 있기 때문이다. 온라인 여행사 힙뭉크(Hipmunk)는 콘텐츠 마케팅을 시행해서 큰 성과를 얻었다. 이 회사는 고객이 일부러 찾아볼 만한 정보를 담은 여행 잡지를 제공했다. "브렉시트(Brexit)가 여름 여행에 미치는 여행"이라는 기사에서는 영국이 유럽연합을 탈퇴하면 미국 여행객에게 어떤 영향을 미치는가를 다뤘다. 이 외에도 잡지에는 전 세계의 팁 에티켓, 주요 항공사의 수화물 규정 등 여행객에게 유용한 정보를 실었다. 게다가 고객이 여행 전 사전 조사를 하지 않고도 여행 계획을 짤 수 있도록 인공지능에 기반을 둔 여행 지원 서비스도 제공했다. 고객이 힙뭉크에 자신의 구글 일정표와 앞으로 여행할 장소를 보여주면 힙뭉크는 인근 추천 여행지를 이메일로 보내주었다. 여행 산업은 전통적으로 자료 수집 및 고객의 질문이 많은 산업인데, 힙뭉크가 제공하는 적절한 콘텐츠는 고객의 수고를 엄청나게 덜어줌으로써 고객을 대거 유인할 수 있었다(Kotler, Kartajaya & Setiawan, 2017).

좋은 콘텐츠란 몇 가지 조건을 충족시켜야 한다.

- 고객의 삶과 분명히 관련되어 있는 콘텐츠여야 한다. 정보만 많다고 좋은 것이 아니다. 고객에게 의미 있는 콘텐츠가 되기 위해서는 고객의 걱정을 덜어주고, 고객이 원하는 것을 얻을 수 있도록 도와줘야 한다.
- 효과적인 콘텐츠는 브랜드의 성격과 정체성을 반영하는 이야기를 가지고 있다. 콘텐츠는 브랜드 이야기와 고객의 바람을 연결해 주는 역할을 해야 한다.
- 콘텐츠의 형식에 대해서도 연구를 지속해야 한다. B2C 기업 중 80% 이상이 그림과 사진, 전자 뉴스레터, 동영상, 웹 사이트 기사를 사용했다. 최근의 경향은 콘텐츠 마케팅이 멀티스크린 쪽으로 가고 있는 바, 콘텐츠의 가시성과 접근성을 보장하는 다양한 포맷을 고려해야 한다.

청개구리 심리와 버즈 마케팅의 실패

현대자동차는 신형 제네시스를 홍보하기 위해 제네시스 이름을 이용한 4행시 짓기 이벤트를 실시했다. 가장 호응을 많이 얻은 사람에게는 스타벅스 커피 쿠폰을 제공하기로 했다. 현대자동차는 4행시의 예시로 "제우스의 바람기가 내게 온 듯 / 네 옆얼굴에 내가 반했다 / 시크하고 쿨하던 내 얼굴에 / 스리슬쩍 미소가 떴다"를 들었다. 기업이 원하는 정답을 제시했지만, 누리꾼들에게는 자화자찬식 예시가 조롱거리로 회자되었다. 이벤트가 시작되자마자 부정적 댓글이 달렸다. 한 누리꾼은 "제네시스에서 또 물이 새네요 / 네, 현대차는 원래 그렇게 타는 겁니다 / 시속 80km/h로 박아도 에어백이 안 터지네요 / 스스로 호구 인정하셨네요, 호갱님"이라는 4행시를 적었고, 이것은 가장 많은 '좋아요'를 받았다. 이밖에도 "제네시스 이벤트로 / 네가 준다는 상품이 고작 / 시시하게 스타벅스 아메리카노 한 잔이야? / 스타일 안 난다잉"과 같이 이벤트를 비꼬는 내용도 있었다. 결국 현대자동차는 비난조의 4행시들을 일방적으로 삭제하고 이벤트를 조기에 마감했고, 이 행사는 두고두고 조롱거리로 회자 되었다(이승윤, 2020).

디지털 세상에서는 기업이 억지로 SNS 이용자에게 특정 답을 유도하는 것처럼 보일 경우 애초의 목적과 달리 역풍을 맞게 된다. 소비자가 기업이 원하는 것과 반대되는 행동(예: 부정적 입소문)을 보이는 것이다. 억지로 강요하면 반대로 행동하고 싶은 것이 바로 청개구리 심리이다. 미국에서 금주법이 제정되자, 오히려 술 소비량이 증가한 것도 같은 맥락이다. 온라인이나 SNS 세상은 익명성과 자유로운 의사 표현이 보장된 공간이기 때문에, 이 부분에서 방해를 받았다고 생각하면 소비자는 강하게 청개구리 성향을 드러냄을 유의해야 한다.

5. 인플루언서 마케팅

인플루언서의 중요성

SNS 이용자 중 3%가 채 안 되는 사람들이 온라인 공간에서 여론을 주도한다. 디지털 세상에서 영향력 있는 1명이 10만 명 또는 그 이상의 사람을 움직이는 것이다. 이것이 바로 인플루언서 마케팅의 중요성을 단적으로 드러낸다. 인플루언서 마케팅의 핵심은 여론에 강력한 영향을 미치는 소수의 사람을 찾아내어, 그들로 하여금 일반 SNS 이용자들이 기업에 우호적인 방향으로 이야기하고 행동하도록 영향을 주게 만드는 것이다. 즉 인플루언서 마케팅은 인터넷 여론의 흐름을 만들어 내는 3%의 영향력 있는 사람을 찾아내어, 그들 중 우리 제품과 관련한 사람들을 가려내고, 그들과 계약 내지 신뢰 관계를 맺은 후, 우리 제품을 살만한 사람들에게 구매에 우호적인 영향을 미치도록 하는 활동이다.

인플루언서의 유형

인플루언서는 크게 세 가지 유형으로 구분할 수 있다.

① 유명 연예인이나 운동선수처럼 대중적으로 인기가 있는 사람들이다. 유명 연예인들은 이미 많은 팬을 거느리고 있다. 연예

인이 개인적으로 운영하는 SNS 계정에 특정 브랜드의 제품을 사용하는 모습을 자연스럽게 보여주는 것이 전형적인 인플루언서 마케팅의 형태이다. 다만 유명 연예인을 이용할 경우 콘텐츠의 진정성이 떨어지고 자칫 기업광고로 보일 가능성이 크다. 그러나 단기간에 브랜드 인지도를 빠르게 높이기 위해서는 효과적인 방법이다.

② 해당 업계의 전문가를 인플루언서로 고용하는 방식이다. 유명 연예인을 기용할 때보다는 단기간에 브랜드 인지도를 높이기는 어렵지만, 사람들과 브랜드에 대해 소통하고 브랜드에 대한 신뢰감을 심어 주는 데는 효과적이다.

③ 일반인에 속하는 파워 블로거들이다. 일반인이면서도 해당 제품 분야에서 오랜 학습과 연구, 제품 사용 경험을 갖추고 있어 준 전문가 집단이라고 볼 수 있다. 이들은 개인의 취향이 반영된 독특한 콘텐츠를 통해 구독층을 확보하고 있어서, 각자 거느린 팔로워에게 미치는 영향력이 지대하다. 따라서 기업은 주기적으로 제품 분야의 파워 블로거 군을 파악하여 인플루언서로 섭외하는 상황이다(이승윤, 2020).

인플루언서는 팔로워 규모에 따라 메가(Mega), 매크로(Macro), 마이크로(Micro), 나노(Nano) 인플루언서로 나뉘기도 한다. 메가 인플루언서는 수백만 명 이상의 팔로워를 가진 사람이고, 매크로는 수십만, 마이크로는 수만, 나노는 수천 명의 팔로워를 지칭한다. 대중적 파급력 측면에서 보면 메가 인플루언서가 좋겠지만, 대신 마이크로 인플루언서는 고객과 긴밀한 소통이 활발하여 진정성과 신뢰도가 높다는 장점이 있다. 이런 이유로 기업은 마이크로 인플루언서를 선호한다. 소셜 미디어 시대에는 상품을 많은 사람에게 노출시키는 것보다 고객의 진정 어린 관심과 참여가 더 중요하기 때문이다. 유명 연예인을 기용한 전통적인 광고는 얼마나 많은 사람이 보았는가가 중요하지만(예: 광고 시청률, 광고 주목도 등), 인플루언서 마케팅은 얼마나 의미 있는 고객이 SNS에 참여하고, 소통하는가로 그 성과가 결정된다는 점에서 전통적 마케팅과 차이가 크다.

인플루언서 마케팅의 효과

인플루언서 마케팅의 차별적인 효과는 다음과 같다.

- 소비자의 신뢰를 얻을 수 있다. 대중적으로 인기를 끄는 연예인을 모델로 광고를 하면 브랜드에 대한 호감을 줄 수는 있지만, 브랜드에 대한 신뢰를 심어주기는 어렵다. 그러나 인플루언서가 제품을 리뷰하고 보증하면 팔로워는 이 조언을 믿고 의지한다. SNS를 이용하는 사람이라면 자신이 팔로우하는 사람이 올린 리뷰가 제품에 대해 믿을만한 정보원이라고 생각한다.
- 인플루언서는 브랜드 광고와 달리 고객과 감정적으로 연결되어 있다. 인플루언서가 실제 자신의 경험을 나누고 개인적인 평가를 올리면 팔로워는 그것을 진정성 있는 정보로 받아

들인다. 이러한 조언은 마치 친구나 동료에게서 추천받는 느낌과 비슷하다. 특히 메가 인플루언서에 비해 마이크로 인플루언서는 더 높은 신뢰와 진정성을 느끼게 한다. 마이크로 인플루언서가 주도한 캠페인은 유명 인플루언서를 활용한 캠페인보다 60% 높은 고객 참여, 6.7배 높은 비용 효율성, 22배 높은 소셜 버즈를 이끈다는 조사 결과도 있다(Adobe Digital Dialogue, 2018). 그 이유는 이들이 패션, 뷰티, 여행, 음식, IT 등 특정 주제에 대한 전문가여서, 그 주제에 관심이 많은 팔로워와 연결되어 있기 때문이다. 유명 연예인이 광고에서 표현하는 멋진 대사나 카피는 아니지만, 인플루언서의 실제 경험에서 우러난 자연스러운 사용 후기는 소비자에게 더 진정성 있게 다가온다.

- 인플루언서는 팔로워와 소통이 활발하다. 팔로워가 알고 싶은 것이 있어서 질문하면 인플루언서는 친절하면서도 정확한 답변을 제공한다. 이러한 과정이 반복되면 팬과의 친밀감과 유대감이 커질 수밖에 없고, 인플루언서의 영향력도 커진다.

종합하면 인플루언서 마케팅은 전문성, 신뢰성/진정성, 고객과 대화/소통이라는 세 가지 요인이 가장 중요하다.

한편 인플루언서 마케팅이 활발해지면서 부작용도 나타나고 있다. 일부 인플루언서가 가짜 팔로워 계정을 구입해서 팔로워 수를 부풀리고 있다. 미국과 캐나다에서는 인플루언서 마케팅 예산의 14% 정도는 가짜 팔로워에 쓰이는 것으로 추정한다. 미국의 마케팅 전략 수립에서 가장 우려되는 부분이 가짜 팔로워라는 의견도 증가세이다. 그럼에도 불구하고 2019년 마케팅 전략 수립에서 인플루언서 마케팅 예산은 증액되는 추세에 있다(박소정, 2019).

인플루언서 마케팅 사례

인플루언서를 활용한 캠페인이 유명인사를 기용한 광고에 비해 얼마나 저비용 고효율인지 단적으로 증명하는 사례가 있다. 2017년 에미레이트 항공은 할리우드 여배우 제니퍼 애니스톤을 광고 모델로 기용했다. 약 56억 원을 광고 모델에게 지급했다. 광고는 항공 여행을 권장할 목적으로, 애니스톤이 꼬마 승객을 만나 여행하는 내용으로 구성되었다. 이 영상은 유튜브에서 600만 뷰를 달성했다. 한편 이 항공사는 유튜브 스타인 케이시 네이스탯(Casey Neistat)에게 1등석 항공권을 무료로 제공하면서, 항공 여행 경험을 팬들과 공유하도록 했다. 네이스탯은 1등석에서 기내식을 즐기는 모습을 영상으로 두 번 올렸는데, 영상은 5,200만 뷰를 기록해서 애니스톤 영상의 9배에 달하는 광고 효과를 냈다(한상만·하영원·장대련, 2018). 투입된 비용까지 고려하면 광고 효과는 수백 배 이상으로, 비교하기 어려울 정도이다.

인플루언서의 활동 영역이 캠페인에 국한되는 것은 아니다. 보다 적극적으로 브랜드 제품 개발에 참여하기도 한다. 화장품 회사인 에스티 로더(Estee Lauder)는 새로운 브랜드 에스티 에디트(Estee

〈그림 7-2〉 에미레이트 항공의 제니퍼 애니스톤 광고와 케이시 네이스탯 유튜브 영상

출처: 에미레이트 항공 유튜브.

Edit)를 출시하기 전에 젊은 소비자를 얻고자 유명 인플루언서인 켄달 제너(Kendall Jenner)를 섭외했다. 제너는 브랜드와 협업을 통해 82가지나 되는 화장품 개발에 참여했고, 이후 에스티 인스타그램을 통해 제품을 홍보하는 등 다양한 활동을 선보였다(한상만·하영원·장대련, 2018).

6. 옴니채널 마케팅

옴니채널 마케팅의 유형

옴니채널(O2O) 마케팅은 온라인과 오프라인을 두루 활용하는 마케팅 전략이다. 온라인에서 시작해서 오프라인에서 구매를 종결하든, 반대로 오프라인에서 시작하여 온라인으로 구매를 종결하든 순서를 구분하지 않고 온/오프를 병행하는 마케팅 전략이다. 소비자가 어떤 채널을 이용하든 구매 전, 구매 중, 구매 후 경험이 매끄럽게 이어져서 편리한 쇼핑이 되도록 하자는 것이 옴니채널 마케팅의 핵심이다.

옴니채널 마케팅의 유형으로는 '쇼루밍', '웹루밍(역쇼루밍)', '모루밍'이 거론된다. 쇼루밍은 온라인으로 구매를 하지만, 그 과정에서 오프라인 매장을 쇼룸처럼 이용하는 것을 의미한다. 예를 들면 다음과 같다. TV 광고를 보면서 어떤 제품에 관심을 가지게 되었을 때, 고객은 이 제품을 직접 체험하기 위해 매장을 방문한다. 제품에 대해 점원과 상담을 하고 나서 최종 구매할 브랜드를 마음으로 결정한다. 집에 돌아와서 온라인으로 브랜드를 검색해서 최저가 판매처를 골라서 구매를 한다면 쇼루밍에 해당한다. 모루밍은 쇼루밍의 일종이다. 오프라인 매장에서 제품을 살펴보지만 실제 구매는 모바일(스마트폰)로 하는 행동을 의미한다. 모바일 결제가 간편해지면서 모루밍도 증가 추세이다.

웹루밍은 쇼루밍의 반대 개념이다. 그래서 '역쇼루밍'이라고 부르기도 한다. 온라인으로 제품에 대해 검색한 후 최종 구매는 오프라인 매장에서 하는 경우를 의미한다. 예를 들면 유튜브 광고를 보면서 어떤 제품을 알게 되었다고 가정하자. 고객은 온라인과 SNS을 통해 제품에 대한 자세한 정보를 얻게 된다. 추천 글이나 사용 후기를 보면서 최종적으로 구매할 브랜드를 결정한 후 집에서 가까운 매장을 방문하여 구매한다면 웹루밍에 해당한다. 온라인에서 제품을 구매하되 오프라인 매장에서 제품을 픽업하는 것도 웹루밍에 해당한다. 국내 롯데닷컴과 롯데백화점에서 시행하는 '스마트픽(Smart-pick)'은 온라인에서 구매한 제품을 백화점에서 찾을 수 있으

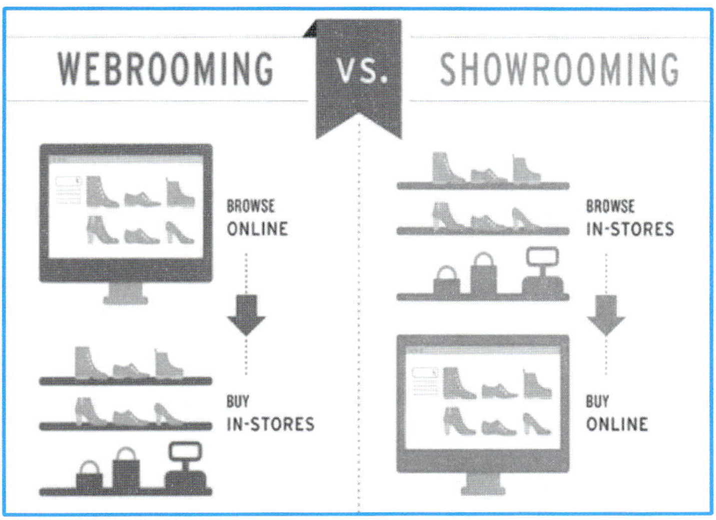

〈그림 7-3〉 쇼루밍과 웹루밍

(출처: blog.naver.com/planit7931

며, 거기에 더하여 상품 착용이나 교환도 할 수 있도록 했다. 소비자의 편의를 도모하면서 매출 신장에도 도움이 되는 서비스이다.

옴니채널 마케팅의 대중화

기업이 옴니채널 마케팅에 주력할 수밖에 없는 이유는 무엇보다 온/오프 유통의 경계가 사라졌기 때문이다. 앞서 쇼루밍과 모루밍, 웹루밍 현상에서 보듯이 소비자의 구매과정은 과거에 비해 복잡해졌다. 온/오프를 넘나드는 복잡한 구매과정을 매끄럽고 편리하게 이어주기 위해서는 옴니채널 마케팅이 필수적이다.

최근의 통계를 보면 백화점 등 전통적인 소매업이 문을 닫거나, 매출이 감소하는 반면 온라인이나 모바일 매출은 증가세이다. 그러나 아직까지는 오프라인 매출이 소매업 매출의 80% 정도를 차지할 정도로 높다(황지영, 2019). 단, 이러한 통계에서 간과하지 말아야 할 것은 오프라인 매장에서 구매하는 비중은 감소했지만, 온라인이나 모바일에서 유입된 오프라인 쇼핑은 증가세라는 점이다. 이것은 곧 소비자가 오프라인 매장에서 최종 제품을 구매하긴 하지만, 그 과정에서 온라인이나 모바일에서 제품 탐색, 주변사람의 경험 후기와 추천 등을 받아서 매장을 방문한다는 것을 알 수 있다.

특이하게도 모바일 혁명을 이끌어 온 밀레니얼 세대(1980년대 초반 ~ 2000년대 초반 출생)는 베이비붐 세대(1955~1963년 출생)보다 오프라인 쇼핑을 더 선호하는 것으로 보고된다(김은영, 2017). 젊은 세대일수록 제품의 감성적 체험을 중시하기 때문으로 풀이된다. 밀레니얼 세대의 71%가 제품 구매 전 두 번 이상 오프라인 매장을 방문하는 데 비해 베이비붐 세대에서는 60%가 매장 방문 없이 온라인에서 바로 제품을 구매한다(김은영, 2017). 기업 입장에서는 매출의 극대화를 위해서라도 고객에게 편리한 쇼핑 환경을 제공해야 하는데, 그것이 바로 옴니채널 마케팅의 취지이다.

오프라인 기업의 옴니채널 마케팅

오프라인 기업이나 매장에서는 근거리 무선 통신을 가능하게 하는 '비콘(Beacon)' 기술 덕분에 웹루밍을 적극적으로 활용하고 있다. 메이시스 백화점은 매장 전체에 비콘을 설치하여, 고객의 폰이 비콘의 영역 안으로 들어오면, 고객이 어느 매장을 방문하는지, 얼마나 오래 체류하는지 고객의 움직임을 모두 파악하게 된다. 이러한 정보를 바탕으로 고객의 동선에 맞춰서 특정 매장의 프로모션 정보나 할인 쿠폰을 전송하게 된다(Kotler, P., Kartajaya, H. & Setiawan, I.,2017).

메이시스 백화점의 'Magic Fitting Room'은 카메라를 통해 고객의 모습이 스크린에 비춰지고, 가상의 옷을 입어볼 수 있는 방식이다. 고객이 옷을 갈아입기 번거로운 상황이거나, 매장에 고객이 원하는 치수나 색상이 없을 때 유용하다. 오프라인 매장에 설치된 '디지털 스크린'은 편리한 제품 브라우징을 가능하게 한다. 고객이 원하는 제품이 전시되지 않을 때 스크린을 통해 제품을 확인해 보고 바로 구매할 수도 있다.

월트 디즈니 월드는 '마이매직플러스 앱'과 '매직밴드'라는 팔찌를 만들어 마케팅을 전개했다. 매직밴드를 착용하면 호텔 객실의 예약과 결제는 물론 호텔 방문 열쇠로 이용할 수 있다. 마이매직플러스 앱을 깔아서 식당을 예약하거나, 놀이기구 예약을 수월하게 할 수 있다. 매직밴드를 스캐너에 대기만 하면 곧장 놀이기구에 탑승하게 된다. 얼마나 편리하고 즐거운 경험이 될지 쉽게 짐작할 수 있다. 온라인과 오프라인의 활동을 하나로 통합함으로써 놀이공원 입장 고객의 대기시간이 크게 줄었다. 크리스마스 휴가 시즌에는 하루에 3천 명의 고객을 더 받을 수 있어서 매출 신장에도 기여했다(Belleghem, 2017).

규모가 크지 않은 안경 판매회사 와비파커(WarbyParker)는 2015년 세계에서 가장 혁신적인 기업으로 뽑혔다. 이 회사가 테슬라나 페이스북을 제치고 뽑힌 것은 수백 년간 변화가 없던 안경 판매 시장을 파격적으로 바꿔놓았기 때문이었다. 와비파커의 창업주는 플라스틱 재질로 대량생산이 가능한 안경이 스마트폰처럼 비싼 것에 대해 의문을 품고, 와튼 스쿨 졸업생 4명이 2010년에 만든 벤처기업이다.

와비파커의 안경 판매 방식은 비교적 단순하다. 우선 안경을 사고 싶은 소비자는 와비파커의 홈페이지에 있는 안경을 둘러본 후, 자신이 착용하고 싶은 안경을 최대 5개까지 고른다. 그러면 안경은 집으로 배송되고 소비자는 5일간 안경을 써본 후 와비파커로 반

〈그림 7-4〉 와비파커 안경점

출처: blog.naver.com/hbpia1

송한다. 그리고 자신이 써본 것 중 가장 마음에 드는 것을 골라, 자신의 시력과 눈 사이의 거리를 홈페이지에 입력하면, 2주 후 맞춤 제작된 안경이 집으로 배송된다. 소비자 입장에서는 안경점에 가서 안경을 고를 경우 매장 내에 비치된 거울을 통해서만 안경을 비교할 수 있지만, 와비파커를 통해 안경을 고를 경우 일상생활에서 안경을 써보면서 편안한지, 얼굴형에 잘 맞는지 등 골고루 따져보고 고를 수 있어서 장점이 많다. 소비자에게 안경 시험 사용 기간을 제공한 덕분에 이 회사는 폭발적으로 성장한 것이다(이승윤, 2020).

자동차 수리는 전통적으로 오프라인 사업에 해당한다. 지리적 제약이 있어서 먼 곳에 수리를 맡기기 어려운 비즈니스이다. 차가 고장 났을 때 집에서 가까운 카센터에 수리를 맡기면서 소비자가 서비스에 만족하지 못하거나, 수리 비용이 비싸서 불만을 가지는 경우도 많다. 오프라인 수리업의 문제점을 해결하기 위해 탄생한 것이 '카닥' 앱이다. 자동차가 고장났을 때 앱을 통해 자동차의 파손된 부분을 사진으로 찍어서 앱에 올리면 카닥에 등록된 현재 위치에서 가까운 수리 업체들이 각자 견적 내용을 차주에게 보낸다. 또한 유사 수리 사례 경험을 공유할 수 있고, 처리 비용을 투명하게 공개하고, 자동차 수리 업체 간에 입찰을 시킴으로써 소비자가 가지는 여러 가지 불만 요소를 제거할 수 있다. 기존의 오프라인에 한정되어 있는 자동차 수리 사업을 온라인으로 확대함으로써 성공한 사례이다(이승윤, 2016).

온라인 기업의 옴니채널 마케팅

온라인 마케팅이 활성화된다고 해도 전통적인 오프라인 마케팅을 온전하게 대체하기는 어렵다. 인간이 가진 오감을 충족시키기 위해서는 오프라인 체험이 있어야하기 때문이다. 온라인 비즈니스로 성공한 많은 기업이 경쟁적으로 오프라인에 매장을 오픈하는 것도 이러한 맥락에서 이해할 수 있다. 온라인 의류 쇼핑몰 스타일난다는 홍대, 명동, 신사동 일대에 매장을 열었다. 패션은 옷의 질감, 디자인, 색상 등 감성적 체험이 무엇보다 중요한 상품이기에 오프라인 매장을 쇼룸으로 이용하게 된다.

스타일난다의 오프라인 매장은 플래그십 스토어로 운영된다. 플래그십 스토어란 브랜드의 개성을 한껏 반영하면서 동시에 소비자가 즐거운 문화적 경험을 누릴 수 있도록 멋진 인테리어, 특징 있는 콘셉트로 꾸민 대표 매장을 의미한다. 명동 매장은 호텔 분위기로, 신사동 매장은 영화관 분위기로 꾸며서 젊은 층의 인증 사진 촬영 장소로 인기를 끈다(김은영, 2017).

중국의 전자 상거래 기업 알리바바는 다양한 방식으로 옴니채널 전략을 실험 중이다. 알리바바가 운영하는 '스마트 스토어(Smart store)'는 오프라인에서 온/오프를 넘나드는 구매 경험을 제공한다. 매장에서 옷을 고르다가 원하는 디자인의 옷이 없으면 매장 내 모니터로 가서 온라인 상품을 살펴본다. 혹은 매장에서 원하는 상품을 선택해서 모니터로 가져가면 자세한 상품 정보를 볼 수 있다. 마음에 드는 상품을 스마트폰 QR코드로 스캔해서 알리바바 티몰에서 구매한 후 집으로 배송하게 하기도 한다(황지영, 2019).

알리바바는 자사의 온/오프 판매와 물류를 결합한 새로운 유통 방식을 '신유통 전략'이라고 일컫는다. 신유통 전략이 잘 반영된 매장으로는 디지털 신선 식품 매장인 '허마셴성'을 대표적으로 꼽을 수 있다. 수산물, 채소, 과일 등을 판매하는 이곳은 일반 마트라기보다는 체험 공간에 가깝다. 고객은 물건을 담을 필요 없이 제품의 QR코드를 스캔한 뒤 알리페이로 결재하면 자동화 시스템에서 알아서 집으로 배송해 준다. 반경 3km 이내라면 30분 내 배송이 가능하다(이성길, 2017).

허마셴성에서는 최근 로봇 레스토랑(ROBOT.HE)도 오픈했다. 온/오프의 경계가 완전히 허물어진 디지털 체험 공간이다. 마트에서 신선한 해산물을 골라서 결제하고 조리 방식을 선택하면, 해산물이 레일을 타고 마트 옆 레스토랑 주방으로 이동한다. 쇼핑을 마친 고객은 무인 안내기에서 자리를 배정받아 식당에 앉아서 기다린다. 테이블 위에 놓인 태블릿에서는 해산물의 조리 과정을 실시간으로 보여준다. 완성된 요리는 로봇에 실려 테이블로 옮겨진다. 이 모든 과정이 스마트폰에도 표시되고, 앱으로 요리를 추가 주문할 수도 있다(황지영, 2019).

〈그림 7-5〉 허마센성의 로봇 레스토랑

출처: foodbank.co.kr

7. AR/VR 기술을 활용한 경험 마케팅

젊은 세대는 소유보다 경험

밀레니얼 세대(1980년대 초반 ~ 2000년대 초반 출생)는 소유보다는 경험을 통해 자신의 정체성이 드러낸다. 젊은 세대의 가치관은 기성세대와 차이가 크다. 젊은이의 가치가 소유에서 경험으로 이동한 원인에 대해서는 여러 주장이 있지만(물질적 풍요, 경제 상황 등), 행복이 소유에 있지 않다고 생각하는 것은 명확하다. 밀레니얼 세대의 77%가 인생에서 잊을 수 없는 대체 불가능한 기억은 특정한 경험으로 만들어진다고 대답했다. 69%의 응답자는 연인, 친구, 가족과 함께 보내는 저녁 시간에 가치를 둔다고 답했다. 또 78%의 밀레니얼 세대가 멋있는 물건보다 멋있는 경험에 돈을 지출하는 것을 선택했다. 전체 소비에서 여행, 공연, 소셜 이벤트 등 문화적 경험에 지출하는 비중이 크게 성장한 것도 같은 맥락이다. 점차 더 많은 밀레니얼 세대가 경제활동 인구로 접어들수록 경험 경제는 활성화될 것이다. 기업도 향후 5년 간 전체 예산의 21~50%를 경험 마케팅에 지출한 것이라고 예상한다(Adobe Digital Dialogue, 2018.7.2.).

기업의 경험 마케팅

고객 중심의 사용자 경험을 가장 잘 구현하는 기업은 '애플 스토어'이다. 2012년 애플 스토어는 미국에서 단위면적당 최고의 매출을 기록했다. 2위를 기록한 티파니 매장과 약 두 배 이상의 매출 차이를 기록했다. 그 비결은 방문한 고객에게 최고의 경험을 느끼게 하겠다는 목표하에 사용자 경험 중심으로 매장을 운영한 것이다. 매장에 배치된 모든 제품은 하나의 목표, 즉 방문객이 물건을 만져 보고 사용해 보고 느껴 보면서 즐거움을 느끼도록 하는 데 초점을 두고 배치되어 있다. 고객을 위해 매일 최신 음악과 영상을 아이폰이나 아이패드에 담아 두었고, 방문자들이 물건을 사도록 유도하는 것이 아닌, 제품을 통해 즐거운 경험을 가지고 매장을 떠나는 것에 역점을 두다 보니, 계산대도 1층이 아닌 2층에 위치했다. 이유는 1층에 계산대를 두면 매장이 혼잡할 때 계산대에 긴 줄이 생길 수 있고 이로 인해 방문자가 다양한 물건을 사용하는 것에 방해가 될 것을 염려했기 때문이다(이승윤, 2016).

나이키도 사용자 경험을 중요시하는 기업이다. 애플 스토어와 마찬가지로 나이키 역시 운동화를 판매하는 데 그치지 않고 '운동을 통해 잊지 못할 경험'을 선사하는 캠페인을 전개하고 있다. '서울 함께 달리기(We Run Seoul)', '여성 단축 마라톤' 등 즐거운 달리기 경험을 제공한 덕분에 소셜 미디어에서는 소비자가 자신의 러닝 기록을 자랑하는 사진을 꾸준히 올리면서 경험은 확신시켰다. 더욱이 4차 산업혁명을 대표하는 기술 중 하나인 AR과 VR 기술을 적용하면 디지털 공간에서도 생생한 경험을 누릴 수 있기에 새로운 마케팅 방법으로 부상하고 있다. 이런 측면에서 AR/VR 기술이 어떻게 경험 마케팅에 활용되는지 소개하고자 한다.*

AR/VR 기술이란

AR/VR은 별개의 기술이 아니다. 현실과 가상의 정보를 얼마나 섞느냐에 따라 구분하는 것이다. 증강 현실(AR: Augmented Reality)은 실제로 존재하는 물체나 주변 환경의 실사 영상 위에 가상의 정보를 합성하는 기법이다. 증강 현실의 공간은 실제 공간을 바탕으로 한다는 점이 가상현실과 다르다(임일, 2016).

가상현실(VR: Virtual Reality)은 온전한 허구의 세계, 100% 컴퓨터 그래픽으로 만들어진 가상 세계를 경험할 수 있는 기술이다. 다만 방송사에서 VR 콘텐츠를 제작한다고 하면, 이것은 여러 대의 카메라를 이용해서 실제 환경을 촬영한 것으로 '360도 비디오'라고 부른다(김창배, 2016).

쉬운 예를 들어서 AR과 VR의 기능을 구분해 보자. 어떤 사람이 운전하면서 특정 지역을 지나게 된다. 그러다가 문득 건축 중인 건물을 보면서 무슨 건물이 들어서나 궁금할 때, AR 기술은 그 건

*이 부분은 강미선·김운한(2020)의 「4차 산업혁명과 마케팅」의 내용을 기초로 재구성했다.

물의 실사 영상을 바탕으로 완공된 건물 외관과 내부, 층수와 면적 등의 정보를 제공하는 것이다. 반면 VR 기술은 개인이 가 본 적 없는 지역의 설계도를 클릭했을 때 아직 땅도 파지 않은 상태이지만 완공된 건물의 모습이 눈앞에 펼쳐지는 것이다. 내가 있는 현실 공간과 무관한 지역의 건물을 마주하는 셈이다.

AR/VR 산업

AR/VR은 게임 등 일부 업종에서만 활용되다가, 코로나19를 계기로 AR/VR 산업은 성장의 전환점을 맞이 했다. 코로나로 직격탄을 맞은 기존 오프라인 중심의 백화점이나 유통, 가구, 여행 업계 등이 앞다퉈 AR/VR 서비스를 내놓고 있다. AR/VR은 집 안에 있으면서도 모바일 앱을 통해 백화점에 있는 상품을 입체적으로 경험할 수 있게 한다. 가전제품이나 가구의 실제 규격을 측정해서 거실이나 공부방에 미리 배치해 볼 수도 있다. 놀이공원에 가지 않아도, 경기장에 가지 않아도, 콘서트를 직접 관람하지 않아도 현장에 있는 듯한 경험을 누릴 수 있다. 여행 업계에서는 AR/VR을 활용해서 고화질로 유네스코 세계유산을 방문하는 듯한 경험을 제공하기도 하고, 현실 세계에서는 직접 가 보기 어려운 해저 탐험이나 조선 왕실의 문화 체험도 가능하게 해 준다. AR/VR이 주는 효과는 한마디로 생생한 사용자 경험과 몰입감, 재미이다.

어떤 제품이나 브랜드를 AR로 접촉한 경우 AR의 마케팅 효과도 광범위하다. 학계의 연구에 따르면, AR 앱이 일반 모바일 앱보다 통계적으로 의미 있는 브랜드 몰입감을 주는 것으로 나타났다. 뿐만 아니라 소비자의 브랜드 태도, 구매 의사, 추천 의사 등도 향상되었다. 의류의 경우 3D 가상 체험으로 옷을 입어볼 수 있도록 한 결과 고객의 구매율은 20% 이상 증가했다(황지영, 2019, p.147).

정부는 포스트 코로나 시대를 대비하여 AR/VR 산업을 적극 육성한다는 방침이다. 디지털 뉴딜의 일환으로 AR/VR 산업을 키우기 위해 산업 규제를 대폭 완화하여, 신제품과 새로운 서비스 출시를 우선 허용하고 사후에 규제키로 했다. 정부 발표에 따르면, 2020~2022년 1단계에는 시청각 중심으로 인터페이스를 확장하고, 2023~2025년 2단계에는 AR/VR을 통한 원격 협업이 가능해지고, 3단계 2026~2029년에는 인공지능 결합으로 점차 지능화될 것이라고 한다. 정부는 또 AR/VR 기술이 2022년까지 게임과 스포츠 관람 분야에, 2023~2025년까지는 제조업과 교통 분야에, 2026년부터는 의료와 치안 분야에 각각 도입될 것으로 예상하고 있다(이데일리, 2021, p. 129).

AR/VR 쇼핑

2016년 세계 최초의 VR 백화점이 만들어졌다. 즉 VR 기반의 백화점 앱이 출시된 것이다. 여기에는 1만여 개의 백화점 상품이 전시되었고, 인기 제품은 3D 형태로 제공되면서 360도로 볼 수 있게 했다. VR로 쇼핑을 즐기는 가상 매장(Virtual showroom)이 증가하면서 VR 커머스를 위한 플랫폼 개발도 한창이다. VR로 와인을 구매하는 경우, 구매자는 이탈리아의 와인 농장에서 포도를 재배하는 과정까지 구경하는 재미를 느낄 수 있다. 가상 매장에서 소비자가 느끼는 경험의 독특함과 재미는 온라인 매장과는 차원이 다르다. 이런 이유로 VR 기계는 '최상의 감정이입 기계(The ultimate empathy machine)'라고 불리기도 한다.

더현대닷컴은 집에서도 실제 백화점 매장을 둘러보면서 쇼핑할 수 있는 'VR 백화점'을 선보였다. 국내 최초의 VR 백화점이다. 기존의 온라인 쇼핑몰은 사진과 글을 중심으로 상품 정보를 제공하는 형태이지만, 'VR 스토어'는 실제 매장을 그대로 옮겨 왔기 때문에 집에서도 백화점에서 보는 것과 같은 매장 진열을 살펴볼 수 있다. VR 백화점에 접속하기 위해서는 더현대닷컴 홈페이지이나 앱에 들어가 'VR 스토어'에 들어가면 된다. 사이트 접속 후 모바일에 VR 기기를 연결하면 매장 전경을 3차원으로 볼 수 있고, 360도로 매장을 둘러볼 수도 있다.

중국의 전자 상거래 기업 알리바바는 바이플러스(Buy+)라는 VR 쇼핑 앱을 출시했다. 앱을 열고 VR 헤드셋을 착용한 뒤 쇼핑을 시작하게 된다. 원하는 상품을 360도로 돌려가며 확인하고, 실제 촉감도 느낄 수 있다. 이제 VR 기술은 시청각적 경험을 넘어서 후각, 촉각 등 인간의 오감을 자극하는 수준으로 발전했다(김민구, 2017).

〈그림 7-6〉 더현대닷컴의 VR 매장

출처: www.newstomato.com

〈그림 7-7〉 알리바바의 VR 쇼핑 앱

출처: KTB 투자증권.

업종별 AR/VR 기술 활용

현실과 가상을 넘나드는 AR/VR은 미래 소매업의 성장을 견인할 수 있을 것이다. 현재 AR/VR 기술이 많이 적용되는 업종은 가구와 자동차이다. 이들 업종은 제품의 부피가 커서 많은 제품을 전시하기 어렵고, 운반하는 데 물류비가 많이 든다는 공통점을 가진다. 온라인으로 상품이 비치되어 있어도 실제로 보는 것과는 차이가 크다. AR/VR은 이러한 한계를 극복할 수 있는 기술이다.

이케아 등 가구 업체는 자사의 AR 앱을 제공하여, 소비자가 앱을 이용해서 원하는 가구를 자신의 거실이나 주방에 배치해 볼 수 있도록 한다. 서랍을 열어 보기도 하고, 가구의 내부를 확인해 볼 수 있다. 로우스(Low's)는 가정용 인테리어 매장 몇 곳에 홀로룸(Holorooms)을 설치하여 고객이 VR을 착용하면 욕실과 주방을 가상으로 디자인해 볼 수 있도록 했다(Audio-Tech,2017).

볼보 자동차는 MS사와 제휴하여 자동차 구매자가 원하는 옵션을 선택하면 홀로그램(Hologram)으로 그 결과를 볼 수 있도록 했다. 홀로그램은 3차원 입체 영상을 전송하는 기술인데, 직접 실물을 보는 것과 동일한 경험을 주어서 '실감 미디어'로 평가받는다. 현대자동차는 오프라인 매장에 VR을 설치했다. 매장을 방문한 소비자가 차종, 색상 등 여러 옵션을 고르고 나면 그 자동차를 가상으로 운전해 보도록 한다. 결국 AR과 VR 기술을 이용해서 소비자의 신속한 구매 결정을 유도하고 있다. VR을 활용하면 자동차 전시 공간을 그만큼 줄일 수 있어서 유지비를 절약할 수 있다. 이 때문에 미국에서는 VR 자동차 대리점도 등장했다.

AR 기술을 이용한 자동차 구매도 가능하다. 자동차 매장을 방문할 필요 없이 집 주변에 주차된 차량에 AR 앱을 갖다 대면 제조사, 차종, 제원, 진행하는 프로모션 정보까지 모든 정보를 얻을 수 있다. AR 앱 정보에 자동차 보험 광고와 차량 액세서리 광고를 맞춤형으로 제공할 수 있다. 정보를 확인한 후 구매를 결심하면 상품의 웹 사이트로 연결되어 구매할 수 있다. 결국 주차된 모든 차량이 AR 전시 모델로 작동될 수 있다(김민구, 2017).

패션과 화장품 업계도 VR을 적극적으로 활용하는 추세이다. 옷을 입어보거나, 화장품을 발라 보는 등 오프라인에서만 가능한 경험을 VR이 대신해 줄 수 있기 때문이다. 오프라인 매장에 가서도 손님이 많은 경우, 혹은 옷을 갈아입기 번거로운 상황에서는 여러 벌의 옷을 갈아입는 것이 힘들 때가 있다. 그러나 VR을 이용하면 간편하게 원하는 옷을 입은 모습을 볼 수 있다. 크리스찬 디올에서는 자체 VR 헤드셋(Dior Eyes)을 개발하여 VR 패션쇼를 진행했다. 이 헤드셋을 착용하면 집에서도 패션쇼에 참석한 것과 같은 생생한 경험을 누릴 수 있다(황지영, 2019).

서비스 상품의 AR/VR 마케팅

VR이 갖는 경험적 요소는 무형의 서비스 상품에서 활용성이 크다. VR 스포츠, VR 놀이공원, VR 이벤트, VR 공연, VR 여행,

VR 체험장 등이 대표적이다. 직접 경기장에 가지 않아도 VR 헤드셋을 착용하고 VR 관람 티켓만 예매하면 집에서도 경기장 1층 좌석에서 관람하는 것 같은 경험을 할 수 있다. VR 티켓은 실제 입장료의 1/10도 안되며, 이동하는 시간을 줄일 수 있어서 가성비가 월등하다. 혼자 공연에 가기 부담스러운 1인 가구, 어린 자녀가 있어서 외출이 부담스러운 젊은 부모, 이동이 불편한 노년층 등 다양한 고객층을 상대로 매력적인 상품이 될 수 있다.

비디오 오락물이나 비디오 게임 등 VR 콘텐츠가 각광을 받는 것도 같은 맥락에서 이해할 수 있다. 2D와는 차원이 다른 실재감과 몰입감을 주는 콘텐츠와 게임이 차세대 VR 산업을 견인하고 있다. 다큐 전문 채널 디스커버리에서는 야생동물 VR 서비스를 제공한다. 연출되지 않는 자연 그대로의 모습으로 사자나 코끼리를 눈앞에서 경험할 수 있다. VR 콘텐츠 중 가장 조회 수가 높은 것은 성인물이고, 그 다음이 게임 콘텐츠인데, 남성 이용자가 절대적으로 많다(김민구, 2017). VR 기술은 아파트 모델하우스의 대안이 될 수도 있다. 모델하우스는 단기간 사용하는 데 비해 만드는 데 시간과 비용이 많이 소요되는 단점이 있다. 또한 여러 각도에서 보는 전망이나, 같은 평형의 다른 구조의 아파트를 확인하기는 어렵다. 이런 단점을 VR이 보완할 수 있다. 사용자가 설계 도면을 클릭하면 가상 건물의 실내외를 확인하고, 고객이 원하는 인테리어를 미리 적용해 볼 수 있다.

AR/VR 광고 캠페인

소비재 회사에서는 VR을 활용해서 색다른 캠페인을 전개하기도 한다. 코카콜라는 120년의 역사를 가진 기업이지만, 젊은 이미지를 주고자 크리스마스 시즌에 썰매 타기 VR 캠페인을 선보였다. 코카콜라 상자를 재활용해서 VR 헤드셋을 만들 수 있다. 소비자가 직접 만든 VR 헤드셋을 착용해서 코카콜라의 크리스마스 캠페인을 즐길 수 있도록 한 것이다. 맥도날드도 코카콜라와 비슷하게 VR 헤드셋으로 활용할 수 있는 해피밀 박스를 출시했다. 헤드셋을 만들어 쓰고 해피밀 게임을 시작하면 된다. 이 게임은 소비자가 해피밀 박스 안에 들어가 내부를 색칠하는 경험을 제공하였다. 색다르고 즐거운 경험을 통해 고객의 브랜드 충성도가 높아지고, 소비자와 브랜드의 관계는 강화되었다(Cheil, 2017.9).

일본 광고회사 덴츠에서는 'iButterfly' AR 앱을 개발했다. 앱을 스마트폰에 설치한 후 특정 매장에 접근하면 화면에 나비가 나타난다. 이때 폰을 강하게 흔들면 폰이 움직임을 감지해서 나비를 잡게 된다. 광고주는 이 앱을 활용해서 고객을 특정 매장이나 지점으로 오도록 유도한다. 이처럼 특정 지역에서 AR 기술을 작동시키면 실사 영상 위에 다양한 프로모션이나 할인쿠폰이 표시되어 소비자의 참여를 이끌 수 있다(임일, 2016).

메타버스 마케팅

메타버스(Mertaverse)는 가상공간이라는 의미로서 '메타'와 현실세계를 뜻하는 '유니버스(Universe)'의 합성어이다. AR, VR의 확장된 개념으로 아바타를 통해서 친구와 소통하거나, 여가, 업무/비지니스, 소비 활동을 할 수 있는 가상 세계를 말한다. 2003년 등장한 미국의 가상현실 서비스 '세컨드 라이프'가 메타버스의 성장 가능성을 확인해 주었다.

모바일 문화가 확산되고, 디지털 환경에 익숙한 MZ세대(1980년 초 ~ 2000년대 초 출생자)가 사회 중심축으로 부상하면서 이들 세대를 타깃으로 한 메타버스 마케팅 사례가 나타나기 시작했다. 특히 최근 코로나19로 비대면 사회로 전환되면서, 기업의 각종 행사나 대학의 학생 참여 행사도 메타버스로 시행되었다. 2021년에는 여러 대학교에서 메타버스 시스템을 구축하여 신입생 환영회를 가상공간에서 실시했다.

메타버스 플랫폼으로는 네이버에서 만든 SNS 플랫폼 '제페토(ZEPETO)'와 미국의 '로블록스' 등이 있다. 제페토는 간단히 말하면 증강 현실 아바타 앱 서비스이다. 얼굴 인식을 통해 아바타를 만들어 가상공간에서 다른 이용자와 소통하고, 놀이나 쇼핑, 업무 처리를 할 수 있다. 가수가 제페토에서 아바타를 만들어 팬미팅을 하거나, 기업이 브랜드 마케팅의 수단으로 활용하기도 한다. 현대차는 제페토에서 쏘나타 N라인을 시승할 수 있도록 했다. 유행에 민감한 패션 업체들도 메타버스 기술을 도입하고 있다. 구찌는 제패토

〈그림 7-8〉 코카콜라의 VR 헤드셋 (출처: blog.cheil.com)

〈그림 7-9〉 구찌빌라 메타버스 (출처: (NewsWire, 2021. 7. 20)

에서 이탈라아 피렌체를 배경으로 '구찌 빌라'에서 상품을 구경하고 구매할 수 있는 공간을 제작했다. 구찌 빌라에 방문하면 아바타를 통해 구찌 의상을 입어보고 포토존에서 사진을 촬영할 수 있다(NewsWire, 2021. 7. 20).

8. 빅 데이터 마케팅

빅 데이터의 특징

과거에도 데이터의 수집과 분석 작업이 활발했지만, 4차 산업 혁명 시대에는 빅 데이터 마케팅이 기업의 새로운 비즈니스 모델로 부상하고 있다. '빅'이라는 용어가 시사하듯이 이전과는 비교하기 어려운 수준의 대규모 데이터를 기반으로 한다. 그렇지만 빅 데이터가 데이터의 크기만을 의미하는 것은 아니다. 빅 데이터란 기존 방식으로는 저장, 관리, 분석하기 어려울 정도의 대량의 정형화된, 혹은 비정형화된 데이터의 군집을 지칭한다. 경우에 따라서는 그러한 데이터를 분석하는 기술을 일컫기도 한다.

정형화된 데이터란 인구통계, 구매 기록, 소비자 리뷰 점수, 신용카드 사용 기록과 같이 수치화된 데이터를 의미한다. 비정형화된 데이터는 소비자가 직접 제작한 글이나 영상(UCC: User Created Contents), SNS의 게시글이나 사진 등을 뜻한다. 결국 빅 데이터란 디지털 환경에서 생성되는 모든 데이터라고 이해하면 될 것이다. 포털 사이트에서 검색한 내용, SNS에 게시한 글과 영상 및 댓글, 블로그나 커뮤니티 공간에서 소통한 이야기 등 모든 언어적 내용이 빅 데이터에 해당한다. 빅 데이터의 본질은 온라인 공간의 언어 자원(Resource)에서 인간의 마음과 욕구를 읽어내는 것이다. 따라서 데이터의 크기나 양에 지나친 방점을 두기보다는, 많은 양의 데이터를 어떻게 해석하고 어떤 패턴을 찾아내어 마케팅에 활용할 것인가가 보다 중요하다.

빅 데이터의 특징은 '자료의 양과 크기(Volume)', '처리 속도(Velocity)', '다양성(Variety)'라는 3V로 압축된다. 방대한 자료의 양, 실시간으로 처리되는 광속도, 일정한 형식을 갖지 않은 다양한 형태의 자료를 의미한다. 자료의 크기(Volume)가 크면 어떤 점이 좋은가? 데이터가 많을수록 데이터의 정확성 및 예측력이 향상된다. 2014년 월드컵 경기 결과를 빅 데이터 분석으로 예측한 결과 16강 전부터 결승전까지의 결과를 모두 정확하게 맞추었다(Belleghem, 2017). 마케팅 측면에서 보면 빅 데이터로 소비자의 구매 가능성이나 매출을 정확하게 예측할 수 있게 된 셈이다. 데이터의 '다양성(Variety)'은 데이터의 용도와 가치를 높인다. 다양한 소스(Source)의 데이터가 모이면 '데이터의 연결성(Cross data)'을 촉진시킨다. 소매점과 제조사의 데이터가 합해지고, 소비자의 온/오프 행동 자료가 유기적으로 연결되고, 소비자의 일상과 소비 활동을 통합적으로 관찰할 수 있다면 브랜드 전략을 수립하는 데 얼마나 큰 도움이 될 것인지 짐작할 수 있다.

데이터의 '처리 속도(Velocity)'가 빨라지면 기업에서는 실시간으로 의사 결정을 내릴 수 있게 된다. 신속한 의사 결정은 신속한 마케팅 집행과 조정을 가능하게 한다. 그만큼 경영 효율성도 높아진다. 아마존은 빅 데이터 분석을 통해 제품 가격을 하루에도 수시로 조정할 수 있게 되었다. 과거에는 한 번 수립된 마케팅 계획을 수정하는 데에 어려움이 많았으나, 지금은 실시간 데이터 분석을 통

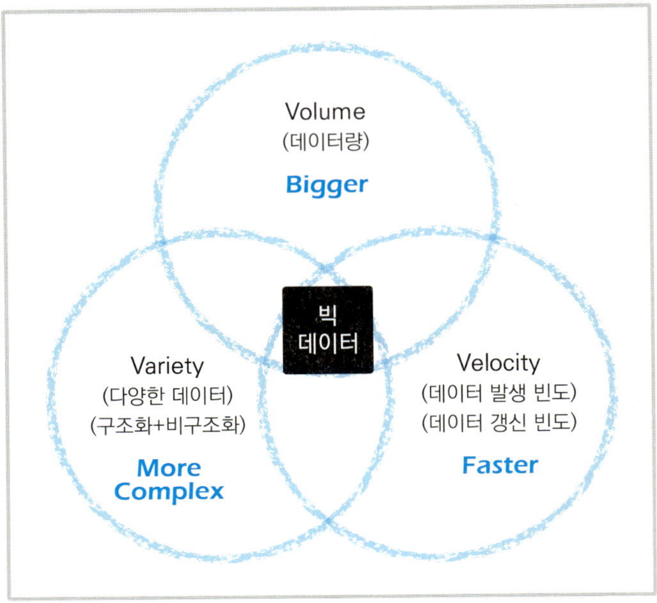

〈그림 7-10〉 빅 데이터의 구성 요소

출처:blog.naver.com/xmrrlsmsanj

해 마케팅 전략의 유연한 조정이 가능해졌다.

최근 마케팅의 화두 중 하나는 '극세분화'이다. 시대가 발전할수록 시장을 보다 세밀하게 나누어 정교한 타깃팅(표적시장 선정)을 하게 된다. 가장 이상적인 시장세분화는 개개인을 대상으로 한 일대일 마케팅이다. 빅 데이터를 활용하면 비현실적이라고 생각하던 개인 맞춤형 마케팅을 실행할 수 있다. 빅 데이터 분석으로 개인의 욕구와 취향, 구매 이력을 정확히 파악할 수 있다면, 개인에게 이상적인 제품을 추천할 수 있을 것이다.

빅 데이터 마케팅 유형

빅 데이터 마케팅을 전개한다면 구체적으로 어떤 상황에서 어떤 용도로 빅 데이터를 활용하는지 사례 중심으로 소개하면 다음과 같다.

[1] 신제품 개발 및 새로운 시장 개발

디지털 마케팅 분야에서 빅 데이터 활용의 핵심은 다양한 빅 데이터를 분석하여 새로운 트렌드를 읽어 내고, 이러한 트렌드에서 나타날 수 있는 표적소비자의 충족되지 못한 욕구를 파악하여, 그들이 욕구를 충족시킬 수 있는 신제품을 개발하는 데 있다. 비키니 수영복의 인기가 시들해지고 최근에는 소매가 긴 수영복인 '래시가드(Rash guard)'가 그 자리를 대신하고 있다. 래시가드가 본격화되기 전부터 빅 데이터 분석을 통해 이러한 흐름을 발견할 수 있었다. 커뮤니티와 SNS 플랫폼에서는 비키니의 불편함을 토로하는 내용이 많았다. 관련한 내용으로는 피부 보호에 대한 걱정, 비키니가 화상을 입을 수 있다는 이유, 야외 활동 인구가 증가하면서 능동적인 수상 스포츠에 대한 언급이 많아지면서, 소매형 수용복에 대한 소비자의 니즈를 발견할 수 있었고, 그 결과로 래시가드가 시장에 나오게 되었다(이승윤, 2016).

[2] 실시간 시장조사

패스트푸드 체인점 타코벨(Tacc Bell)은 신제품 출시 전에 소셜 미디어를 통해 시장의 반응을 조사한다. 최초의 사용자로부터 신제품의 기본적인 콘셉트가 매력적인가를 확인하고, 소셜 미디어의 게시글과 댓글을 분석해서 제품에 대한 선호도와 대중적 평가가 어떤지를 살펴본다. 실시간 자료가 없던 과거에는 시장조사 및 최종 판단을 내리는 데 두 달가량 걸렸다면 지금은 실시간 자료를 가지고 신속한 의사 결정이 가능해졌다. 이러한 분석을 통해 신제품의 최종 매출이 얼마나 될지 90% 이상 정확하게 예측할 수 있다(Belleghem, 2017).

패션 브랜드 자라(ZARA)는 다품종 소량 생산을 지향해서, 일반적인 패션 브랜드에 비해 상품 종류가 두 배 이상 많다. 또 패스트패션을 특징으로 하는 바, 상품 주문부터 생산, 매장 입고까지 걸리는 시간이 6주 이내이다. 이렇게 짧은 시간 내에 가능한 것은 빅 데이터의 힘이다. 수요 예측과 매장별 재고 파악, 상품별 가격 책정, 운송까지 전 과정을 실시간으로 데이터를 수집, 분석한다(김서연, 2017).

필립스의 이유식 제조기 매출이 감소하자 회사 내부에서는 가격이 비싸서 매출이 하락한다고 보고 가격을 내리자는 의견을 제시했다. 그러나 육아 블로그 1억 4천만여 개, 육아 사이트 35개, 트위터 40만 건의 데이터를 수집하여 분석한 결과 필립스 제조기를 사용하지 않는 이유는 가격이 아니라, 맞벌이 부부가 늘어나면서 이유식을 조리하는 시간을 절약하기 위해 이유식을 배달받는 가정이 늘었기 때문임을 알 수 있었다. 이에 필립스는 데이터를 바탕으로 메시지 전략을 수정하여 이유식 제조기로 만든 이유식은 '엄마의 사랑이 담긴 건강 이유식'임을 강조한 결과 가격은 내리지 않은 채 매출 감소를 막게 되었다(신호창, 2014).

[3] 맞춤형 서비스

선택권이 너무 많이 주어지면 소비자는 오히려 구매를 망설인다. 진열대에 너무 많은 제품이 나열되어 있으면 고민하다가 구매를 다음 기회로 미루는 경우가 적지 않다. 이것을 '선택의 역설(The paradox of choice)'이라고 한다. 이런 현상을 '데이터 커머스(Data commerce)'로 해결할 수 있다.

'데이터 커머스'란 소비자가 원하는 상품을 구매할 수 있도록 도와주는 기술이다. 맞춤형 상품을 추천해주는 일종의 큐레이션 서비스이다. 맞춤화된 제품 추천은 소비자의 구매 가능성을 획기적으로 높인다. 아마존 매출의 35%는 맞춤형 추천에서 비롯되고, 넷플릭스는 이 비율이 무려 75%나 된다(Belleghem, 2017).

벨기에의 에너지 기업 누온(Nueon)은 고객에게 회사의 인사 관련 안내 메일을 보낼 때 18만 명이나 되는 고객의 빅 데이터를 바탕으로 제각기 다른 안내문을 발송했다. 개인이 관심을 보이거나 궁금한 내용에 초점을 맞추어 초개인화된 서비스를 실현한 것이다(Belleghem, 2017).

[4] 소비자 인사이트 도출

소비자 인사이트란 소비자 내면의 심리를 세밀하게 관찰하여 소비자의 마음을 읽는 것이다. 이를 통해 제품이나 브랜드와 관련한 욕구나 구매 동기를 파악하게 된다. 소비자 인사이트 도출은 광고 캠페인 전략을 수립하는 데 있어서 매우 중요한 과정이다. 겉으로 드러난 소비자 행동만으로는 알기 어려운 내면의 심리를 파악해야 소비자를 제대로 설득할 수 있는 광고 전략을 만들어 낼 수 있다.

SNS 공간에서 사용자가 주고받는 메시지를 분석하는 기술을 '텍스트 마이닝'이라고 한다. 빅 데이터 분석의 일종인 텍스트 마이닝을 통해 소비자 내면을 통찰할 수 있다. 국내의 '유유제약회사'는 멍 치료 연고를 판매했다. 텍스트 마이닝을 해 보니 소비자들이 멍을 없애기 위해 액세서리나 옷으로 가리는 경우가 많았고, 미용 커뮤니티에서 유유제약 연고에 관한 이야기가 많음을 알게 되었다. 성형수술 후 생긴 멍을 빼기 위해 연고를 사용하는 것이다. 이후 회사는 20~30대 여성과 미용 커뮤니티를 표적시장으로 해서 마케팅을 전개한 결과 매출이 두 배 가까이 올랐다(임일, 2016).

[5] 리타깃팅 캠페인

브랜드에 대해 긍정적 반응을 보인 사람에게 제품 구매를 유도하는 마케팅을 하는 것을 리타깃팅(Re-targeting) 마케팅이라고 부른다. 온라인 캠페인을 전개할 때 특히 유용하다. 오프라인보다는 온라인에서 소비자의 행동을 정확하게 파악할 수 있기 때문이다. 소셜 미디어에 새로운 제품을 소개하는 콘텐츠를 게시한 후, 그 콘텐츠를 본 사람들을 표적으로 제품을 구매할 수 있는 쇼핑몰의 링크를 제공하거나, 브랜드 광고를 집행하는 방식이다.

리타깃팅 마케팅을 하는 경우 광범위한 표적소비자를 대상으로 흥미를 끌만한 콘텐츠를 일차적으로 노출시킨 후, 그 콘텐츠에 긍정적 반응을 보인 사람에게 제품을 구입할 수 있는 페이지를 제공하게 된다. 이때 해당 페이지에 방문하긴 했으나, 구매를 완료하지 않은 사람에게는 다시 광고를 노출시킨다. 휴면 사용자를 활성화시킬 목적으로 리타깃팅 마케팅이 전개되기도 한다. 사용자의 이용기간, 등급, 제품 유형, 구매 가격대 등 타깃을 다양하게 구분한 후 사이트를 이탈하게 된 원인을 찾아 각기 다른 메시지를 전송한다. 이렇게 해서 다시 유입된 휴면 사용자는 신규 가입자에 비해 현저히 낮은 이탈률을 보이게 된다. 모바일 게임에서 이러한 방식의 마케팅을 많이 전개한다(Adobe Digital Dialogue, 2017.3.28).

구글 애즈(Google Ads)는 빅 데이터를 활용한 '리마케팅 광고'

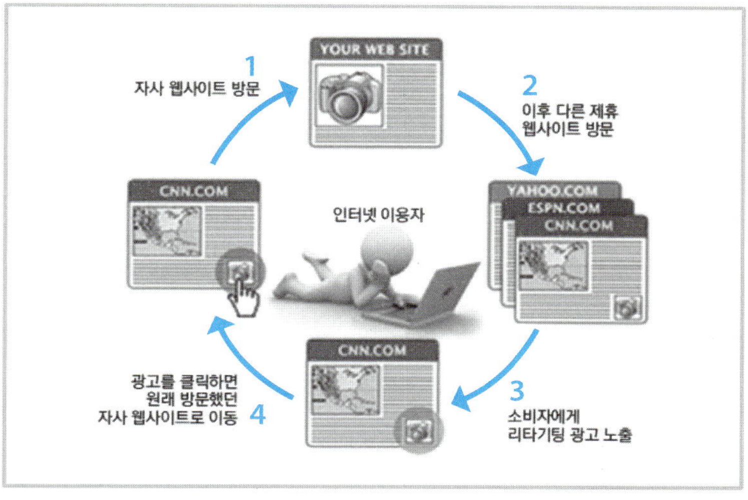

〈그림 7-11〉 리타깃팅 광고

출처: digitalmarketingconsultationexpert.com 2015-09-28.

를 시행하는데, 용어는 다르지만 일종의 리타깃팅 캠페인이다. 이것은 자사 홈페이지 혹은 자사 상품에 구매 의도가 있는 고객을 따라다니면서 상품을 노출시켜 구매를 유도하는 광고 방식이다. 일단 홈페이지에 방문한 고객을 구매 의도가 있는 고객으로 가정하여, 해당 고객에게 자사의 광고를 노출시키게 된다(이진형, 2019).

[6] 매체 전략의 활용

매체 기획(Media planning)은 마케팅 및 광고 전략에서 가장 어렵고 전문적인 영역에 해당한다. 매체 기획이란 비용 효율성이 큰 매체, 표적소비자를 공략할 수 있는 매체를 선별해서 매체 집행 스케줄을 짜는 작업이다. 과거에는 시청률 등 계량화된 데이터를 가지고 매체 전략을 수립했지만, 이제는 SNS 공간에서 자연적으로 발생하는 비정형 데이터까지도 중요하게 취급한다.

예를 들면 여름철 폭염 기간이 길어지면서 냉감 소재의 티셔츠 광고 캠페인을 준비한다고 가정하자. 이때 주별 평균 기온, 여름철, 덥다 등 제품 관련한 버즈량 추이를 분석하여 광고 효과가 가장 큰 캠페인 기간을 제안하게 된다.

또 다른 예를 들면 광고주가 직접 체감하는 프로그램의 인기와 실제 시청률에는 차이가 있는 경우가 적지 않다. 이런 경우 '체감 시청률'의 실체를 찾기 위해 SNS의 버즈량, 버즈의 긍정적/부정적 내용을 분석하면서 어떤 프로그램에 광고를 집행할지 결정하게 된다(양인선, 2015).

9. 인공지능 마케팅

인공지능 마케팅이란

1997년 딥블루(Deep Blue) 컴퓨터가 세계 체스 챔피언을 이긴 사건은 인공지능의 첫 번째 사례로 기록된다. 인공지능(Artificial intelligence)이란 사람이 갖고 있는 지능을 컴퓨터가 갖는 것을 의미한다. 컴퓨터가 지능을 가진다는 것은 인간만큼 똑똑하거나 더 똑똑한 컴퓨터를 의미한다. 인공지능은 데이터를 기반으로 한다. 즉 기업에서 인공지능을 활용한다는 것은 비즈니스에서 생기는 데이터를 수집, 분석하여 거기서 부가가치를 만드는 것이다(김석기·김승열·정도희, 2017).

인공지능 기술은 이제 사람의 개입이나 지시가 필요 없는 수준까지 이르렀다. 기계 학습(머신 러닝)은 인간이 일차적으로 기본 정보를 분류해서 컴퓨터에 제공해야 했다. 이것을 '지도 학습'이라고 부른다. 반면 딥 러닝은 기본 정보를 인간이 미리 구분하지 않고 그대로 줘도 딥 러닝이 알고리즘을 이용해서 스스로 학습하고 결과를 도출해 낸다. 이것을 '비지도 학습'이라고 부른다. 인간의 개입 없이 인공지능이 알아서 데이터를 분류해서 결론까지 도출한다. 데이터가 엄청나게 늘어나면서 인간이 데이터를 분류하기 힘든 지경에 이르렀어도 딥 러닝은 모든 것을 해결해 주게 된다(황지영, 2019).

산업별 AI 활용

산업계에서 AI 도입에 가장 적극적인 업종은 금융업을 꼽을 수 있다. 고객의 데이터나 투자 성향 등을 기반으로 최적화된 금융 상품을 추천해 준다. 증권시장 역시 데이터와 기업 재무 정보와 같은 빅 데이터를 기반으로 투자 종목을 골라주고 예상 수익률을 알려 주기도 한다. 고객 상담 업무가 주를 이루는 은행, 보험업계에서는 '또 다른 행원'이라고 불리는 AI 챗봇을 정교화하는 작업이 한창이다. AI는 지치지도 않고, 많은 양의 데이터를 빠르게 학습하는 데 탁월할 뿐 아니라, 감정적으로 상처를 받지 않아서 상담에 적합하다. 지금은 대부분의 시중 은행이 AI 챗봇 서비스를 시행하고 있다(이데일리, 2021, p.88).

IBM에서 개발한 인공지능 컴퓨터 '왓슨(Watson)'을 처음 상업적으로 이용한 것은 병원의 환자 진단용이다. 의사가 환자의 병을 진단해서 올바른 치료법을 제시하는 비율은 약 50%에 불과하지만, 왓슨은 수십만 건의 의학 논문, 보고서, 진료 기록을 몇 분 내 학습한 후 정확한 진단과 처방을 내린다. 정확도도 80% 이상 되어 의사보다 훨씬 우수하다(Belleghem, 2017).

법률 서비스에 인공지능을 접목시킨 리걸테크(Leagal-tech) 산업도 확산되고 있다. 국내 법무 법인 중에는 인공지능을 이용하여 근로 계약서, 물품 공급 계약서, 투자 계약서 등 기업에서 필요로 하는 법률 문서를 자동으로 만드는 곳도 있다. 인간이 하는 것보다 훨씬 정확하고 신속하여 인공지능은 초당 1억 장의 판례를 검토한 후,

사건에 가장 적합한 판례를 추천해 줄 수도 있다(김석기·김승열·정도희, 2017).

AI는 기업 활동 중에서 가장 '인간의 영역'이라고 여겨졌던 부분에도 파고 들었다. 면접과 인사관리, 상담 영역에서 인간 이상의 역량을 발휘하고 있는 것이다. AI는 직원들의 근무시간, 휴가 소진 현황, 업무의 집중도, 건강 상태 등을 기반으로 어떤 직원이 과로하고 있는지, 휴가를 가야 할 직원이 누구인지를 알려준다. 이직이 잦은 기업에서는 유능한 직원을 오래 회사에 붙잡아 둘 수 있는지에 대한 조언을 AI에게서 얻기도 한다. 직장 내 스트레스나 건강에 대한 상담을 할 때 사람보다는 AI를 선호한다는 조사 결과가 있다. 그 이유는 AI는 24시간 항시 대기 중이고, 전문 지식을 축적해 두었다는 장점 말고도, 사람보다 비밀 유지를 잘 할 것으로 믿기 때문이다(이데일리, 2021, p.89).

인간의 영역 중 하나인 음반 제작에도 인공지능이 활용된다. 인공지능 왓슨은 수백만 건의 비정형 데이터를 분석하여 사회 문화 트렌드를 파악하고, 기존 인기곡의 가사와 패턴을 분석하여 사람의 심금을 자극할만한 가사와 멜로디를 만들어 낸다. 일본의 라디오 방송국에서는 인공지능 아나운서가 프로그램을 진행한다. 인간의 음성 데이터 10만 건을 학습한 덕분에 인공지능 아나운서의 발음은 매우 자연스럽고, 게스트와 대화를 나누거나 곡을 고르기도 한다(세계일보, 2018-03-27).

AI 마케팅 사례

[1] 챗봇의 고객 응대

웹 서핑을 하다가 제품에 대해 질문이 생기면 고객 서비스 담당 직원과 통화나 채팅을 하게 된다. 과거에는 사람이 고객을 응대했지만, 점차 챗봇으로 대체되고 있다. 2020년에는 일차적인 고객 응대 업무의 25%가 사람이 관여하지 않는 챗봇으로 이뤄질 것이라고 예상되었고, 실제 그렇게 되었다(황지영, 2019). 챗봇에 적용되는 고객 응대는 세 단계로 구분된다. 첫 번째는 단순한 질문에 간단히 답해 주는 단계이다. 두 번째는 좀 더 진화된 대화가 가능한 단계이다. 개인 맞춤화가 가능하고, 쇼핑, 날씨 등 여러 주제에 대한 소통이 가능하다. 세 번째는 방대한 데이터를 기반으로 해서 어떤 질문도 막힘없이 답해 주는 단계이다(황지영, 2019).

아직까지 챗봇의 기술 수준은 그리 만족스럽진 않지만, 그럼에도 불구하고 국내외 많은 기업이 챗봇을 활용하는 데에는 그만한 가치가 있기 때문이다. 최근에는 문자를 인식하는 인공지능 개발로 챗봇의 성능도 하루가 다르게 정교해지고 있다. 특히 밀레니얼 세대는 사람과 통화하는 것보다 문자 소통을 편하게 받아들인다. 이들이 주 소비 계층으로 부상하는 4차 산업혁명 시대에는 챗봇과 소통하는 급속도로 늘어날 것이다. 또한 챗봇의 서비스 기간이 늘수록 챗봇은 수집한 데이터를 가지고 스스로 학습하게 된다. 이런 과정을 거치면 챗봇은 사람보다 정확하고 섬세한 고객 서비스를 제공할 수 있는 능력을 갖추게 된다.

[2] 보이스 쇼핑

세계적으로 인공지능 스피커 시장은 매년 급성장세이다. 인공지능 스피커가 집안의 비서 역할을 톡톡히 하면서 소비자의 라이프스타일을 바꿔놓고 있다. 아마존이 개발한 인공지능 스피커 '알렉사'는 명령을 내리면 커피를 준비해 주기도 하고, 회사에서 회의를 준비하라고 하면 회의 장비를 작동시킨다.

인공지능 스피커의 확산은 보이스 쇼핑의 대중화를 의미한다. 보이스 쇼핑은 전통적인 소비자 의사 결정 과정을 바꾸게 될 것으로 예상된다. 전통적인 의사 결정 과정은 소비자의 욕구 인지 → 정보 탐색 → 구매 고려 브랜드 비교 → 구매의 과정을 거치게 된다. 그렇지만 보이스 쇼핑 시대에는 이 과정이 크게 단축된다. 알렉사에게 명령을 내리는 경우, 정보 탐색이나 구매 대상 브랜드 비교 과정을 생략한 채 "알렉사, AA 배터리 주문해 줘", "우유 1리터짜리 주문해 줘"라는 식이 될 것이다.

보이스 쇼핑을 하게 되면 소비자가 특정 브랜드나 구체적인 모델명을 지시하기보다는 간편하게 제품 중심으로 주문하게 될 것이다. 혹은 해당 제품군 내 대표 브랜드를 지시할 가능성이 크다. 따라서 소비자의 세세한 브랜드 탐색 활동 및 브랜드 선호도는 약화될 가능성이 적지 않다(황지영, 2019). 대신 인공지능 스피커(비서)가 쇼핑 과정에서 추천과 주문을 대행하는 중개자 역할을 하게 될 것이다. 아마존이 인공지능 스피커 시장에 뛰어든 이유가 여기에 있는 셈이다.

[3] 예측 배송

기업의 재고는 풀(Pull) 모델로 관리되는 경우가 많다. 풀 모델은 상품 주문 후 생산과 배송이 이뤄지는 방식이다. 이것은 재고를 최소화하는 데는 좋지만, 소비자가 구매 후 제품을 받는 데 시간이 많이 걸리는 것이 단점이다. 또한 재고가 없으면 판매가 어렵다. 자동차는 대표적으로 풀 모델로 생산되는 업종이다. 최근에는 판매를 정확하게 예측할 수 있는 시스템이 갖춰지면서, 푸시(Push) 모델로 전환하는 경우가 나타났다. 일부 자동차 회사는 판매될 자동차 사양을 예측해서 자동차를 생산한 뒤 대리점에 공급하는 방식이 푸

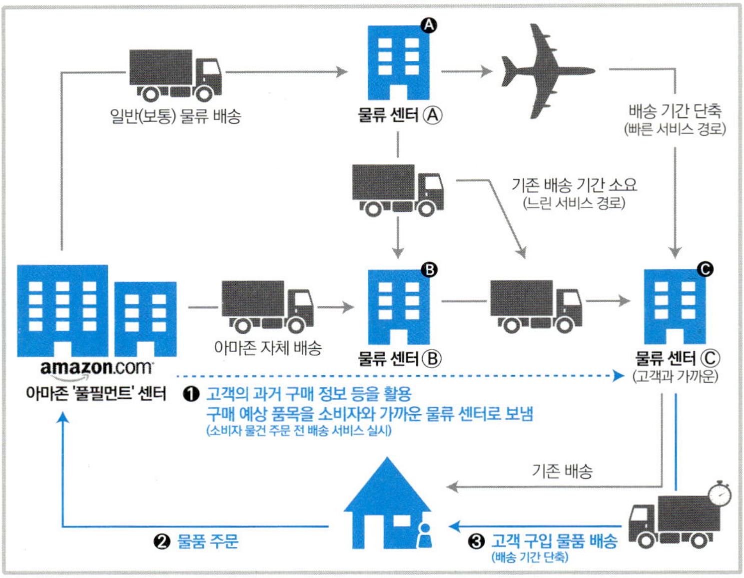

〈그림 7-12〉 아마존의 예측 배송 시스템

출처:/blog.naver.com/jeong2091

시 모델이다. 일종의 '예측 배송'이라고 한다.

아마존은 예측 배송에 대한 특허를 획득한 상태이다(임일, 2016). 고객이 주문하기 전에 미리 주문을 예측하고, 그 제품을 고객의 거주지와 가까운 창고에 배송하여, 고객이 주문하면 즉시 받을 수 있도록 한 것이다. 여기에는 인공지능의 '기계 학습'이 큰 기여를 했다. 예측 배송 덕분에 온라인 쇼핑의 큰 단점이라고 할 수 있는 배송 시간을 획기적으로 줄일 수 있게 되었다.

[4] 인공지능 무인 배송

전 세계가 인공지능 기술을 적용해서 무인 배송 서비스를 개발하거나 시범 운영 중이다. 2019년 1월 아마존은 자율 주행 택배 배달 로봇 스카우트를 선보였다. 작은 냉장고 크기로서 사람이 걷는 속도로 인도를 따라 주행하며, 보행자 또는 장애물을 피해 목적지까지 안전하게 도착할 수 있도록 설계되었다. 최근에는 인간처럼 두 다리로 걷는 택배 로봇을 만든 덕분에 계단 등 다양한 지형을 이동할 수 있게 되었다.

인공지능 로봇은 단거리 택배를 담당하고, 장거리는 자율 주행차가 담당하게 될 것이다. 2012년 구글의 자율 주행차가 한 시각장애인을 태우고 자율 주행을 하는 동영상이 유튜브에 공개되었다. 캘리포니아주에 거주하는 시각장애인이 혼자 차를 몰고 타코벨에 들른 후 세탁소에서 세탁물을 찾았다. 구글은 2014년까지 누적 11만km의 무인 드라이브를 달성했다. 현재의 기술 추이로 보면 2020년대 중반에는 고속도로나 도심 도로 등에서 자율 주행차를 볼 수 있을 것이다. 자율 주행차는 운전자의 졸음운전 사고도 사라질 것이고, 사람처럼 먹거나 자는 데 시간을 소비하지 않고 24시간 달릴 수 있어서 미국과 같이 장거리 운행이 많은 배송에서 활용성이 크다.

구글은 2016년 무인 배송 트럭에 대한 특허를 공개했다. 사물함과 비슷한 보관함을 여러 개 쌓아 놓은 형태이다. 무인 배송 트럭이 소비자의 집 앞에 도착하면, 소비자는 스마트폰을 이용해서 인증코드를 트럭에 입력한 후 보관함을 열어 물품을 받게 되는 방식이다. 우버는 2016년 맥주 2천 상자를 싣고 고속도로를 2천km를 달려 무사고 첫 배송을 마친 상태이다. 아직까진 복잡한 시내 도로와 교통 상황을 인식하는 데 기술이 부족하지만, 조만간 완전 자율 주행 자동차를 내놓는 것을 목표로 볼보와 공동 개발 중이다. 이후에는 무인 자율 주행 택시와 자율 주행 트럭을 운행할 계획이다(김석기·김승열·정도희, 2017).

[5] 선행적 서비스(BS: Before Service)

10대 소녀가 미국의 소매 업체 타깃(TARGET)에서 신생아 의류 할인 쿠폰을 받았다. 이것을 본 아버지가 타깃에 강하게 항의했으나, 확인해 보니 타깃은 소녀가 임신한 것을 정확히 파악하고 쿠폰을 보냈던 것이다(임일, 2016). 부모보다 기업이 자녀의 임신 사실을 먼저 알고, 판촉 활동을 전개한 사례이다.

과거의 고객 관계는 사후 대응적(Reactive)이었다. 소비자가 제품에 대해서 문의하거나, 문제가 생겨서 요청하면 기업에서 응대하는 식으로 서비스가 진행되었다. 그러나 인공지능의 내장된 센서 덕분에 선행적(Proactive) 서비스를 제공할 수 있다. 내장된 센서 덕분에 항공기의 엔진 결함을 조종사보다 항공사의 통제 센터가 먼저 발견하게 된다. 자동차에 내장된 센서는 운전자보다 먼저 자동차 부품 상태를 파악하여 부품 교체 시점을 알려줄 것이다(Schwab, 2016).

[6] 맞춤형 광고 제작

온라인 광고 시장에서도 인공지능 기술이 활용되고 있다. 사용자가 온라인에서 입력하는 검색어와 문장, 인터넷에서의 서치 행동, 구매 상품, SNS 활동 내역 등 다양한 데이터를 수집한 후 세세하게 분석하면 사용자의 심리를 읽을 수 있고, 구매 의사까지 간파할 수 있기에 개개인에 적합한 광고를 보여 줄 수 있다. 인공지능은 어떤 온라인 광고를 보여 줬을 때 사용자가 해당 광고에 관심을 가질지, 광고를 클릭할지, 광고하는 제품을 구매할지 등을 정확하게 예측하게 된다.

런던에 설치된 디지털 사이니지(공공장소에 설치되어 디지털 영상 정보를 전송하는 옥외광고)에는 카메라가 내장되어 있어서 그 앞을 지나는 보행자를 촬영한다. 최대 12명의 표정을 분석하여 어떤 감정을 느끼는지 파악할 수 있다. 이 기능을 활용하여 광고 화면에는 조금씩 다른 광고 내용이 나타나는데, 보행자의 반응에 따라서 스스로 광고를 변화시키면서 보행자에게 최적화된 영상을 보여준다.

LG전자의 인공지능 플랫폼 LG씽큐(ThinQ) 광고는 같은 시간,

같은 공간에 있는 사람이라도 서로 다른 광고를 보여준다. 온라인을 통해 고객의 관심사를 모은 빅 데이터와 해당 관심사를 가진 사람을 실시간으로 타깃팅하는 인공지능 기술을 활용했다. 예를 들면 동일한 날짜에도 평소 요리나 맛집 콘텐츠를 온라인에서 즐겨 찾는 사람에게는 맛집 정보를 담은 광고를 노출하고, 여행 콘텐츠를 많이 보는 사람에게는 여행 정보를 담은 광고를 노출한다. LG전자는 실제로는 24편의 광고를 제작했지만, 날씨나 날짜에 따라 메시지를 변화시켜 300편처럼 활용하였다. 광고 메시지에는 인공지능 기술이 내장된 덕분에 사용자가 궁금하고 필요한 정보를 제공받을 수 있음을 강조하고 있다. 특이한 점은 이 광고를 본 소비자는 해당 영상을 '광고'가 아닌 '정보'로 받아들였다는 점이다. 유튜브 광고를 본 사람 10명 중 4명이 '건너뛰기(Skip)'를 하지 않고 끝까지 광고를 시청하는 등 광고 효과가 높은 것으로 나타났다(이진형, 2019).

광고 제작 업계에도 혁신의 바람이 분다. 사람이 광고물의 카피나 이미지를 기획, 제작하는 것이 아니라, 인공지능이 소비자의 반응을 보면서 실시간으로 광고물을 진화시키는 셈이다. 나아가 인공지능은 소비자의 과거 구매 이력, 취향, 인구통계적 특징을 기반으로 구매자에게 보여 줄 광고를 스스로 결정할 수 있다. 기술의 역할이 커지면서 광고 제작자의 위상과 역할에 대한 고민도 함께 커졌다.

7장

참고 문헌

강미선·김운한(2020). 「4차 산업혁명과 마케팅」. 커뮤니케이션북스.

김서연(2017). 빅 데이터 트렌드 및 국내외 성공 사례. www.samsungsds.com

김석기·김승열·정도희(2017). 「IT 트렌드 스페셜 리포트」. 한빛미디어.

김은영(2017). 체험을 사는 역쇼루밍이 는다. 조선비즈, 11.29.

김창배(2016). 가성현실 콘텐츠의 방송 적용과 가능성. 방송문화, 겨울호. 한국방송협회.

신호창(2014). 「마케팅 PR전략과 사례」. 커뮤니케이션북스.

양인선(2015). 미디어 플래닝, 빅 데이터의 매력 추가 장착. HS AD, 9/10.

이데일리(2021). 「알아두면 쓸모있는 미래기술 25」. 이데일리.

이데일리 편집보도국(2020). 「키워드 2021」. 이데일리.

이성길(2017). 온라인 기업이 오프라인에서 브랜드 경험을 설계하는 이유. platum.kr. 12.21.

이승윤(2020). 「구글처럼 생각하라」. 넥서스BIZ.

이승윤(2016). 「디지털·소셜 미디어 마케팅」. 시그마프레스.

이진형(2019). 광고가 사람을 차별한다? 마케팅과 빅 데이터의 만남. 데이터마케팅코리아 블로그.

이혜령(2017). 레이쥔이 말하는 샤오미식 혁신: '샤오미제이션', platum.kr.

임일(2016). 「4차 산업혁명 인사이트」. 더메이커.

한상만·하영원·장대련(2018). 「경쟁우위 마케팅 전략」. 박영사.

황지영(2019). 「리테일의 미래」. 인플루엔셜.

Adobe Digital Dialogue(2018). 마이크로 인플루언서 마케킹. Adobe Digital Dialogue, 7.19.

Belleghem, S.V. 저, 이경식 역 (2017). 「디지털과 인간」. 세종연구원.

Cheil(2017). 브랜드 저널리즘, Cheil Magazine 7월호.

Kotler, P., Kartajaya, H. & Setiawan, I. 저. 이진원 역 (2017). 「마켓 4.0」. 더퀘스트.

Schwab, K 저, 송경진 역(2017). 「클라우스 슈밥의 제4차 산업혁명」. 서울: 메가스터디.

세계일보(2018). 8. 27.

NewsWire(2021). 7. 20.

이 책의 참고 문헌

강미선(2015). 「사례 중심의 광고기획론」. 커뮤니케이션북스.

강미선·김운한(2020). 「4차 산업혁명과 마케팅」. 커뮤니케이션북스.

고재용·하진영·오선영(2010). 「사례로 배우는 마케팅」. 파워북.

김동훈·안광호·유창조 (2006) 「촉진관리」. 학현사.

김민구(2017). 「4차 산업혁명, 비즈니스 트렌드」. 정보문화사.

김범종·박승환·송인암·조용한(2017). 「디지털 시대의 마케팅 관리」. 대경 출판사.

김봉현·김태용·박현수·신강균(2013). 「광고학개론」. 한경사.

김서연(2017). 빅데이터 트랜드 및 국내외 성공사례. www.samsungsds.com

김석기·김승열·정도희(2017). 「IT 트렌드 스페셜 리포트」. 한빛미디어.

김은영(2017). 체험을 사는 역쇼루밍이 는다. 조선비즈, 11.29.

김은영(1996). 니치마케팅, 월간 마케팅, 5월.

김창배(2016). 가성현실 콘텐츠의 방송 적용과 가능성. 방송문화, 겨울호. 한국방송협회.

다니엘(2017). 아마존은 어떻게 네트워크 효과를 극대화했나? m.blog.naver.com

대홍기획 마케팅컨설팅그룹(1992). 「소비의 심리학」. 세종서적.

바라트 아난드 저, 김인수 역(2018). 「콘텐츠의 미래」. 리더스북.

박규남(2006). 고령화 사회의 도래와 마케팅 전략, INCHAM Business News, 8월.

박소정(2019). 인플루언서 마케팅, 가짜 팔로워에 예산 14% 낭비.

브랜드 브리프, 4.1.

박승환·최철재 (2011). 「소비자 행동론」. 대경 출판사.

신병철(2019). 성공적인 마케팅을 위해서는 다섯가지에 집중하라, DBR 동아비즈니스리뷰, 145호.

신호창(2014). 「마케팅 PR전략과 사례」. 커뮤니케이션북스.

안광호·하영원·박흥수(2001). 「마케팅원론」. 학현사.

양인선(2015). 미디어 플래닝, 빅 데이터의 매력 추가 장착. HS AD, 9/10.

우석봉 (2008). 「실전 광고기획 에센스」. 학지사

윤준탁(2017). 월마트와 아마존의 온라인 커머스 경쟁. verticalplatform.kr.

은종성(2018). 「마케팅의 정석」. 책길.

이덕형(2008). 월마트 실패 요인 3가지. m.cafe.daum.net

이데일리(2021). 「알아두면 쓸모있는 미래기술 25」. 이데일리.

이데일리 편집보도국(2020). 「키워드 2021」. 이데일리.

이명식·양석준·최은정(2018). 「전략적 브랜드 마케팅」. 박영사.

이성길(2017). 온라인 기업이 오프라인에서 브랜드 경험을 설계하는 이유. platum.kr. 12.21.

이승윤(2020). 「구글처럼 생각하라」. 넥서스BIZ.

이승윤(2016). 「디지털·소셜미디어 마케팅」. 시그마프레스.

이진형(2019). 광고가 사람을 차별한다? 마케팅과 빅데이터의 만남. 데이터마케팅코리아 블로그.

이혜령(2017). 레이쥔이 말하는 샤오미식 혁신 ;샤오미제이션', platum.kr.

임일(2016). 「4차산업혁명 인사이트」. 더메이커.

장대련·한민희(2006). 「광고론」. 학현사.

한국능률협회컨설팅 (2019). 경영매거진 CHIEF EXECUTIVE 3월호.

한상만·하영원·장대련(2018). 「경쟁우위 마케팅전략」. 박영사.

한정수(2019). 월가를 패닉에 빠뜨린 파타고니아 조끼. TTimes, 4. 11.

허경옥(2011). 물건보다 체험을 팔면 어떨까? Cheil Worldwide, 3월.

황지영(2019). 「리테일의 미래」. 인플루엔셜.

Adobe Digital Dialogue(2017). 10. 24. 마케터들에게 인플루언서가 중요한 이유, 10.24

Adobe Digital Dialogue(2017). 3. 28. 리타기팅으로 잠재 고객 행동 유도하기, 3. 28. blogs.adobe.com.

Adobe Digital Dialogue(2018). 7. 19. 마이크로 인플루언서 마케킹. Adobe Digital Dialogue, 7.19.

Adobe Digital Dialogue(2018). 7. 2. 소유하지 않아도 괜찮아- 밀레니얼 세대를 위한 경험 마케팅, 7.2.

Audio-Tech 저, 권춘오 역(2017). 「2018-2028 핫이슈 빅트렌드」 서울 : 행성B.

Belleghem, S. V 저, 이경식 역 (2017). 「디지털과 인간」. 세종연구원

Cheil(2017). 브랜드 저널리즘. Cheil Magazine. V 500.

DMC Media, 2010. 9. 세대별 보고서

Kotra(2011). 해외 실버상품 마케팅 성공사례. Global Business Report. 10. 31.

Kotler, P.(2003) 「Marketing Management」, 11th ed. NJ : Prentice-Hall.

Kotler, P. & Armstrong, G. 저. 윤훈현·설상철 역 (2003). 「마케팅원론」. 석정.

Kotler, P., Kartajaya, H. & Setiawan, I. 저. 이진원 역 (2017). 「마켓 4.0」. 더퀘스트.

Kotler, P., Kartajaya, H. & Setiawan, I. 저. 이진원 역(2021). 「마켓 5.0」. 더퀘스트.

KT경영경제연구소 (2014). 샤오미의 5가지 성공요인. https://blog.naver.com/gooday2drive/220061810290

Moriarty, S., Mitchell, N. and Wells, W. (2009). 「*Advertising Principles & Practice*」, 8th ed. Pearson Prentice Hall.

Schwab, K 저, 송경진 역(2017). 「클라우스 슈밥의 제4차 산업혁명」. 서울 : 메가스터디.

찾 아 보 기

ㅇ